Publications Universitaires Européennes

Europäische Hochschulschriften
European University Studies

Série XIII
Langue et littérature françaises

Reihe XIII   Series XIII

Französische Sprache und Literatur
French Language and Literature

Vol./Bd. 109

PETER LANG
Frankfurt am Main · Bern · New York

Mai 1968

Wolfgang Drost / Ingrid Eichelberg

Mai 1968

Une crise de la
civilisation française
Anthologie critique
de documents politiques
et littéraires

PETER LANG
Frankfurt am Main · Bern · New York

CIP-Kurztitelaufnahme der Deutschen Bibliothek

[Mai mil neuf cent soixante-huit]

Mai 1968 : une crise de la civilisation française ;
anthologie critique de documents politiques et
littéraires / Wolfgang Drost ; Ingrid Eichelberg
(Hrsg.). — Frankfurt am Main ; Bern ; New York :
Lang, 1986.
  (Publications universitaires européennes : Sér.
13, Langue et littérature françaises ; Vol. 109)
  ISBN 3-8204-9126-0
NE: Drost, Wolfgang [Hrsg.] ; Europäische Hochschul=
schriften / 13

Conseillère linguistique: Mme Sylvie Fontaine, Siegen

ISSN 0721-3360
ISBN 3-8204-9126-0
© Verlag Peter Lang GmbH, Francfort-sur-le-Main 1986
Tous droits réservés.

L'ouvrage dans son intégralité est placé sous la protection de la loi sur
les droits d'auteurs. Toute exploitation en dehors des étroites limites
de la loi sur les droits d'auteurs, sans accord de la maison d'édition,
n'est pas permise et se trouve passible de peines. Ceci vaut en particulier
pour des reproductions, traductions, microfilms, l'enregistrement et le
traitement dans des systèmes électroniques.

Table des matières

	page
Avant-propos	9

Introduction

Caricature de Siné et commentaire	11
Résumé des événements	13
Deux perspectives divergeantes:	17
Texte 1: "Les vieux sont débordés par les jeunes ... enfin!" (Maurice Siné)	18
Texte 2: "Vive la révolution en Austin-Cooper!" (Michel Droit)	21

Première partie: L'ouverture à Nanterre — 27

Introduction	29
Textes 3 et 4: La vie des étudiants	33
Texte 5: L'occupation du pavillon des filles 29 mars 1967	35
Textes 6 et 7: Cohn-Bendit contre le ministre Missoffe 8 janvier 1968	36
Textes 8 et 9: 22 mars 1968	39
Texte 10: Le concept de l'université critique	41

Deuxième partie: La révolte sexuelle — 45

Introduction	47
Texte 11: Les graffiti	50
Texte 12: Sexualité, procréation, couple, famille	54
Textes 13/14: Révolte sexuelle dans l'Odéon	59
Textes 15-17: L'affaire Gabrielle Russier	64

Troisième partie: De la révolte universitaire à la révolution culturelle — 73

Introduction	75

		page
A:	LE REFUS DES AUTORITES	80

Texte 18:	Déclaration devant la commission disciplinaire de l'Université de Paris	80
Texte 19:	Pour un nouveau langage	81

B:	LA PRISE DE LA SORBONNE	83
Texte 20:	Dada et Marx à la Sorbonne	85
Texte 21:	Les Gavroches	86
Texte 22:	Aujourd'hui Haschisch	87

C:	QUESTIONS ADMINISTRATIVES	88
Texte 23:	Le statut de l'étudiant	88
Texte 24:	Cogestion et participation	89
Texte 25:	Manifeste universitaire	92

D:	LA SELECTION	94
Texte 26:	Organisation future des études et leurs contrôles	94
Texte 27:	Examen et fonction sociale du diplôme	95

E:	PRISES DE POSITION PROFESSORALES	97
Texte 28:	Jean-Paul Sartre	98
Texte 29:	Lettre ouverte d'un professeur latiniste	98

F:	LE MOUVEMENT LYCEEN	100
Texte 30:	La prise du pouvoir par les lycéens	100
Texte 31:	Pour un nouveau lycée	102

G:	LA REVOLUTION CULTURELLE	105
Textes 32-34:	L'art et la vie quotidienne	105
Texte 35:	Commission Culture et Contestation	109
Textes 36 et 37:	L'art et la poésie en Mai 68	112

Quatrième partie:	**La révolte politique et sociale**	119
Introduction		121

		page
A: APPELS AUX TRAVAILLEURS		126
Textes 38 et 39:	L'université au service des travailleurs	126
Texte 40:	Votre lutte est la nôtre	128
Texte 41:	Pour l'abolition du statut des étrangers en France	130
Texte 42:	"Derrière la Vitre" par Robert Merle (rencontre étudiant-ouvrier arabe)	131
Texte 43:	Nanterre, portes ouvertes	137
B: SUR LES RELATIONS ETUDIANTS-OUVRIERS		138
Texte 44:	Conversations chez Citroën	138
Texte 45:	Jugement d'un ouvrier	140
C: LE ROLE DES SYNDICATS EN MAI 68		142
Texte 46:	"Les Nouveaux Partisans", Chanson de Dominique Grange	142
Texte 47:	Jugement d'un ouvrier	144
D: LA RESONANCE DU MOUVEMENT		145
Texte 48:	Lettre d'un père à sa fille	145
Texte 49:	Appel du 153e RIMECA de Mutzig	147
E: MAI 68 DANS L'EGLISE		150
Introduction		150
Texte 50:	Tract chrétien de Mai 68	151
Texte 51:	Déclaration des 100 prêtres, 24 mai	152
Texte 52 et 53:	Le message de la Pentecôte	153
F: LA CAMPAGNE CONTRE LA POLICE		156
Introduction		156
Texte 54:	Appels à la police	157
Texte 55:	Lettre du préfet M. Grimaud, 29 mai	158
G: REVOLTE POLITIQUE CONTRE LE REGIME GAULLISTE		160
Introduction		160
Texte 56:	Tract lettriste pour **la société sans classes**	161
Texte 57:	Conversation politique dans un café	164
Texte 58:	Appel à De Gaulle	166
Texte 59 et 60:	Pour ou contre les élections	167

		page
H: RACISME DE L'AGE?		171
Texte 61:	Graffiti	171
Texte 62:	Retraités? Personnes seules? Agées? On vous a menti!	172
Texte 63:	Jacques Prévert: Mai 1968	173
I: VIVE L'INTERNATIONALE ETUDIANTE!		174
Introduction		174
Texte 64:	L'assassinat arme ultime de la bourgeoisie	174
Texte 65:	Manifestation à Besançon, 7 mai	176
Cinquième partie: Jugements sur Mai 68		177
Introduction		179
A: LA SITUATION PARADOXALE DE LA JEUNESSE		181
Texte 66:	Prolongation de la scolarité	181
Texte 67:	Idolâtrie des jeunes	181
B: L'IDEALISME DES JEUNES		182
Texte 68:	La soif d'absolu chez la jeunesse Cardinal Jean Daniélou 1968	182
Texte 69:	Mai 68 - résurrection de l'Esprit Maurice Clavel 1968	183
C: POUR LA LUTTE CONTRE L'ETAT Daniel Cohn-Bendit 1968 et 1975		185
Texte 70:	Une brèche ouverte par les étudiants	185
Texte 71:	La lutte contre les institutions	186
D: CONTRE UNE REVOLUTION SOCIALE Témoignage étudiant 1968		187
Texte 72:	Nulle adhésion à une cause qu'on ignore	187
Texte 73:	Pour la société capitaliste	188
Texte 74:	Accepter la violence?	189
E: MAI 68 VU PAR LES SOCIOPSYCHOLOGUES		199
Texte 75:	Aspects régressifs de la révolte André Stéphane 1969	191
Texte 76:	Pour une co-éducation des jeunes et des adultes, Gérard Mendel 1969 et 1971	193
Tentative d'un bilan en 1984		197
Liste des abréviations		206
Bibliographie		211
Notes		217

PREFACE

Cette anthologie est un manuel destiné aux étudiants, enseignants et à tous ceux qui s'intéressent à la France contemporaine et à son histoire. Aucune anthologie des événements de 68 n'était jusqu'à présent disponible sur le marché allemand du livre. Les derniers recueils de documents parus en France, ont été publiés respectivement en 1970, 1973 et 1978. Nous nous sommes efforcés de conserver sa pluralité au mouvement de protestation de 68, en reproduisant des témoignages aussi divers que possible: proclamations, appels, manifestes, procès-verbaux de commissions, affiches, caricatures, graffiti, chansons et poèmes, comptes-rendus euphoriques du vécu et critiques polémiques, analyses philosophiques et psychologiques, histoires romanesques. En procédant à l'examen et à la sélection des documents, en nombre quasi-illimité, nous avons perçu combien la rébellion de la jeunesse d'alors exprimait un malaise général en France et à quel point l'impact qu'elle a laissé dans la vie culturelle et sociale des années postérieures a été important. Il est impossible de comprendre l'histoire actuelle de notre voisin en ignorant cette césure que fut Mai 68. Ainsi, un sondage d'opinion révèle que pour de nombreux Français, la révolte de Mai s'inscrit dans la lignée des révolutions à partir de la Grande Revolution de 1789, en passant par celles de 1830 et 1848, jusqu'au soulèvement de la Commune de Paris en 1871.

Notre anthologie devrait permettre au lecteur d'avoir une idée concrète des événements de 68, des buts et des motivations des jeunes révolutionnaires: leur mécontentement face à l'ordre établi, la critique de l'Etat et de son inertie, la lutte contre la bureaucratie écrasante et une mécanisation de la vie, la revendication d'une coopération nationale et internationale, l'appel à la créativité et à la spontanéité. Aujourd'hui encore, ces problèmes restent d'actualité en France et en Allemagne.

"Tout a été dit sur Mai 68" ainsi juge Pierre Viansson-Ponté, d'une façon par trop sommaire. Nous n'avons pas la prétention d'avoir fait de nouvelles découvertes fondamentales, malgré la publication de documents inédits. Nous nous sommes efforcés de rendre Mai 68 aussi clair que possible en esquissant sa genèse et son histoire et les traces qu'il a laissées.

Nous appelons notre recueil une "anthologie critique" car nous croyons disposer, en 1984, d'un recul historique suffisant: Certaines propositions semblent maintenant bien utopiques, certaines critiques paraissent trop radicales et les réformes qui furent effectuées à partir des protestations sont aujourd'hui remises en question. De même l'histoire politique a continué son chemin. Mitterand qui offrait ses services pour un nouveau gouvernement en 68, n'a atteint le pouvoir que treize ans après. Il disait explicitement pouvoir réaliser beaucoup d'idées de Mai, buts élevés qu'il dut abandonner en partie à cause de la crise économique mondiale et des réactions politiques à l'intérieur du pays. Les violentes critiques auxquelles son gouvernement doit faire face depuis ces dernières années, permettent de constater l'existence d'un fort courant d'opposition politique et culturel. Dans cette perspectives, nous lisons les documents avec d'autres yeux qu'il y a encore cinq ans.

Nous adressons tout d'abord à Madame Françoise Vogt, Paris, notre reconnaissance pour les informations et l'autorisation de publier certains textes dont elle a bien voulu nous faire part. Nous remercions Monsieur Richard Brütting (Siegen), Monsieur et Madame Link (Bochum) ainsi que Monsieur Renzo Brizzi (Rom/Köln) pour leurs informations et les documents précieux qu'ils ont mis à notre disposition. Nos remerciements s'adressent également aux membres du Lions Club Siegerland qui ont bien voulu subventionner l'impression de notre livre.

Siegen, le 18 juin 1985

                                        Wolfgang Drost   Ingrid Eichelberg

La France qui branle
Maurice Siné

La France qui branle

par Maurice Siné

Dans ce dessin, le caricaturiste Siné résume les événements de Mai 68. A gauche, les membres de la Compagnie Républicaine de Sécurité s'enfuient et se protègent de ce qu'ils auraient dû eux-mêmes protéger. Le regard de l'un et le bouclier d'un autre qu'il tient levé au-dessus de sa tête signalent le danger imminent: le socle de la France, soulevé par les manifestants, vacille de telle manière que ceux qui y sont juchés sont menacés de tomber, écrasant par là-même les CRS. A l'arrière-plan sur le socle, se trouve la République Française coiffée de son bonnet phrygien de La Grande Revolution, son flambeau qui évoque la grande statue de la **Liberté** dans le port de New York, et une charte qui contiendra sans doute la déclaration des droits de l'homme. Devant elle se trouvent les forces qui la soutiennent, elles sont en contradiction flagrante avec les idéaux de 1789. C'est l'armée qui occupe la plus grande place sur le socle, le soldat à cheval, sabre au clair, et le haut-gradé qui, blasé, pose devant son canon et reçoit l'hommage obséquieux de l'Eglise représentée par un prêtre à genoux. A l'allégorie connue des statues de la justice, Siné ajoute un détail nouveau: les livres sur lesquels on voit un fonctionnaire, visent la surabondance des lois et l'allure bureaucratique de la juridiction. Il ne faut pas s'étonner de voir englobé dans cette satire générale un représentant de la Confédération générale du travail (au premier plan à gauche) qui porte les symboles du communisme, le marteau et la faucille; le communisme "établi" fait partie des adversaires du mouvement des jeunes qui lui reprochent son attitude bureaucratique et autoritaire. Du côté droit, enfin, le dessinateur nous fait voir les forces motrices qui ébranlent la France et les piliers de la République: C'est la masse des jeunes qui se met à soulever le monument où les représentants du système ont leurs places. La foule porte le drapeau rouge et le drapeau noir de l'anarchie, les banderoles qui résument leur hostilité face aux CRS qu'ils assimilent à la SS des nazis, et qu'ils sont fiers d'avoir mis en fuite. Ils dénoncent les examens universitaires en tant que sélection répressive et proclament la solidarité des étudiants et des travailleurs. La dernière banderole, tout à fait à droite, exprime leur position intransigeante envers la société, dont ils souffrent et qu'ils considèrent comme décadente: "On ne compose pas avec une société en décomposition".

Résumé des événements

Six dates importantes:

22 Mars 1968:	La révolte des "enragés" à Nanterre.
3 Mai 1968:	La police dans la Sorbonne à Paris.
13 Mai 1968:	Grève générale.
30 Mai 1968:	Deuxième discours du président de Gaulle.
23/30 Juin 1968:	Elections parlementaires et victoire gaulliste.
27/28 Avril 1969:	Echec du référendum sur la réforme des régions et du Sénat, démission du président de Gaulle.

22 MARS 1968: L'ouverture à Nanterre

Nanterre, nouvelle faculté des Lettres et Sciences humaines, créée en 1963 pour alléger les effectifs de l'Université de Paris, chantier permanent parce que le nombre des étudiants a augmenté plus vite que prévu: de 2300 en 1964/1965 à 11000 en 1967/1968(1); ghetto étudiant au milieu des bidonvilles ouvriers. Depuis 1967 déjà, il y a eu des protestations, des grèves étudiantes(2). Le 22 mars 1968, 142 étudiants occupent le bâtiment administratif, la "tour" de Nanterre. Ils protestent contre l'arrestation de six étudiants du Comité Vietnam national que la police avait arrêtés dans la rue ou à leur domicile et à qui elle reprochait d'avoir participé aux attentats contre des institutions américaines à Paris. Les étudiants élaborent un tract: le **Mouvement du 22 mars** est né. Son "leader" est Daniel Cohn-Bendit, étudiant de sociologie à Nanterre, juif allemand, d'une famille d'émigrés vivant en France.

Ce soulèvement a eu pour suite l'interruption de l'enseignement et la solidarisation de presque tous les étudiants et d'une partie des enseignants de Nanterre avec ceux qui s'étaient appelés les "enragés". La première suspension des cours à Nanterre, du 29 mars au 1er avril, est annoncée par le doyen de Nanterre, M. Grappin, le 28 mars. Le 29 mars et le 2 avril, ce sont les débuts d'une "université critique". Les étudiants organisent des débats et discutent des problèmes ouvriers et étudiants dans les pays de l'Est, des luttes anti-impérialistes, l'université critique et des questions de culture et de créativité.

Mais les incidents et les confrontations, parfois violentes, entre des étudiants radicaux et des étudiants modérés, entre les rebelles et les professeurs conservateurs, continuent. Le 2 mai au soir, M. Pierre Grappin, poussé par le ministre de l'Education nationale, M. Alain Peyrefitte, annonce la fermeture définitive de Nanterre. Cette décision entraîne le rassemblement des étudiants aux facultés de Paris, notamment à la Sorbonne.

3 MAI 1968: La police à la Sorbonne et le premier "vendredi rouge"

Un sit-in est organisé à la Sorbonne pour protester contre la fermeture de Nanterre. Le recteur Roche craint des désordres à l'exemple de Nanterre. Après des incidents causés par un groupe d'extrême droite, le **Mouvement Occident**(3), le recteur interdit les manifestations et appelle la police pour faire évacuer la cour de la Sorbonne. C'est ainsi qu'il provoque ce qu'il a voulu empêcher: La véritable révolte étudiante éclate après l'évacuation de la Sorbonne et l'arrestation de plusieurs étudiants qui seront condamnés le 4 et 5 mai, à des peines de prison. C'était le premier vendredi rouge. La période du 3 au 10 mai est caractérisée par la solidarité croissante de la population avec les étudiants considérés comme victimes innocentes de la répression policière et judiciaire. De nombreuses manifestations sont organisées par les syndicats étudiants, les groupes gauchistes et le **Mouvement du 22 mars**. La fameuse "nuit des barricades" du 10 au 11 mai est alors le point culminant: le gouvernement s'oppose à une réouverture de la Sorbonne. Cette décision déclenche de vives protestations. A la suite d'une grande manifestation d'étudiants et de lycéens, on construit des barricades dans le Quartier Latin. La police reçoit l'ordre de les attaquer vers 2 heures du matin. Les luttes se poursuivent jusqu'à 6 heures du matin. La population de toute la France a pu suivre les événements de ce deuxième vendredi rouge à la radio, grâce aux transmissions directes des entretiens, des interviews, des luttes dans la rue données par les radios privées, Europe I et Luxembourg. M. Grimaud, préfet de police, se défend contre les accusations d'une brutalité excessive de la police. Dans son livre-document sur Mai 68, il reproche au gouvernement de faire appel à la police pour arranger les affaires gâchées par l'Etat et de la "maudire" après.(4)

La phase la plus dramatique des événements commence. Les syndicats ouvriers appellent à la grève; même les communistes qui, jusqu'à ce moment, ont uniquement condamné "l'aventurisme gauchiste"(5), participent au grand mouvement de protestation.

Rentré le 11 mai de son voyage officiel, le premier ministre, M. Georges Pompidou, annonce des mesures de clémence: la réouverture de la Sorbonne, le retrait des forces policières et la libération des étudiants arrêtés.

13 MAI 1968: La grève générale

A la grande surprise des autorités politiques, la grève est suivie par environ un million d'ouvriers(6) dans toute la France; elle s'étend d'une façon si rapide et si spontanée qu'elle échappe de plus en plus à l'organisation syndicale. Les ouvriers occupent les usines, dans les comités d'action ils travaillent ensemble avec les étudiants.

La Sorbonne, occupée par les étudiants dès sa réouverture, est transformée en **Université** autonome pour **Etudiants et Travailleurs**, le théâtre de l'Odéon en **Théâtre libre et populaire**, en **Tribune libre** où tout le monde peut prendre la parole; l'Ecole nationale supérieure des Beaux-Arts se met au service de la révolution et produit des affiches révolutionnaires, 350 jusqu'au mois de juillet. Plusieurs lycées sont occupés par les élèves. Le gouvernement entame des négociations avec les syndicats et le patronat; elles commencent le samedi, 25 mai, au siège du ministère des Affaires sociales, rue de Grenelle, et aboutissent le 27 mai aux "accords de Grenelle". On prévoit une augmentation du S.M.I.G.(7) et des salaires en général, la garantie du droit syndical, une réduction des horaires à long terme, le paiement des journées de grève à 50 %. Mais la majorité des ouvriers refusent ces accords: le secrétaire général de la Confédération générale du Travail (C.G.T), M. Georges Séguy, se fait même siffler(8) à Billancourt, chez Renault, l'usine-symbole de la puissance du syndicat communiste où la C.G.T. a été majoritaire depuis la guerre.

La France se paralyse de plus en plus; la crise gouvernementale s'aggrave. Le président de Gaulle, rentré avant la date prévue de son voyage officiel en Roumanie, est furieux: "**la France, quel bordel! La réforme oui, la chienlit, non!**" Dans son discours télévisé du 24 mai, il annonce un référendum sur la participation - mais: sans succès. Les grèves et les manifestations **Adieu de Gaulle! Dix ans, ça suffit!** se poursuivent. Près de dix millions de travailleurs français sont en grève, on ne délivre plus le courrier, on ne vend plus d'essence, le métro ne circule plus, les ordures s'accumulent sur les trottoirs.

Les ministres des Finances, M. Michel Debré, et de l'Education nationale, M. Alain Peyrefitte, ont donné leur démission le 26 et le 28 mai. Une motion de censure est déposée par l'opposition mais refusée par la majorité de l'Assemblée nationale; dans une conférence de presse du 28 mai, le chef des socialistes, M. François Mitterand, critique vivement le gouvernement provisoire.(9) Enfin, le 29 mai à 11h20, le chef d'Etat disparaît lui-même, vers une destination inconnue ...

30 MAI 1968: Le reflux gaulliste après le deuxième discours du président de Gaulle

Ce n'est que le 30 mai que de Gaulle réapparaît. Où a-t-il été? On apprend plus tard qu'il a eu un entretien avec le général Jacques Massu, commandant en chef des Forces françaises en Allemagne, à Baden-Baden. Dans son discours, radiodiffusé comme aux temps de la guerre, il est bref et énergique: "Je ne me retirerai pas." Il annonce la dissolution de l'Assemblée nationale, des élections parlementaires pour le 23 et 30 juin; il appelle à la défense de la République. Son discours a pour suite immédiate la manifestation de près d'un million de pro-gaullistes sur les Champs-Elysées.(10)

Paris reprend haleine: on débite de nouveau l'essence dans les stations service, le week-end de la Pentecôte du 31 mai au 2 juin voit des dizaines de milliers de Parisiens sortir de la capitale, avec des embouteillages aux portes de Paris et plusieurs centaines de morts et de blessés dûs aux accidents de la route.

Mais la reprise du travail est lente et difficile. A Sochaux, chez Peugeot, un ouvrier est tué par un policier; à Flins, chez Renault, un élève de 17 ans, Gilles Tautin, se noie dans la Seine en prenant la fuite devant la police. Son cortège funèbre, le 15 juin à Paris, est suivi par des milliers de manifestants. Un commissaire de police est tué à Lyon. On retrouve le cadavre de "Jimmy le Katangais", leader d'un groupe radical qui a participé à l'occupation de la Sorbonne. Il a été tué par un ancien légionnaire. Après une dernière "nuit des barricades", le 11 juin, toutes les manifestations sont interdites et le ministre de l'Intérieur défend plusieurs groupes gauchistes.(11) **Le Mouvement Occident** ne sera dissout que le 31 octobre après avoir de nouveau causé des incidents violents au Quartier Latin.

A Avignon, lors du Festival de théâtre, des confrontations entre les groupes de droite et de gauche engendrent l'interdiction de toutes les représentations théâtrales dans la rue; cette décision entraîne le départ prématuré du **Living Theatre**, groupe américain du théâtre avant-gardiste. Les centres de la "revolution culturelle", la Sorbonne, l'Odéon, l'Ecole nationale supérieure des Beaux-Arts sont évacués par la police; la "normalisation" à l'O.R.T.F. se fait en juillet avec le licenciement ou la retraite anticipée de 40 % du personnel.

23 et 30 JUIN 1968: Victoire des gaullistes dans les élections parlementaires.

L'Ordre, l'Harmonie, Le Progrès étaient les mots d'ordre de la campagne électorale des gaullistes. Leur victoire est énorme: ils gagnent 358 des 485 sièges à l'Assemblée nationale. Le nouveau premier ministre est M. Couve de Murville, M. Edgar Faure devient ministre de l'Education nationale. Après la rentrée scolaire, il présente à l'Assemblée nationale la loi d'orientation de l'enseignement supérieur qui prévoit une certaine participation étudiante. La loi sera débattue et finalement adoptée en octobre.

La rentrée universitaire se fait dans le calme; il y a encore quelques protestations et grèves à Paris et à Nanterre, mais le mouvement n'a plus le même élan qu'auparavant.

27 et 28 AVRIL 1969: La fin du règne du président de Gaulle.

De Gaulle a soumis au peuple un référendum sur la décentralisation, c'est-à-dire sur la réforme des régions et du Sénat. Ce projet a déjà provoqué de vives critiques de la part du Sénat touché par la réforme, des communistes et de M. Giscard d'Estaing. Le 27 avril, le référendum est refusé par la majorité des Français: 53,2 %, à Paris: 57,6 %. De Gaulle démissionne aussitôt, comme il l'avait promis le 10 avril dans un entretien télévisé avec Michel Droit. Le président du Sénat, M. Alain Poher, assure l'intérim des fonctions présidentielles. Le 15 juin 1969, Georges Pompidou est élu président de la République avec 57,5 % des voix.

La chute du général de Gaulle, est-elle un des résultats de Mai 1968?

Deux perspectives divergeantes:
Le caricaturiste Siné – l'académicien Droit

TEXTES 1 et 2

Pour montrer les échos fort divergents que le mouvement de Mai a provoqués en France, nous reproduisons deux témoignages opposés, celui du caricaturiste Maurice Siné, né en 1928, sympathisant fervent des jeunes rebelles, et celui du membre de l'Académie française, Michel Droit, journaliste et écrivain, né en 1923. Mieux que toutes les analyses à posteriori, ces documents révèlent les fossés idéologiques qui existaient dans la société française de cette époque. Maurice Siné, fier de la tradition révolutionnaire dans sa famille(12), s'est laissé entraîner par l'enthousiasme des jeunes. Il a mis son talent au service de la révolte qu'il a soutenue par ses deux journaux satiriques "L'Action" et "L'Enragé". Dans ses lettres à son amie Catherine Failliot, journaliste qui travaillait au Brésil pendant le mois de mai 1968, on sent le souffle de la bataille à laquelle il participait et, surtout, l'espoir en un avenir meilleur dans une société plus libre. Comme titre provocateur, Siné a choisi pour le recueil de ses dessins de Mai, publié dix ans plus tard, **La Chienlit c'est moi**, une parodie de la fameuse phrase que le président de Gaulle avait prononcée après sa rentrée de la Roumanie: "La réforme, oui, la chienlit, non!"(13) Il dédie ce recueil "A tous les enragés du monde et, particulier aux assassins de Stammheim: Ulrike Meinhof, Gudrun Ensslin, Jan-Karl Raspe et Andreas Baader". Ses lettres, dont nous reproduisons plusieur extraits (texte 1), donnent une image vivante du sentiment de solidarité parmi les jeunes et ceux qui avaient de la sympathie pour leur lutte: "On a tous le coeur en fête. Je ne ressens aucune fatigue, je jette des flammes ... Merci, camarades étudiants! Bravo, et toute ma gratitude."(14)

Le journal de Michel Droit offre une prise de position fort contraire. Après une courte phase de solidarité avec les jeunes barricadiers, l'académicien s'est détourné de la révolte, écoeuré par ses aspects chaotiques et par le mépris que les jeunes lui portaient (texte 2). Journaliste expert des mass media, Michel Droit analyse la stratégie des reportages donnés par les radios privées dans la nuit du 10 au 11 mai et avoue son désarroi devant l'absence d'information objective dans la télévision contrôlée par le gouvernement. C'est avec un soulagement évident qu'il salue le deuxième discours du président et la grande manifestation sur les Champs-Elysées. Le lecteur lira avec surprise les témoignages d'une fraternité solennelle entre les adultes et les jeunes – non pas, cette fois, du côté des contestataires, comme la chantent Maurice Siné ou Patrick Ravignant (textes 13 et 14), mais du côté de l'ordre gaulliste.

Maurice Siné

"Les vieux sont débordés par les jeunes ... enfin!"

Paris le 6 mai 23 h 37 lundi

Mon amour chéri, mon cher amour,

Quelle vie! Depuis vendredi pratiquement pas dormi! Des manifs incroyables d'une brutalité à faire dresser les cheveux sur la tête. Je pense tu as dû en entendre parler là-bas à la radio.

Mercredi le 8 mai 22 h 30

J'ai dû interrompre ma lettre car juste à ce moment-là on m'a téléphoné et j'ai dû repartir à toutes pompes au Quartier Général des étudiants, à l'U.N.E.F. Cohn-Bendit et des copains avaient besoin de moi pour dessiner un tract pour demain. Je suis rentré 2 heures plus tard avec un gars à planquer et à soigner, la gueule complètement abîmée par des éclats de grenade et le ventre ressemblant à celui du Père Ubu. (...) Il avait reçu une bombe fumigène lancée au rocket en plein dans le bide avant qu'elle n'explose. On s'est quand même marré et félicité mutuellement en se frictionnant nos bras droits: c'est finalement là où on avait le plus mal à force de lancer des pavés sur les flics. J'ai dû balancer au moins 100 à environ 15 ou 20 mètres. On se serait cru aux Jeux Olympiques! (...)

Ça a été héroïque: je n'ai jamais tant joui de ma vie quand j'ai vu, finalement, les C.R.S. reculer devant les jeunes - incroyable! On aurait cru une guerre civile, le feu partout, les rues dépavées. 20.000 étudiants contre 8.000 C.R.S. armés qui reculaient!

Dimanche 12 mai

Depuis 10 jours je ne fais que me battre et distribuer des journaux! J'ai fait, seul, la mise en page et des dessins pour le no.1 d'un nouveau journal: ACTION. 8 pages en une nuit. 12.000 exemplaires vendus en 4 heures - on a dû retirer 20.000 le lendemain!

Jeudi 16 mai

On vit des heures formidables: ça continue! L'usine Renault de FLINS (10.000 ouvriers) vient de décider une grève illimitée et on vient de hisser le drapeau rouge - les directeurs sont prisonniers! A Rouen, à Nantes, un peu partout, les ouvriers occupent les usines (au moins 10 aujourd'hui) et font prisonniers les patrons. Extraordinaire! Jamais vu!

(...) Le Théâtre de France (Odéon) est occupé depuis hier soir par des étudiants, des peintres, des écrivains (Genêt) etc. Ce soir on rembourse les places aux connards qui devaient y aller! Les étudiants disent: "Il faut tout chambouler, pas seulement l'Université mais tout le système pourri!" Génial! Enfin, ils ont compris! Pourvu que les prolos pigent aussi. Ça a l'air pour l'instant. On ne dort plus, on discute, on bosse, on explique ... (...) C'est la fête! Demain, les étudiants vont proclamer les Etats Généraux. On se croirait en 1789 - Olivier Castro l'un des leaders du 22 Mars ressemble d'ailleurs à Saint-Just!

Dimanche 19 mai

Drapeaux rouges, sur tous les bateaux! Plus d'éboueurs, plus de trains, plus de poste, plus d'Opéra, plus de T.N.P., plus de métro ni de bus, plus d'O.R.T.F., plus de cinémas, plus de taxis ... les gens font la queue pour la bouffe, ils font des réserves ... les dégonflés!
Ce qui est grandiose, c'est que tout le monde occupe les usines, les théâtres etc. ... On couche là, on discute ... Si le P.C. n'existait pas, il y aurait la guerre civile maintenant! Ces pédés sont lâches comme j'en avais rarement vus! Quel scandale! Il vient de demander à tous les ouvriers de relâcher les patrons prisonniers!!! On croit rêver! Il traite Cohn-Bendit de provocateur (il ne l'a pas encore traité de sale juif mais ça ne va pas tarder) et les étudiants d'extrémistes irresponsables. Ils sont à vomir!
(...) Les drapeaux rouges et noirs flottent partout. Quelle joie - sur l'Odéon on a rajouté **EX-Théâtre de France!** dans les mêmes lettres dorées. Ce qui est étonnant - c'est qu'il n'y a pas de vandalisme: tout est bien fait, proprement, avec habileté et beaucoup de talent. Des affiches merveilleuses sortent chaque jour de l'Atelier des Beaux-Arts occupés. Une fraîcheur merveilleuse, inconnue jusqu'alors, sort de tous les pores de Paris. Des couleurs superbes et du soleil partout. Ça ressemble au Paradis. Qu'est-ce que tu fous à Sao-Paulo? De Gaulle rentré hier soir de Bucarest n'a dit, pour l'instant, qu'une phrase (il en a le secret!): "La réforme oui, la chienlit NON!"(15) Impayable! Je viens d'en faire un dessin.

Lundi 20 mai

Je viens de rentrer en vélo par la rue Lepic: on croirait une immense poubelle! Comme il n'y a plus de service de nettoiement, les marchands de 4 saisons(16) foutent tout en l'air au milieu de la rue. On écrase les cageots, les salades - ça commence à puer la peste! On prend les sens interdits, tout le monde s'en fout! Dommage que tout cela doive se terminer un jour.

Jeudi 30 mai

(...) De Gaulle s'est tiré à Colombey pour "penser". Je crois qu'il va sauter ce coup-là - il ne s'en remettra pas. (...) Je suis incapable de te faire un compte-rendu de ces 10 jours! impossible. Je ne dors plus à la maison ou presque - sauf depuis hier où tout est devenu plus calme. (...) le flics fouillent les gens dans la rue en ce moment et les coffres des bagnoles. (...) Ici rien ne marche plus. On ne change plus le fric français en Suisse ni en Italie. Quelle panique! les bourgeois tremblent! Il n'y a plus de banques, plus de pain, plus des Gauloises, Gitanes etc. ... la viande se fait rare, plus un poil d'essence sauf aux toubibs, plus rien. C'est fantastique - jamais vu ça - (...) Les vieux sont débordés par les jeunes ... enfin!

Dimanche 2 juin

Je suis à Auzonville - depuis hier après-midi. J'ai dormi déjà au moins 20 heures - incapable de me réveiller - (...). Il fait beau, c'est calme, ça fait du bien. C'est la première fois depuis plus d'un mois de bagarres qu'on se repose. On discute un peu - on ne sait pas si c'est fini - si ça va être la répression terrible - si ça va se tasser. De toute façon, ça aura été merveilleux même si on devait maintenant payer! Je suis sûr que ça laissera des traces indélibiles - les Français seront moins cons dorénavant. Beaucoup de prolos auront découvert le véritable visage de leur Parti pourri! Les Gaullistes ont repris du poil de la bête(17) depuis le discours! J'y suis, j'y reste! l'armée est aux Portes de Paris avec les blindés. Il est allé les voir à Baden-Baden (Massu!) avant son discours: il voulait être sûr d'eux, la charogne(18).

(...) J'ai trouvé de l'essence pour la 1ère fois - c'est pour ça qu'on est venu ici. Je vais te mettre cette lettre à la Poste car certains ont repris le boulot - profitons de ces salauds! je t'aime aussi fort que je hais les bourgeois!

Mardi 11 juin

On essaie en ce moment d'empêcher les élections - pièges à cons en foutant le plus possible la merde. 1 autre mort hier: un étudiant noyé assommé par les flics. Aujourd'hui un deuxième: un ouvrier de Sochaux (Peugeot) tué d'une balle de 9m/m calibre policier! Le P.C. du coup appelle à la grève générale demain - tiens-toi bien - d'une heure (entre 15 h et 16 h!!!).

Le **Monde** est infect. Aujourd'hui particulièrement: à vomir! pas étonnant, mais attristant! Titre: "Mais qu'est-ce qu'ils veulent, ces jeunes?(19)" Enculés! En tout cas, ils savent ce qu'ils ne veulent plus et, entre autre, le **Monde**! La solidarité, la camaraderie, la gentillesse en ce moment entre tous les gars est indescriptible, touchante, merveilleuse. Plus de salades, plus de jalousies, plus de "connus" et de "pas connus", tous dans le même bain. On n'a vu aucune "idole" des jeunes depuis le début: Dutronc, Hallyday, Vartan(20) et consorts - disparus! les spécialistes de l'anarchie et de la révolution non plus d'ailleurs: Ferré, Ferrat, Brassens, Brel(21) etc. ... Bizarre, non?

Maurice Siné, **La chienlit c'est moi**, Paris 1978, pp.9-24.

2

Michel Droit:

"Vive la révolution en Austin-Cooper!"

Lundi 6 mai

Bataille rangée entre étudiants et policiers au Quartier Latin. Cela couvait depuis trop longtemps, et le chaudron de Nanterre devait bien déborder un jour. Au total, plus de cinq cents blessés. Dans le monde, un peu partout, les étudiants sont dans la rue. A Prague, ils récusent le communisme bureaucratique, à Madrid le franquisme, au Caire le nassérisme. A Berlin, à Rome, à Columbia University, à Mexico, à Tokyo ils contestent la "société de consommation" dont, au demeurant, la plupart d'entre eux semble, pourtant, ne pas s'accommoder si mal.

Dans l'Internationale des 18 - 25 ans, tous les extrêmes se rejoignent. Est-ce la troisième vague révolutionnaire du monde contemporain qui s'apprête à déferler? Après les ouvriers de Lénine, les paysans de Mao, allons-nous voir surgir les étudiants de ... De qui au fait?

On parle beaucoup d'Herbert Marcuse. En particulier ceux qui n'ont rien lu de lui. Ce qui les immunise contre les préjugés encombrants. (...)

Samedi 11 mai

J'ai passé toute la journée d'hier chez Georges Marchal(22), à Monfort-l'Amaury, travaillant à L'Orient perdu(23).

Vers deux heures du matin, Georges qui rentre d'une soirée à Paris frappe à ma porte. Il me réveille, et fait irruption dans ma chambre, un transistor à la main.

- On se bat au Quartier Latin, me dit-il. Cela paraît sérieux. Ecoute. (...) La façon dont les reporters de RTL et d'Europe 1 "couvrent" l'événement force tout d'abord l'admiration. Mais on en vient très vite à se demander si la concurrence effrénée entre les deux stations ne les amène pas, l'une et l'autre, à en "rajouter" un peu, comme on dit. Pourtant, on se laisse prendre. (...) Julien Besançon, d'Europe 1(24), est vite passé maître dans l'art d'utiliser les mots les plus modérés, le ton le plus pondéré pour décrire les scènes qui, à l'en croire, sont les plus violentes, les plus sanglantes qu'on ait vues à Paris depuis longtemps. Effet saisissant, car il s'établit un tel divorce entre le calme du reporter, la sobriété de son verbe et l'horreur suggérée, au second degré, par ses descriptions tout en nuances et prudences, que la force de son récit n'en est que plus convaincante. (...) L'imagination de l'auditeur, aidée par le fond sonore d'explosion, de sirènes et de cris, fait le reste.

J'ignore exactement pourquoi ces jeunes gens se battent. Eux-mêmes, en ont-ils seulement quelque idée? A vrai dire, j'aurais plutôt tendance à penser qu'en dehors de quelques-uns "politisés" à l'extrême, la plupart le font sans autre vrai besoin que celui de se prouver qu'ils en sont capables. Je ne les en blâme pas, loin de là. Je dois même reconnaître qu'ils ne manquent pas de courage, et les envie un peu d'avoir cet âge et ce bel appétit. Mais, au fond, parmi toutes les choses dont ils se disent frustrés, n'y a-t-il pas, justement et inconsciemment, l'occasion de montrer qu'ils peuvent, tout comme leurs aînés, prendre des risques pour des causes qui en valent ou non la peine, recevoir des coups, en donner, et faire tout cela joyeusement, élégamment, voire même gratuitement? C'est bien ce qui me plaît en eux. (...) Dans l'après-midi, je vais voir le "champ de bataille". Chaussée éventrée, débris de macadam et pavés épars, automobiles renversées, calcinées, restes de barricades abandonnées. Badauts hébétés. "Héros" indifférents. Tristesse et inutilité de tout cela. (...)

Lundi 13 mai

Drôle de dixième anniversaire!

Pour manifester leur solidarité avec les étudiants, les syndicats décident une grève générale. Une foule immense défile de la République à Denfert-Rochereau. Les organisateurs parlent de 800 000 personnes. La préfecture de 200 000. Disons 500 000, ce qui est déjà considérable. Mais l'essentiel de l'action se déroulant sur leur terrain les étudiants entendent rester maîtres du pavé, au besoin pour en faire bon usage. Ils ont donc envoyé les représentants des partis de gauche - aimablement qualifiés de "sociaux traîtres" et "crapules staliniennes" - se noyer dans la masse du cortège dont eux-mêmes ont pris la tête. Leurs vieux aînés, cocus et contents, s'accomodent, d'ailleurs, parfaitement du sort qui leur est fait.

Mardi 14 mai

La Sorbonne a donc rouvert ses portes. Non pour que les étudiants y étudient, mais pour qu'ils y palabrent. J'y vais faire un tour dans la soirée.

Partout, c'est la kermesse écarlate et le règne de la phraséologie marxiste mal digérée, souvent traduite dans le jargon structuralo-freudien des sociologues de Nanterre, ce qui n'arrange rien. Disons que la situation est situationniste, et n'en parlons plus. En rentrant chez moi, je m'arrête à un feu rouge - c'est la moindre des choses - et suis reconnu par quatre filles et garçons, entassés dans une Austin-Cooper, qui aussitôt m'aspergent d'insultes variées. Que disent-ils? En gros, que la colère du peuple insurgé ne tardera pas à balayer la chaussée des ordures de mon espèce. Un homme averti ... Avant que le feu ne passe au vert, une de mes charmantes apostropheuses me lance en matière de conclusion:

- Et alors, salope, qu'est-ce que tu trouves à répondre? J'essaie de lui sourire et, passant ma tête par la portière à la vitre baissée, dis avec le plus de suavité possible: - La seule réponse, Mademoiselle, qui me semble s'imposer est celle-ci: "Vive la révolution en Austin-Cooper!" (...)

Mercredi 15 mai

Après le dîner, Janine et moi retournons à la Sorbonne, en compagnie de Madeleine et Maurice Druon(25). Même tableau consternant qu'hier soir.

- Tiens, voilà la récupération qui commence, dit une fille à un garçon, tandis que nous passons près d'eux. (...)

Durant cette nuit du 10 au 11, j'avais pourtant éprouvé de la sympathie envers ces garçons qui me semblaient mettre quelque ardeur à se battre, même sans trop savoir pour quoi. A présent, je commence à les trouver franchement insupportables et grotesques, en les entendant pousser des cris d'orfraie contre cette fameuse **répression** dont ils se prétendent les innocentes victimes.

Quand on choisit de prendre les armes - même s'il ne s'agit que de pavés - on ne va pas se réfugier en poussant des glapissements sous les plis de la toge du professeur Monod, dès qu'on commence à recevoir des coups.

Révolution oui, répression non! Un peu facile.

Jeudi 16 mai

L'Odéon a été "libéré" hier soir par une brigade d'intervention partie de la Sorbonne et de chez Castel.

Dire que nous avons manqué cela! Jean Louis Barrault est, paraît-il, monté sur cette scène pour déclarer:

- Barrault est mort!

C'est le premier tué de la révolution. (...)

Vendredi 17 mai

La grève ouvrière, commencée il y a quatre jours, ne cesse de s'étendre. Après Sud-Aviation de Nantes, voici Renault. Cela, c'est sérieux. (...)

Samedi 18 mai

Consternant journal télévisé. Au lieu d'écraser le téléspectateur hexagonal sous des images de grèves et de troubles, de le saouler de motions et de déclarations, afin de lui faire prendre conscience de la réalité, on l'assoupit, on le rassure, lui montrant en long et en large le triomphe du Général en Roumanie.

Sur quoi, après une discrète évocation des événements parisiens, un ministre de service vient nous parler de l'industrie française, de son équilibre, de sa prospérité, de ses promesses ... De quoi se plaint-on?

Dimanche 19 mai

De Gaulle rentre de Roumanie, un peu plus tôt que prévu, ce qui n'est pas bon signe.

Ce soir, à la TV, on entend Pompidou, sortant de l'Elysée, faire cette confidence à un reporter qui le pourchasse, micro en main:

– Je puis vous résumer l'opinion du Président de la République; c'est: la réforme oui, la chienlit non.

Bonne définition. A condition d'avoir la volonté et les moyens d'imposer la réforme, tout en faisant cesser la chienlit. (...)

Mardi 21 mai

Ouf! Les écrivains passent enfin à l'action, et une centaine d'entre eux, investissant l'hôtel de Massa, fière citadelle de la vénérable Société des Gens de Lettres(26), l'arrachent de haute lutte à quelques secrétaires éberluées!

Michel Butor(27) et Jean-Pierre Faye(28) sont à pied d'oeuvre pour donner de la clarté aux motions qui ne vont pas manquer de proliférer, Marguerite Duras(29) et Nathalie Sarraute(30) afin d'éclairer l'événement d'un sourire féminin. En fin de soirée, on apprend qu'une **Union des Ecrivains**(31) est née. (...) "L'imagination au pouvoir" est l'un des plus ardents slogans de ces semaines agitées.

Sauf chez les écrivains, semble-t-il.

Pourquoi les intellectuels, dès qu'ils cessent d'utiliser leurs moyens naturels d'expression, et entreprennent de se mêler, (...), d'une action quelconque, se couvrent-ils, presque toujours, de ridicule?

On m'objectera que certains furent admirables dans la Résistance. Mais ils ne l'avaient ralliée en tant qu'intellectuels. Quand Jean Prévost(32) fut tué dans le Vercors, c'est le combattant, pas l'écrivain qui tomba sous les balles ennemies. (...)

Jeudi 23 mai

Le dénommé Cohn-Bendit, qui était allé haranguer les étudiants hollandais, se voit interdire de rentrer en France. Que Cohn-Bendit ait un physique de savonnette ne me semble pas une raison suffisante pour lui faire toute cette publicité gratuite. Le transformer en paria serait une grave erreur. Déjà, quelques-uns de nos étudiants, particulièrement dégourdis, se répandent sur la chaussée en scandant ce slogan imbécile: "Nous sommes tous des Juifs allemands" (...).

Je passe, rue Saint-Guillaume, devant mes vieilles et chères "Sciences Po". Le porche en est surmonté de drapeaux rouges et noirs. De chaque côté de l'entrée, deux "gardes" veillent, casque de motard enfoncé jusqu'aux sourcils. L'un tient à la main une crosse de hockey, l'autre une sorte de matraque informe qui lui donne l'allure d'un Baluba attardé.

Futurs serviteurs de l'Etat? Pauvre Etat!

Et pauvres Sciences Po!

Une banderole flotte en travers de la rue où est inscrite cette phrase. "Les Sciences Po disent non à la dictature gaulliste". Et sur le macadam, traînent des bouteilles cassées, des paquets de cigarettes vides, des préservatifs usagés.

Vendredi 24 mai

Enfin de Gaulle parle.

Des réformes nécessaires, de l'université, de la crise sociale, de la régionalisation, de la participation ... Mais il en parle sans la conviction qu'on lui connaît d'ordinaire (...). Hélas, même pour dire cela, de Gaulle n'a pas trouvé le ton. Comme s'il n'y croyait pas. (...)

Jeudi 30 mai

De Gaulle est rentré.

A seize heures trente, c'est-à-dire après le conseil des ministres, il doit parler à la radio. (...)

C'est la voix du refus, de la résolution, du commandement, celle que nous entendions, jadis, dans les brouillages du soir, ou bien celle qui, sur les écrans, un dimanche d'avril 1961, avait répondu aux rebelles d'Alger.

Mais aujourd'hui, il fait grand jour, et le Général a délibérément, négligé la télévision. Ainsi chacun peut-il rendre aux traits de son visage le reflet de son souvenir, ou les imaginer pareils à l'espoir qu'il met dans son intervention, avant de s'en aller rejoindre ceux qui, pour la première fois depuis près d'un mois, ont enfin renoncé à se terrer et à se taire.

La voilà donc bien l'idée lumineuse qui a présidé au choix du moment pour s'adresser aux Français et à l'utilisation de la seule radio!

Une heure et demie plus tard, nous sommes un million sur les Champs-Elysées, dans l'éclat du ciel, des drapeaux, des coeurs. (...) Soudain, la fête a changé de bord. (...) De très nombreux jeunes sont là. Pourtant, on ne voit pas les jeunes avec les jeunes, les anciens combattants avec les anciens combattants. On assiste, au contraire, à un fantastique amalgame des âges et des classes sociales.

Michael Droit, **Les Feux du crépuscule**, Journal **1968-1969-1970**, Paris 1977, extraits des pp.20-45.

Première partie:

L'OUVERTURE A NANTERRE

Caricature de Maurice Siné
Le texte varie le refrain de **l'Internationale** "Debout les damnés de la terre".

L'OUVERTURE A NANTERRE

Ce n'est pas au Quartier Latin que la révolte de Mai 68 a éclaté, mais dans une faculté parisienne hors de Paris, à Nanterre. Non loin du quartier nouveau de la Défense, Nanterre était, lors de la fondation de la Faculté des Lettres et des Sciences Humaines en 1964, une banlieue morose, dont les H.L.M., les bidonvilles, les hangars industriels et les quelques usines sentaient la misère. Ce faubourg était peuplé surtout par des ouvriers, en grande partie des Algériens et des Portugais. Dans la ville, il n'y avait pas de vie culturelle; le projet de créer un centre culturel fut abandonné par manque de fonds. Les étudiants se trouvaient donc dans un paysage assez désolant (texte 3) d'autant plus que le domaine de la Faculté elle-même était un grand chantier, coupé en deux par la trace du métro Paris-Nanterre, ce qui empêcha pendant quelques années la construction d'une bibliothèque universitaire. Un professeur de la Sorbonne, après avoir visité Nanterre, disait à un de ses collègues de Paris prêt à aller enseigner dans la jeune faculté: "Mon cher ami, vous allez vivre dans la crotte."(33)

Pourtant, la nouvelle faculté avait été conçue dans le but de créer de meilleures conditions de travail pour les étudiants, car la Sorbonne des années 60 avait été paralysée par les masses. A Nanterre, ce problème ne se posait pas. Il y avait beaucoup plus de place et beaucoup moins de monde, l'anonymat de l'université de Paris n'existait plus. La condition fondamentale pour un dialogue entre étudiants et enseignants était donnée, et, en effet, l'ambiance à Nanterre fut d'abord plus détendue et plus libérale que dans la vieille université de la capitale. Les professeurs venus volontairement de Paris, étaient en moyenne sensiblement plus jeunes que leurs collègues de la Sorbonne. La création de Nanterre répondait à leur volonté de renouveler et parfois même de remettre en cause "une tradition étouffante". Nanterre fut considéré comme un nouveau début, entrepris dans l'espoir de "mettre fin, par son existence même, au monopole de fait de la Sorbonne". C'est ainsi qu'Alain Touraine, professeur de sociologie à Nanterre dès l'ouverture de la faculté en 1964, décrit la situation dans son livre sur **Le Mouvement de mai ou le communisme utopique.**(34) Mais au fur et à mesure que le nombre des étudiants augmentait, l'atmosphère devenait tendue. De 2000 étudiants en 1964/1965, le chiffre passait au double dans l'année suivante et à 11000 en 1967/1968. La misère de la Sorbonne, asphyxiée par les masses, se reproduisit, augmentée par les malaises de l'isolement géographique et le manque d'ambiance culturelle (texte 4). Ainsi, plus qu'ailleurs, les étudiants ressentaient les déficiences du système universitaire français.

Dès mars 1967, la situation devient explosive (texte 5). Menés par les militants actifs et des groupes gauchistes tels que la Jeunesse Communiste Révolutionnaire (J.C.R.)(35), les étudiants protestent contre le règlement rigide des résidences. Ils réclament l'abolition de la séparation des jeunes gens et des jeunes filles et le droit d'habiter dans la résidence pendant la période entière de leurs études, donc quatre ans au lieu des trois prévus par l'administration. Après la rentrée de 1967, un deuxième motif de révolte apparaît avec la mise en application partielle de la réforme Fouchet(36). Elle crée un premier cycle de deux ans et un second cycle qui distingue la licence de la maîtrise. Les deux ans de la licence donnent une formation pour l'enseignement secondaire, les trois ans de la maîtrise pour la recherche scientifique. La réforme, raisonnable dans l'ensemble, cause beaucoup d'irritation parmi les étudiants des premières années d'études: ils ne savent plus exactement quelles U.V.(37) seront reconnues pour les examens. Le ministre n'avait esquissé qu'un cadre général élaboré sur la base des études scientifiques. Ce cadre n'était pas applicable aux Lettres et les enseignants se voyaient submergés par le travail de révision des dossiers étudiants en vue des équivalences. L'indignation des étudiants mène à une grève de dix jours, début novembre, à Nanterre. Elle se termine après de longues discussions entre la délégation étudiante et le corps enseignant. Le doyen promet de régler la question des équivalences d'une façon non bureaucratique, accepte l'activité politique des étudiants et finit par admettre leurs délégués dans les commissions universitaires. Mais son libéralisme n'est pas bien vu par le ministère qui limite la cogestion étudiante à des questions secondaires. "Ces comités de novembre 67! Personne ne les a vraiment pris au sérieux. Vous connaissez le mot de M. l'assesseur Beaujeu: 'On peut y discuter de tout, car on ne peut y décider de rien'."(38)

Pendant les premiers mois de l'année 1968, la situation empire. Les provocations des étudiants se multiplient (textes 6 et 7) et les autorités chancellent entre une attitude trop tolérante et des mesures répressives. Des mythes se créent comme celui des listes noires - listes sur lesquelles les noms des leaders de manifestations auraient été notés: le 26 janvier, 60 à 80 étudiants se rassemblent dans le hall de la faculté avec des panneaux provocateurs: "Grappin nazi", "Facilitez le travail de la police, inscrivez-vous sur les listes noires"(39). Poussé par l'administration, le doyen Grappin fait un second appel à la police. Dans une lettre ouverte du 29 janvier, il repousse les insultes et publie une déclaration officielle disant que ces listes n'avaient jamais existé. Mais la situation est devenue précaire, la campagne intensive des "enragés" a commencé.

Un autre facteur important pousse les jeunes Français à la contestation: la guerre du Vietnam. Des grandes manifestations internationales ont lieu à Bruxelles en 1967, à Paris et à Berlin en 1968, où les jeunes protestent contre l'impérialisme américain. Ils y ont l'occasion de rencontrer les militants d'autres pays et d'échanger leurs idées avec eux. Dès 1967, beaucoup de comités Vietnam se sont formés en France, dans les universités et, surtout, dans les lycées(40). En février et mars 1968, plusieurs incidents arrivent: Un des attentats contre les établissements américains à Paris, la destruction de la vitrine de l'American Express, a pour suite l'arrestation de plusieurs jeunes gens dont Xavier Langlade, étudiant à Nanterre.(41) C'est cet épisode qui a donné le signal de l'occupation de la tour administrative de Nanterre (textes 8 et 9). Après cette journée, point culminant dans l'histoire du mouvement nanterrois(42), l'enseignement régulier ne fonctionne plus. Désormais, à Nanterre, il y a à la fois les débuts d'une université critique selon le modèle berlinois (texte 10), les meetings politiques où parle, le 2 avril, le président du S.D.S. allemand,

Karl Dietrich Wolf, les cours des professeurs "progressifs" transformés en débats sur la situation universitaire et politique et ceux de leurs collègues "réactionnaires" perturbés, des confrontations parfois violentes entre étudiants radicaux et modérés. Le 27 avril, Daniel Cohn-Bendit est arrêté et questionné par la police à propos d'une plainte pour blessures volontaires, portée contre lui par un étudiant de sociologie, et à propos d'une recette de cocktail Molotov publiée par son groupe, **Le Mouvement du 22 mars**. La police accepte ses affirmations et le relâche vers 20 heures: la recette n'était qu'un canular, ne correspondant à rien de sérieux; l'intervention dans la bagarre devait protéger cet étudiant contre les attaques des autres.(43) Le 25 avril, des étudiants maoïstes empêchent l'invité des étudiants communistes, le député du P.C. Pierre Juquin, de parler à Nanterre.(44) Le désordre atteint son apogée le 2 mai. Le **Mouvement Occident**, groupe d'extrême droite, annonce une expédition punitive contre les gauchistes de Nanterre. Rumeur ou non, cette nouvelle provoque de l'inquiétude et, poussés par des maoïstes venus de Paris, des étudiants se préparent à la défense: les uns se postent sur les toits pour guetter l'arrivée des policiers, les autres se munissent de bâtons et de boulons. Ce n'est qu'après de longues disputes, que les militants du **Mouvement du 22 mars** obtiennent le départ des maoïstes. Ils sont ainsi libres de poursuivre l'organisation des journées de la "lutte anti-impérialiste" prévues pour les 2 et 3 mai 1968 avec la projection de films et des discussions sur la guerre du Vietnam.(45)

Mis au pied du mur par tous ces incidents d'un côté, par l'insistance du ministre de l'autre, le doyen Grappin annonce la fermeture de Nanterre le 2 mai au soir. Sa décision n'est pas soutenue par tous les enseignants(46), mais il est trop tard pour y revenir. Le lendemain, vendredi, 3 mai, le calme règne au campus de Nanterre, encerclé par 500 C.R.S. qui contrôlent les voitures des étudiants pour voir s'il n'y a pas d'armes. Ce n'est certes pas une victoire, d'autant plus qu'on venait d'ajouter encore d'autres arguments à la révolte étudiante: A cause des vacances de Pâques et de l'absence professionnelle du recteur de l'Université de Paris, les mesures disciplinaires envisagées contre les responsables de l'occupation du 22 mars avaient été retardées. Ce n'est que le 2 mai, que huit étudiants, dont Daniel Cohn-Bendit, reçoivent une convocation pour se justifier devant le Conseil disciplinaire de l'Université de Paris. Ils protestent aussitôt et, pour les soutenir, l'U.N.E.F. appelle à un meeting dans la cour de la Sorbonne pour le lendemain, 3 mai. En prononçant la fermeture de Nanterre au soir du 2 mai, le doyen commet l'erreur de dévier les contestataires sur Paris et de leur fournir encore un motif de révolte.

Selon Didier Anzieu, professeur de psychologie de la nouvelle faculté, Nanterre a été "en vase clos et en combustion lente, la miniaturisation de ce qui a éclaté en grand, au-dehors, comme une traînée de poudre, en mai."(47) Le tract du 22 mars et le rapport de la commission Université critique (texte 8 et 10) confirment ce jugement car ils contiennent les idées fondamentales qui ont ému les étudiants de Paris et de toute la France: la volonté de créer une université qui appartienne vraiment au peuple et qui ne soit plus un lieu de recrutement pour la classe dirigeante, la volonté de lutter contre la société de consommation et d'abolir le système hiérarchique et bureaucratique pour arriver à une société plus libre et plus heureuse (voir 3e partie).

Quelques personnages de premier plan

Un des personnages clefs de la révolte nanterroise avant 1968, était **Jean-François Godchau**, militant actif de la J.C.R. Il avait préparé avec d'autres, la campagne de mars 1967. Bien que domicilié à Paris, il était venu habiter le campus pour mieux connaître la situation et mobiliser ses camarades contre les conditions de vie à Nanterre.(48) Le rebelle le plus connu à Nanterre - comme plus tard à Paris - était l'étudiant **Daniel Cohn-Bendit**. Juif allemand, né en 1945 à Montauban après l'émigration de ses parents en France, il avait fait ses études secondaires en Allemagne, dans l'Odenwaldschule, près de Francfort. Après son bac, il était revenu en France pour faire les études de sociologie, en tant que boursier de l'Etat, à Nanterre. C'était un personnage vif, spirituel, très habile et sympathique aux yeux de ses camarades mais aussi de ses professeurs (textes 6 et 7)(49). Après la fermeture de Nanterre, il a continué à jouer son rôle à Paris, où il fut même un des interlocuteurs du recteur et du ministère dans les débats de la nuit du 10/11 mai 1968. Le Monde le présente comme un des leaders étudiants dans son article du 16 mai 1968, un rôle que l'anarchiste convaincu refuse en se moquant de cette image de "héros" exagérée par les médias. Le 22 mai, le gouvernement lui interdit le séjour en France mais cette interdiction cause à nouveau des troubles et n'empêche pas le jeune homme de réapparaître et de donner une conférence de presse à la Sorbonne le 28 mai. Ce n'est que peu de temps avant la dissolution des groupuscules gauchistes et l'expulsion des étrangers en juin 1968, que Daniel Cohn-Bendit quitte définitivement la scène française. En septembre 1968, il reçoit son diplôme d'"études littéraires de sociologie" de deuxième année après l'examen de son dossier qui porte la remarque: "Etudiant hors série, exceptionnellement intelligent".(50) La révolte universitaire ne s'est pas seulement limitée aux étudiants. Le professeur qui a joué un rôle fort important dans la genèse des idées révolutionnaires, est le sociologue **Henri Lefebvre**. Philosophe marxiste, il fut exclu du P.C.F. en 1958. De Strasbourg, il était venu enseigner à Nanterre en 1965. Le livre sur la Commune de 1871 a laissé une empreinte considérable sur l'esprit des étudiants. Il y décrit la spontanéité créatrice de la population luttant contre une société figée. Dans d'autres ouvrages, Lefebvre préconise la nécessité de changer la vie, d'arriver à un nouvel urbanisme plus adéquat aux besoins de l'homme moderne.(51) Il avait adhéré aux idées de l'avant-garde situationniste dont était sorti, en novembre 1966 à Strasbourg, la brochure **De la Misère en milieu étudiant**. Lefebvre a transmis aux étudiants nanterrois les idées du philosophe allemand Herbert Marcuse, le critique connu de la société bureaucratique des pays communistes. Marcuse avait donné son appui à la révolte étudiante aux Etats-Unis en 1964 et avait prononcé des conférences à l'université critique de Berlin en juin et juillet 1967.(52)

Daniel Cohn-Bendit a régulièrement suivi les cours d'Henri Lefebvre, professeur très populaire parmi les étudiants, grâce à ses idées et à son esprit fort libéral et ingénieux. A côté d'Henri Lefebvre, son jeune collègue Alain Touraine et aussi le professeur de philosophie Paul Ricoeur prennent la défense des contestataires étudiants.(53) C'est ainsi que les étudiants et les enseignants du département de sociologie ont formé l'un des foyers les plus importants de la révolte nanterroise.

La Vie des étudiants à Nanterre

TEXTES 3 et 4

Tous les chroniqueurs de Mai 68 sont unanimes dans leur description des conditions de vie insupportables au campus de Nanterre. Voici les jugements de deux professeurs nanterrois: "C'est un chantier perdu au milieu des H.L.M. et des bidonvilles" écrit le psychologue Didier Anzieu.(54) "Un lieu maudit?" demande le sociologue Henri Lefebvre et critique vivement l'université qui fonctionne comme "une entreprise, destinée à la production d'intellectuels moyennement qualifiés."(55) Jean Bertolino, reporter indépendant qui a vécu sur place les événements de Mai 68, a recueilli le témoignage d'une étudiante de province (texte 3) et Robert Merle, de son côté, fait parler Danièle Toronto, étudiante en Lettres, dans son roman **Derrière la Vitre** (texte 4).

3

"Il n'y avait aucune distraction, rien d'organisé, absolument rien, au niveau de la cité, ni loisirs, ni bibliothèque.(56) C'est seulement depuis cette année que nous avons pu profiter de la piscine qui fonctionnait pour tout le monde, aussi bien pour ceux de la Fac que pour les résidents. Après les cours, on se retrouvait seuls dans nos chambres vraiment très réduites. Quand il faisait beau, on n'avait même pas la pelouse pour s'y étendre. La cafeteria était un véritable 'dragodrome'(57), et la plupart des filles n'y descendaient pas, parce qu'on ne pouvait jamais avoir de discussions intéressantes et désintéressées avec les garçons. Les habitués, d'ailleurs, ne foutaient rien, étaient des parasites et contribuaient à créer une ambiance assez désagréable. Ceux qui formaient des 'groupuscules' étaient des gens hermétiques. Il n'y avait aucune liaison, aucun échange d'idées entre les différentes opinions, les différents points de vue. En trois ans, il y a toujours eu ce phénomène d'isolement. Les jeunes filles, surtout, étaient coupées de tout, pas forcément parce qu'elles venaient de province, mais parce qu'elles avaient souvent des difficultés familiales, des parents divorcés ... Elles étaient plongées dans un lieu où elles ne découvraient pas la chaleur humaine dont elles avaient besoin. Elles ne trouvaient même pas de relation avec l'autre, avec les autres, ou si elles les trouvaient, ces relations étaient toujours méprisantes ou intéressées."

Jean Bertolino, **Les Trublions**, Paris 1969, p.229 s.
(C) Editions Stock

4

D'ailleurs, à Nanterre, être étudiants dans la même Fac, qu'est-ce que ça veut dire? et qu'est-ce que ça veut dire, d'abord, Nanterre, pour un étudiant? Strictement rien. Qui de nous connaît la mairie, l'église, un seul des 40.000 ouvriers nanterrois, un seul des 10.000 Algériens des bidonvilles? Tous ces mondes existent côte à côte, sans fenêtre l'un sur l'autre (...), trois mondes fermés, sans aucun contact. Nanterre, les bidonvilles, la Fac. Une juxtaposition de ghettos, et le pire de tous, la Fac. Dans les bidonvilles, au moins, ils se connaissent, ils s'entraident, ils sont malheureux ensemble. Ici, c'est l'isolement total, l'anonymat désolant. Personne n'existe pour personne. A cette heure, dans la galerie, combien sommes-nous? Huit mille, dix mille? Aussi inconnus l'un de l'autre que des voyageurs dans une gare, et c'est bien ce que c'est, d'ailleurs, la Fac de Nanterre, une gare! Une cohue indescriptible! On s'embarque dans un amphi pour soixante minutes, on est deux cents, trois cents, cinq cents, on s'asseoit à côté de quelqu'un qu'on ne connaît pas, jamais le même. Là-bas, très loin, sur l'estrade, il y a un micro qui dit des choses, et derrière le micro, il y a un type qui fait des gestes. Une heure se passe, tout le monde descend, on se bouscule un peu aux portillons, on se disperse et c'est fini. La solitude la plus irrémédiable, chacun enfermé dans son moi et sa pauvre histoire personnelle, oh, c'est affreux, c'est intolérable, je hais Nanterre! Ces buildings industriels, ce grouillement d'insectes, le gigantisme des amphis, et ce couloir surtout, ce couloir kafkaïen, inhumain, interminable.

Robert Merle, **Derrière la Vitre**, Paris 1970, p.106 s.
(C) Editions Gallimard

L'Occupation du pavillon des filles
à Nanterre le 29 mars 1967

TEXTE 5

On peut considérer l'occupation du pavillon des filles comme le début de la révolte étudiante à Nanterre. Elle a eu lieu à la suite d'un cycle de conférences et de discussions sur le sujet très en vogue de la sexualité et des moeurs de la société d'alors. Les étudiants se retirent sans que la police, appelée à la résidence par les autorités universitaires, ne soit forcée d'intervenir. Des peines d'exclusion avec sursis sont prononcées contre 29 étudiants, mais annulées en novembre 1967. Par ce coup de main rapide et réussi, les étudiants ont démontré la faiblesse de l'administration et, surtout, la futilité d'un règlement suranné. Le règlement a persisté encore, mais d'une part, on a cessé d'y obéir et, de l'autre, on n'a plus infligé de sanctions. L'aperçu du reporter Jean Bertolino (texte 5) résume les motifs étudiants de ce premier acte rebelle à Nanterre.

La grande presse à sensation a parlé avec délectation des incidents de Pâques 1967, où, sous le prétexte des 'libertés sexuelles', 60 étudiants de la cité occupèrent brutalement les bâtiments des filles. Ce n'était pas aussi simple et la sexualité ne joua en fait qu'un rôle mobilisateur. Ce que souhaitaient les permanents de Nanterre c'était détruire le côté mi-caserne, mi-zoo de la résidence. Ils ne se révoltaient pas pour pouvoir forniquer librement, comme on a trop voulu le faire croire, puisque de toute façon les filles avaient le droit de se rendre chez les garçons. Ils s'insurgeaient contre l'interdit en soi qui était une mesure répressive et qui, de plus, donnait à penser que des étudiants de vingt, vingt et un ou vingt-deux ans étaient encore des êtres irresponsables. C'était contre le matriarcat autoritaire et castrateur de l''Alma Mater' qu'ils étaient en cette circonstance partis en bataille. Ce ne fut pas une action spontanée et viscérale de jeunes gens en rut mais une action préparée, mûrie, cogitée avec intelligence par Godchau(58) et ses camarades.

Jean Bertolino, **Les Trublions**, Paris 1969, p.235
(C) Editions Stock

Cohn-Bendit contre le ministre Missoffe
Nanterre, 8 janvier 1968

TEXTES 6 et 7

Tous les documents et les analyses sur Nanterre soulignent le rôle important d'agitateur et de metteur en scène de situations provocatrices que Daniel Cohn-Bendit a joué (voir p. 32). Nous allons en présenter un exemple typique, la rencontre de Cohn-Bendit avec le ministre de la Jeunesse et des Sports, en janvier 1968. Le texte 6 en donne la description selon Adrien Dansette et dans le passage tiré du roman de Robert Merle, trois professeurs de tendance libérale discutent de l'évolution de la révolte nanterroise, sur le personnage de Daniel Cohn-Bendit et son dialogue avec le ministre. Un quatrième professeur (Rancé), de tendance très conservatrice, les écoute, plein de rancune.

6

8 janvier 1968. L'incident est bien connu. François Missoffe, ministre de la Jeunesse, vient à la Faculté de Nanterre, non pour inaugurer la piscine, mais simplement pour la voir: elle a absorbé la plus grande partie des huit cents millions d'anciens francs dépensés pour les installations sportives. La visite, faite sans aucun cérémonial, n'a pas été annoncée, et pourtant, un tract a été distribué par des étudiants pour inviter leurs camarades à faire à l'Excellence une conduite de Grenoble. En se rendant à la piscine, François Missoffe peut admirer, peint sur un mur, un phallus gigantesque qui lui indique son chemin. A la fin de la visite, lorsqu'il sort de la piscine, il est accueilli par des vociférations. Un gros garçon aux cheveux roux s'avance. Le doyen Grappin le prend par le col et le retourne. L'étudiant laisse faire, revient par un autre côté puis, arrêté devant François Missoffe, après lui avoir demandé du feu il l'interpelle:

- Monsieur le Ministre, j'ai lu votre "livre blanc" sur la jeunesse. Il doit avoir trois cents pages et vous n'évoquez même pas le problème sexuel chez les jeunes.
- Je m'occupe de favoriser les sports. Les jeunes étudiants gagnent beaucoup à faire du sport.
- Il y a les problèmes sexuels.
- Si vous avez des problèmes sexuels, vous pouvez toujours vous plonger dans la piscine.
- Voilà le genre de réponse qu'on peut obtenir en régime nazi.

A ce moment, une jeune fille lance:
- On a assez vu sa grande gueule.

Le ministre, comme s'il n'avait pas entendu, conclut son dialogue avec l'étudiant.

- Je suis prêt à discuter avec vous.

Daniel Cohn-Bendit - c'est de lui qu'il s'agit - sera-t-il l'objet de sanctions? Il a l'intelligence de ne plus faire parler de lui à Nanterre et d'envoyer au ministre une lettre d'excuses, longue et habile.

François Missoffe, toujours beau joueur, l'invite avec gentillesse à venir le voir.

Adrien Dansette, **Mai 1968**, Paris 1971, pp.66 s.

7

Frémincourt mit ses lunettes et leva la main.

- C'est la personnalité de Cohn-Bendit qui donne la note. Ce garçon a un sens extraordinaire de la mise en scène et du comique. On l'a bien vu dans l'affaire Missoffe.
- Précisément, dit Arnold, personne n'a jamais su au juste ce qui s'était passé quand Missoffe est venu: autant de témoins, autant de versions différentes des paroles qui ont été prononcées.

Berguèse lissa ses favoris du plat de la main. Ses yeux bruns protubérants se mirent à briller et il dit:

- Il n'y a pas plusieurs versions. Il y en a deux. Et d'abord, un tronc commun aux deux versions. Le ministre vient inaugurer la piscine. Bien. Discours. Après le discours, Cohn-Bendit s'approche et demande à Missoffe une cigarette et du feu. Un peu surpris, le ministre obtempère. Cohn-Bendit lui reproche alors en termes très vifs d'avoir omis de mentionner les problèmes sexuels dans son livre blanc sur la jeunesse.
- Reproche d'ailleurs justifié, dit Frémincourt.
- Je le pense aussi. Missoffe est embarrassé et il croit se mettre dans le ton en s'en tirant par une boutade. En tout cas, dit-il à Cohn-Bendit, si vous avez des problèmes de ce genre, vous pourrez toujours vous tremper dans la piscine, pour les résoudre. C'est alors que Cohn-Bendit devient tout à fait insolent et que les deux versions apparaissent. Première version: "Ce n'est pas parce que vous n'avez pas réussi vous-même à résoudre vos problèmes sexuels qu'il faut que vous empêchiez les jeunes de résoudre les leurs."
- J'ai entendu une version plus corsée, dit Arnold avec un petit rire.
- C'est exact, la voici: "Ce n'est pas parce que vous êtes vous-même impuissant qu'il faut que vous empêchiez les jeunes de baiser."

Les trois hommes se mirent à rire et Rancé pensa avec amertume, et voilà, on rit, un étudiant insulte un ministre et on rit, c'est tout ce qu'on fait, on rit, et comment s'étonner alors, si un mois plus tard, les étudiants insultent et bousculent le doyen. C'est incroyable, c'est de l'inconscience, nous creusons notre propre tombe avec nos dents!

- Eh bien, reprit Berguèse, d'après moi, la première version - la plus modérée - est la vraie. La deuxième est mythique.

Robert Merle, **Derrière la vitre**, Paris 1970, p.215 s.
(C) Editions Gallimard

**Le 22 Mars 1968
à Nanterre**

TEXTES 8 et 9

Dans la chronologie de Mai 68 et l'introduction à ce chapitre, on trouvera un résumé des événements du 22 mars, journée qui a prêté son nom au groupe révolutionnaire de Nanterre. Sous l'habile tactique de Daniel Cohn-Bendit, le **Mouvement du 22 mars** sera le porte-flambeau de la révolte étudiante. L'occupation de la salle du conseil des professeurs par 142 étudiants a unifié les groupuscules divergents et a donné une voix à la rébellion, elle a troublé et affaibli encore plus qu'auparavant les autorités universitaires et elle a provoqué la solidarisation de beaucoup d'étudiants et d'enseignants de Nanterre.(59) Après une première fermeture de la Faculté, du 28 mars jusqu'au 1er avril, on met à la disposition des étudiants un grand amphithéâtre et des salles de travail où ils peuvent discuter. Les rebelles du 22 mars ont donc atteint leur but.(60) Les mesures disciplinaires envisagées contre les responsables de l'occupation viennent trop tard (voir ci-dessus, p.31). Au cours de l'extension de la révolte étudiante, les punitions que le Conseil disciplinaire de l'Université de Paris avait prévues après la première convocation du 6 mai, seront annulées.

Nous reproduisons le tract originaire du **Mouvement du 22 mars**. Dans le texte 9, le psychologue Didier Anzieu fait un bref rapport des événements et une analyse de ses effets psychologiques.

8

Tract du 22 mars

A la suite d'une manifestation organisée par le comité Vietnam national, pour la victoire du peuple vietnamien contre l'impérialisme américain, DES MILITANTS DE CETTE ORGANISATION ONT ETE ARRETES DANS LA RUE OU A LEUR DOMICILE PAR LA POLICE.

Le prétexte invoqué était les attentats qui eurent lieu contre certains édifices américains à Paris.

Le problème de la répression policière contre toute forme d'action politique se repose à nouveau.

Après :   - Les flics en civil à Nanterre et à Nantes.

        - Les listes noires.

        - La trentaine d'ouvriers et d'étudiants emprisonnés à Caen, et dont certains sont encore en prison.

Les perquisitions et arrestations continuelles contre les étudiants de Nantes qui mirent à sac le rectorat ...

Le gouvernement a franchi un nouveau pas. Ce n'est pas aux manifestations que l'on prend les militants. MAIS CHEZ EUX.

Pour nous ces phénomènes ne sont pas un hasard; ils correspondent à une offensive du capitalisme en mal de modernisation et de rationalisation. Pour réaliser ce but, la classe dominante doit exercer une répression à tous les niveaux.

- La remise en cause du droit d'association pour les travailleurs.
- L'intégration de la sécurité sociale.
- Automation et cybernétisation de notre société.
- Une introduction des techniques psycho-sociologiques dans les entreprises pour aplanir les conflits de classe (on prépare certains d'entre nous à ce métier).

Le capitalisme ne peut plus finasser.
NOUS DEVONS ROMPRE AVEC DES TECHNIQUES DE CONTESTATION QUI NE PEUVENT PLUS RIEN.

Le socialiste Wilson impose à l'Angleterre ce que de Gaulle nous impose. L'heure n'est plus aux défilés pacifiques comme celui organisé par le S.N.E. Sup. jeudi prochain sur des objectifs qui ne remettent rien en cause dans notre société.

Pour nous l'important est de pouvoir discuter de ces problèmes à l'Université et d'y développer notre action.
NOUS VOUS APPELONS A TRANSFORMER LA JOURNEE DU VENDREDI 29 EN UN VASTE DEBAT SUR:

- Le capitalisme en 68 et les luttes ouvrières.
- Université et université critique.
- La lutte anti-impérialiste.
- Les pays de l'Est et les luttes ouvrières et étudiantes dans ces pays.

POUR CELA NOUS OCCUPERONS TOUTE LA JOURNEE LE BATIMENT C POUR DISCUTER DE CES PROBLEMES PAR PETITS GROUPES DANS DIFFERENTES SALLES.

A chaque étape de la répression nous riposterons d'une manière de plus en plus radicale et nous préparerons dès maintenant une manifestation devant la préfecture des Hauts-de-Seine.

Texte voté par 142 étudiants occupant de nuit le bâtiment administratif de la faculté de Nanterre.

2 contre et 3 abstentions.

9
De la valeur symbolique du 22 mars

Que s'est-il passé à Nanterre le 22 mars? Les jours précédents dans le cadre de la campagne contre la guerre au Vietnam, plusieurs attentats avaient eu lieu contre des bâtiments américains à Paris. Ce jour-là, des militants de Comité Vietnam National sont interrogés par la police. Parmi eux, des étudiants de Nanterre. Le soir, à titre de protestation, situationnistes, anarchistes, trotzkistes, maoïstes de Nanterre accomplissent un acte qui va prendre valeur de symbole. Ils forcent les portes du bâtiment administratif. Ils pénètrent dans la Tour qui domine de ses huit étages les bâtiments d'enseignement, lesquels n'en ont que quatre. Cette tour se dresse "comme un symbole phallique intolérable de l'autorité qui nous opprime" disent plusieurs d'entre eux. Ils montent au dernier étage et occupent la salle du Conseil Professoral que les architectes, eux aussi inconsciemment imbus du fonctionnement vertical de l'autorité traditionnelle, ont cru bon d'établir au sommet de cette bastille. Alors se produit un double phénomène psychologique, qui ne peut étonner que ceux qui méconnaissent la puissance des symboles dans les entreprises collectives. Les autorités universitaires, paralysées par la dépossession du symbole de leur pouvoir, décident, en liaison avec la Préfecture de police, de différer jusqu'à 2 heures 30 du matin l'intervention de la force publique pour obtenir l'évacuation de la Tour. Pendant ce temps, les membres des quatre groupuscules étudiants jusque là rivaux, au total quatre vingt personnes environ, réalisent une mutation d'attitudes dans ce lieu qui incarne le pouvoir suprême des professeurs. En occupant leur place physique, ils prennent aussi leur rôle symbolique. La réunion qu'ils tiennent là surmonte leurs antagonismes, scelle leur unité d'action. Ils s'accordent pour diriger le mouvement naissant sur la base de la démocratie directe. Il est 1 heure 45 quand, prenant de vitesse sans le savoir la police(61), ils se retirent. Aucune déprédation matérielle n'a eu lieu.(62) Ce qui s'est passé est beaucoup plus sérieux parce qu'immatériel: le pouvoir étudiant est né. Mais il ne se sait pas tel. Cent jours plus tard, après les barricades, le mot sera inventé pour désigner cette chose.

Dès lors Nanterre s'affirme comme le lieu de la nouvelle utopie.

Epistémon, **Ces Idées qui ont ébranlé la France, Nanterre novembre 1967 - juin 1968**, Paris 1968, p.46 s.
(C) Librairie A. Fayard

10
Le concept de l'université critique

Les arguments du texte suivant prouvent combien les étudiants de Nanterre ont anticipé sur la révolte de Mai 68. On retrouvera en effet bien des idées formulées ici dans les manifestes votés plus tard à la Sorbonne (voir ci-dessous, la partie 3 sur **La Révolte universitaire**). D'autre part, l'influence des étudiants

41

allemands est évidente. Une université critique avait été fondée à Berlin en 1967. Les étudiants nanterrois avaient rencontré leurs collègues de Berlin lors des manifestations pro-vietnamiennes à Berlin, à Paris et ailleurs. De plus, Daniel Cohn-Bendit servait de médiateur entre le S.D.S. et le mouvement de Nanterre et c'est sur son initiative que Karl Dietrich Wolf avait parlé à Nanterre le 2 avril 1968.

Rapport de la Commission "Université-Université critique" de Nanterre (avril 1968)

I

L'Université française de 1968 tendant à s'intégrer le plus parfaitement possible dans le système de production capitaliste est une Université de classe. Il faut voir que si l'opposition sociale était, dans le système féodal liée au sang, à la naissance, au XIXe siècle celle des patrons et des ouvriers, elle tend à être aujourd'hui opposition entre celui qui sait et celui qui ne sait pas, impliquant le pouvoir du premier sur le second.

Que la connaissance, les sciences soient "pures", c'est ce dont on doute de plus en plus avec la certitude qu'elle ne l'est pas dans les cas de l'histoire et de la sociologie (si tant est que la sociologie soit une science). De toute façon la science peut être orientée dans le sens voulu par le pouvoir, (financement des recherches en chimie nucléaire aux dépens d'autres branches). Le devenir des étudiant est donc un devenir de "chiens de garde", véhicules de l'idéologie bourgeoise, privilégiés de par la possession de cette idéologie, cadres.

II

Mais pour l'étudiant, pour certains étudiants, tout n'est pas encore joué, une "critique" est possible. Mais l'est-elle réellement partant d'eux, des étudiants et **a fortiori** à l'intérieur même de l'Université bourgeoise?

Dès le départ nous entrevoyons que cette critique est limitée. C'est-à-dire que

1. ni pratiquement ni théoriquement on ne peut créer un îlot socialiste à l'intérieur d'une société capitaliste, et que
2. de toute façon la force motrice de la transformation de la société, ce ne sont pas les étudiants mais les travailleurs.

Quelle peut donc être la valeur d'une critique formulée par les étudiants à l'intérieur de l'Université bourgeoise?

1. Elle peut faire prendre conscience aux étudiants du rôle de l'Université dans la société capitaliste.

    a) **Un exemple**: le cas de l'Allemagne, l'Université critique.

Le développement industriel de l'Europe demande des "technocrates". Les structures de l'Université ouest-allemande sont des structures féodales. Tout le monde sent la nécessité d'une réforme et que cette réforme va conduire à une Université "technocratique" que les étudiants refusent. L'Allemagne de l'Ouest a pu vivre un temps où les technocrates qu'elle employait pouvaient être "est-allemands". Le "mur", en même temps qu'il mettait fin à cette situation provoquait la création d'"instituts" destinés à produire des cadres, et la mise en place d'un système d'examens "partiels" visant aux mêmes fins par l'accentuation de la sélection à tous les échelons. Les réactions des étudiants ne se firent pas attendre: "agitation" dans les cours, blocage des examens et création à l'intérieur même de l'Université d'une "Université critique".

Le déclenchement de discussions "illégales" à l'intérieur de l'Université entraîne l'appel de la police. Est alors révélé clairement aux étudiants le lien entre l'Université et le "Pouvoir".

L'Université critique se développe d'abord dans l'Université: les salles sont fermées. Les étudiants transportent alors celle-ci au dehors.

Deux sortes de cours sont au programme de l'Université critique:

- des cours parallèles à ceux de l'Université, mais cours de critique de l'idéologie (anti-cours), et
- des cours de "relation entre pratique et théorie", par analyse des problèmes structurels et des problèmes concrets dans les industries berlinoises; à ces derniers participent de jeunes travailleurs.

Développer à l'intérieur même de l'Université une critique et que cette critique ait une base suppose la "prolétarisation" des intellectuels. Contrairement à l'époque de Marx, la science aurait pris aujourd'hui une importance fondamentale dans le développement des forces productives; de là la production de biens intellectuels (type le "brevet d'une invention") se ferait par l'exploitation des scientifiques, ce qui entraînerait pour ces derniers un statut de prolétaires, les étudiants dans leurs futures fonctions seraient amenés à être exploités, donc seraient prolétarisés; la lutte n'étant plus à mener contre les patrons simplement, mais contre tout le système: de là la nécessité de grèves communes ouvriers-étudiants, (comme en Espagne).

Cette critique de l'Université ne sera pas mise sur le même plan que les autres théories et aboutira à une prise de conscience politique de l'étudiant si **et seulement si**, cette critique représente la systématisation d'un intérêt de classe de tous les étudiants: à savoir étudiants prolétarisés et objectivement exploités.

b) Si **au contraire**, on admet que le devenir de classe des étudiants est d'être aux côtés de la bourgeoisie dans son exploitation, les étudiants n'ont alors pas un intérêt commun, un intérêt de classe.

2. La prise de conscience politique des étudiants, prise de conscience effective n'est alors possible que par un lien réel avec la force révolutionnaire de fait: les travailleurs.

L'Université a finalement pour but d'exploiter les travailleurs et rien qu'eux. La seule "critique" possible de cette Université ne pourra venir que des travailleurs. Le vrai rôle des étudiants progressistes est donc de se mettre dès à présent au service des travailleurs, ce qui signifie: populariser leur lutte et les soutenir matériellement et politiquement, la popularisation des luttes se faussant sous l'autorité des ouvriers eux-mêmes.

Deuxième partie:

REVOLTE SEXUELLE

45

LA REVOLTE SEXUELLE
AUX RESIDENCES DE NANTERRE ET A L'ODEON DE PARIS

"Il faut baiser au moins une fois par nuit pour être un bon révolutionnaire."(63)

A Nanterre, foyer du mouvement de Mai 68, les étudiants se sont d'abord révoltés contre le règlement des résidences universitaires qui leur prescrit, en théorie du moins, la stricte séparation entre jeunes femmes et jeunes gens (voir 1ère partie). La contestation nanterroise a eu des précédents: Dans "l'automne rouge" de 1965, à Antony, dans une des plus grandes et des plus anciennes résidences des environs de Paris, 1700 étudiants avaient empêché les ouvriers de construire la loge du portier, nommée "loge de honte", devant le pavillon des filles. Le directeur avait appelé la police et provoqué, par là-même, des manifestations continuelles qui n'avaient cessé qu'avec la nomination d'un nouveau directeur plus conciliant en janvier 1966. Celui-ci avait allégé le règlement: les étudiants âgés de plus de 21 ans avaient désormais le droit d'accueillir des personnes du sexe opposé dans leur chambre; les plus jeunes devaient se procurer une permission écrite de leurs parents pour avoir le même privilège.(64)

Quelques mois plus tard, en novembre 1966, une brochure, parue à Strasbourg, relance le défi de cette révolte sexuelle: **De la Misère en milieu étudiant considérée sous ses aspects économique, politique, psychologique, sexuel et notamment intellectuel, et de quelques moyens pour y rémédier.**

Elle est publiée par l'Internationale Situationniste(65), un groupe d'avant-garde qui, dès sa fondation en 1957, a propagé la libération sexuelle comme dimension fondamentale du nouvel homme à créer(66). Malgré son titre ambitieux, l'analyse de la misère sexuelle en milieu étudiant reste plutôt superficielle. On se borne à reprocher aux étudiants un comportement érotique ridicule, lié aux verdicts et aux perversions héritées de leur entourage familial et social. Mais la brochure a réussi à faire scandale: dès janvier 1967, date de sa seconde édition, elle suscite de vives discussions publiques sur la vie étudiante. La révolte sexuelle n'est donc pas, comme on pourrait le croire, une affaire négligeable(67) dans le mouvement de Mai 68: elle en est un des facteurs constitutifs. Car les jeunes luttent contre la morale bourgeoise qui leur semble désuète, hypocrite et répressive. Le désir de libre jouissance, exprimé surtout dans les graffiti (texte 11) y a été pour quelque chose, mais il a été de moindre importance. Les jeunes révolutionnaires visent autre chose: la conception de l'amour conjugal et l'institution du mariage. Car celui-ci leur paraît être une affaire commerciale où deux partenaires - du reste inégaux - fondent une sorte de petite société; ils en règlent le côté financier et assurent leur sécurité matérielle. En fixant les partenaires l'un à l'autre, on ne tient pas compte de leurs besoins affectifs et mutile leur vitalité. La double morale des droits de l'homme et de la femme, en général acceptée par la société, confirme la vieille structure hiérarchique et autoritaire de la famille. On pourrait penser que les jeunes se déclarent solidaires de la lutte féministe(68). Il n'en est rien. Le comité d'action étudiant **Nous sommes en marche** reproche au féminisme d'avoir abouti à une aliénation encore plus dégradante que celle du "fonctionnariat masculin": au lieu de contester la société patriarcale, on aurait idéalisé l'image de la virilité en revendiquant ses apanages et privilèges également pour les femmes (texte 12). Les jeunes, dans ce manifeste, sont bien plus radicaux. Ils se prononcent pour l'amour libre et, avant tout, pour l'abolition de la famille. Ainsi, ils distinguent nettement la notion de la sexualité et de l'amour d'un côté et la notion de la reproduction de l'autre. La première serait une affaire strictement personnelle et servirait au libre épanouissement de l'individu; la seconde entraînerait une responsabilité commune et devrait être soumise à la tutelle de la collectivité. Etant convaincus que les fonctions de Père et de Mère sont en principe interchangeables, les jeunes pensent que le vieux concept de la famille en tant que la plus petite cellule de l'Etat est suranné. Il serait donc à remplacer par un concept nouveau qu'ils veulent plus flexible.

L'affranchissement de préjugés sociaux semble se réaliser déjà en Mai 68, dans une "explosion d'amour libre" à l'Odéon qui a rapidement dégénéré dans une promiscuité effrénée. Il y avait là sans doute une grande part d'exhibitionnisme(69) puisque, de toute façon, la pudeur était jugée comme malhonnête; on agissait selon la devise "La honte est contre-révolutionnaire" (voir texte 11). Le philosophe Michel Foucault prétendra plus tard que l'on a toujours attaché, en Occident, une importance exagérée à la sexualité et qu'il s'est agi d'une obsession sexuelle plutôt que d'une libération par la sexualité(70). Un des précurseurs des idées de Mai 68, Herbert Marcuse, croit, lui aussi, à la nécessité d'une discipline: "Die Rebellion der Triebe wird erst dann zu einer politischen Kraft, wenn sie von einer Rebellion der Vernunft angeleitet wird."(71) Et pourtant, la croyance à l'amour authentique et partant libre comme base d'une société plus heureuse date de longtemps. Les étudiants eux-mêmes citent comme leur précurseur le socialiste Charles Fourier (1772-1837). Il a composé une utopie du **Nouveau Monde Amoureux** dont la publication, chose révélatrice, n'a vu le jour qu'en 1967. Fourier y expose en détail l'organisation d'un petit groupe social où l'amour libre et une initiation à l'amour forment la base d'une société harmonique, sans contrainte ni aliénation. L'amour y est plus important que le travail parce qu'il assure le bien-être psychique et la communication parmi tous les membres du groupe social, les vieux inclus. Certains mots de Fourier, à quelques expressions près, peuvent passer pour des paroles de Mai 68: "L'amour doit multiplier à l'infini les liens sociaux" (p.236). "Il est faux que le coeur humain ne peut trouver son bonheur que dans la possession de la personne aimée" (p.50). "On ne peut pas imaginer un ordre domestique plus restreint que celui de nos ménages bornés à un homme et une femme" (p.231). "Il faut lever les masques" (p.273). C'est avec cette dernière phrase que Fourier commence ses réflexions sur la polygamie réelle, les mensonges et l'hypocrisie observés dans son temps, tous ces égarements qu'il accuse comme étant les conséquences d'une morale pervertie et peu naturelle.

Le psychanalyste marxiste Wilhelm Reich (1897-1957) a exercé, lui aussi, une influence profonde sur les jeunes en France et en Allemagne. Disciple de Freud, il s'oppose néanmoins à la thèse pessimiste de ce dernier en refusant l'idée que la culture est nécessairement liée à la répression sexuelle. Il a essayé de faire une synthèse du marxisme et de la psychanalyse ce qui lui a valu des différends avec Freud et l'exclusion du parti communiste.(72) Wilhelm Reich a cherché à mettre en pratique ses idées dans des centres d'information sexuelle et montre par là l'importance qu'il faudrait attacher, selon lui, à l'aspect de la sexualité. Les thèses de son oeuvre principale(73) ont été largement discutées à la veille de la première occupation du pavillon des filles à Nanterre; son livre confirme la relation profonde entre la révolte sexuelle et la révolte politique et sociale: "Es sind vor allem riesenhafte Umwälzungen im Familienleben, der Achillesferse der Gesellschaft, die sich in chaotischer Weise vollziehen. Sie sind chaotisch, weil unsere vom alten Patriarchat übernommene autoritäre Familienstruktur tief erschüttert wurde und im Begriff ist, einer besseren und natürlicheren Familienform Platz zu machen. Diese Schrift greift nicht die naturwüchsigen familiären Beziehungen an, sondern sie richtet ihren Angriff gegen die autoritäre Form der Familie, die durch starre Gesetze, menschliche Struktur und irrationale öffentliche Meinung festgehalten wird." (p.14 s.)

Nous avons choisi des textes qui illustrent les aspects essentiels de cette révolte sexuelle. Les graffiti offrent au lecteur un échantillon de ce qui a été considéré comme exemple d'une nouvelle forme de communication littéraire (texte 11). L'expression la plus complète de ces idéals se trouve dans le manifeste élaboré par le comité d'action étudiant **Nous sommes en marche** (texte 12). **Les Orgies dans L'Odéon** (texte 13) sont un côté de la **Révolution culturelle** qui fera le sujet de la 3e partie. **L'Affaire Gabrielle Russier** (textes 15-17) montre que les problèmes soulevés en Mai 68 ont eu des répercussions dans des relations entre les différentes générations et même dans le système juridique en France.

Les Graffiti

TEXTE 11

> "Affichez vos idées, ça fait sale mais c'est sain."(74)

Les graffiti ont été mal vus par tous ceux qui aiment l'ordre et la propreté, par ceux qui ont suivi les événements de Mai avec scepticisme ou antipathie. En revanche, les interprètes qui se sont efforcés de juger avec impartialité ou sympathie la révolte des jeunes, y ont découvert la création d'une nouvelle forme de communication littéraire.(75) Les racines de ce genre sont au moins doubles. Les graffiti proviennent des journaux muraux(76), faits par les jeunes gardes rouges pendant la Révolution culturelle en Chine, dans les années 1966 et 1967 (voir ci-dessous 3e partie, p.78). Mais ils renouent aussi avec la littérature aphoristique qui a vu son apogée au XVIII siècle, si irrespectueux des autorités. C'est leur brièveté – en contraste avec les journaux muraux – qui a fasciné les jeunes. Par le caractère plus ou moins spontané et l'intention souvent très claire d'épater le bourgeois, ils reprennent la tradition dadaïste et surréaliste du début de la première guerre mondiale et des années 20. Mais les graffiti de Mai 68 sont une variante d'autant plus originale qu'ils sortent tout à fait du cadre littéraire encore respecté par les surréalistes: non pas écrits sur des feuilles de papier mais sur des murs, ils offrent aux lecteurs la possibilité d'y ajouter des notes ou des répliques. Suivant leur emplacement sur un mur intérieur ou extérieur, ils s'adressent à un nombre restreint de personnes où à un public plus large.

Les graffiti sont donc étroitement liés à leur contexte topographique et au contexte historique de leur genèse. Pour saisir leur valeur exacte, il faudrait connaître ces deux facteurs qu'il est difficile de rétablir quand on reproduit les graffiti.

Les inscriptions murales apparaissent d'abord à Nanterre; dès le mois de février 1968, date de la seconde intervention de la police (voir ci-dessus, p.30), ils couvrent peu à peu tous les murs des halls, des amphithéâtres, des couloirs et des ascenseurs. Julien Besançon a donné le recueil le plus complet de cette floraison jusqu'alors insolite(77) qui se répandra bientôt sur les murs de toutes les universités françaises: **Les Murs ont la parole**, Paris 1968 (éditions Tchou).

La diversité des graffiti est grande. Certains parmi eux sont des citations des penseurs préférés des étudiants comme le président chinois Mao Tsé Toung, les poètes surréalistes tels Breton, Artaud, l'anarchiste Bakounine etc. Comme les moralistes français dans leurs aphorismes, les étudiants parodient des idées ou des slogans courants et trouvent souvent des mots spirituels et même poétiques, des saillies d'une fraîcheur et d'une impertinance amusante, mais aussi des appels sérieux qui engagent le lecteur à réfléchir sur les brûlantes questions politiques de Mai 68.

Un des sujets souvent traités a été la révolte sexuelle. Plus qu'ailleurs, on voit ici le rapport étroit que les jeunes établissent entre la sexualité et la politique. Le combat contre la morale bourgeoise et pour la liberté sexuelle se double d'une lutte contre le système entier ressenti comme répressif. Ainsi, les bons mots des étudiants et leurs appels ne sont pas toujours dépourvus de pointes inquiétantes de brutalité. Mais leur volonté de vivre et de jouir dans le présent s'accompagne d'un élan généreux qui les pousse à lutter pour un avenir meilleur des générations futures.

11

Nous voulons: les structures au service de l'homme et non pas l'homme au service des structures. Nous voulons avoir le plaisir de vivre et non plus le mal de vivre.

(Odéon)

La Bourgeoisie n'a pas d'autre plaisir que celui de les dégrader tous.

(Faculté de Droit d'Assas)

Vive le viol et la violence!
Non
Si

(Salle C 20, Nanterre)

Violez votre ALMA MATER.

(Bâtiment C 24, Nanterre)

Nous avons baisé dans Votre sanctuaire. Les professeurs de faculté ne sont que les objectivations des plus débiles du grand métaphysique (L'Economie).

(C 24, Nanterre)

Amour libre. (Mais pas ici!).
Pourquoi?
Tout y est prévu pour l'amour aliéné.

(Bâtiment G et H, Nanterre)

Les jeunes font l'amour.
Les vieux font les gestes obscènes.

Quels sont les porcs qui osent écrire sur les murs?

(Censier, annexe de la Sorbonne)

Vivre au présent.

(Odéon)

Jouissez ici et maintenant.

(Nouvelle Faculté de Médecine)

Jouissez sans entraves.
Vivez sans temps morts.
Baisez sans carottes.

(Ascenseur, Cité U, Nanterre)

Les réserves imposées au plaisir excitent le plaisir de vivre sans réserve.

(Ascenseur, Bâtiment G et H, Nanterre)

Vive l'union libre!

(Foyer, 1er étage Odéon)

Mes désirs sont la réalité.

(C 24, Nanterre)

La honte est contre-révolutionnaire.

(Nanterre)

Déboutonnez votre cerveau aussi souvent que votre braguette.

(Odéon)

Le bonheur est une idée neuve à Sciences Po.

(Entrée, Ecole des Sciences Politiques)

Camarades, l'amour se fait aussi à Sciences Po, pas seulement aux champs. **(Mouvement du 22 mars)**

(Hall de l'Ecole des Sciences Politiques)

On n'est pas là pour s'emmerder.
Urbanisme, propreté, sexualité.

(Hall du Grand Amphithéâtre de la Sorbonne)

SEXE
C'est bien, a dit Mao, mais pas trop souvent.
(Censier, annexe de la Sorbonne)

Aimez-vous les uns sur les autres.
(Censier, annexe de la Sorbonne)

Baisez-vous les uns sur les autres sinon ils vous baiseront.
(Hall Richelieu, Sorbonne)

Faites l'amour et recommencez.
(Odéon)

Non à l'avortement provoqué, oui à la contraception intelligente.
(Hall d'entrée, Odéon)

Make love not war.
(Bâtiment C, 2e étage, Nanterre)

Ouvrez les fenêtres de votre coeur.
(Censier, annexe de la Sorbonne)

Je jouis dans les pavés.
(Hall A 1, Nanterre)

Embrasse ton amour sans lâcher ton fusil.
(Odéon)

Je n'aime pas le travail, et l'amour aime la Révolution. (Un des Enragés)
(Nanterre)

La Révolte et la Révolte seule est créatrice de lumière, et cette lumière ne peut emprunter que trois voies: la poésie, la liberté et l'amour. André Breton
(Faculté de Droit, Assas)

Sexualité, procréation, couple, famille

TEXTE 12

Le comité d'action étudiant **Nous sommes en marche**, auteur du texte suivant, s'est réuni à Censier dès le lendemain de la première nuit des barricades. Dans un manifeste, reproduit dans le recueil de **Quelle Université? Quelle Société?** (p.142 s.), il se présente comme "simple mouvement anonyme" qui aurait pour tâche d'élaborer et de mettre en pratique une "idéologie explicite" du mouvement étudiant et de donner naissance à des "centaines d'autres comités d'action du même type". Son but serait d'arriver à une transformation radicale de la société.

La contestation permanente ne saurait accepter aucun tabou. En matière de rapports humains, tout ce qui a été dit est à reprendre. Si notre révolution doit dégager de nouveaux rapports humains, ce n'est, dans un premier temps, que par la critique de ce qui existe et des contestations antérieures qui se sont toutes révélées impuissantes à poser des problèmes, qu'elle pourra le faire.

Les "solutions" sont d'ordinaire destinées à rien d'autre qu'à masquer les **problèmes**.

Notre critique de ces prétendues solutions doit être féroce, impitoyable et permanente.

Thèse 1. Le mouvement féministe, parti d'une authentique contestation de la société patriarcale, a finalement contribué à l'achèvement de l'aliénation féminine. Fascinées par une image idéalisée de la virilité, de ses apanages, avantages et privilèges, les femmes ont tout simplement cumulé les charges traditionnelles de leurs fonctions aliénées et les responsabilités tout aussi aliénantes du fonctionnariat masculin.

Thèse 2. En se limitant à des revendications juridiques et économiques, en décalquant une absurde et impossible guerre des sexes sur une lutte des classes authentique et historique, le féminisme a manqué la révolution, trompé ses adeptes et crée une confusion de langage plus aliénante encore que le langage univoque des seigneurs et maîtres de la féodalité.

Thèse 3. Bien loin de s'attaquer aux stéréotypes sexuels-culturels qui aliènent les couples et les familles, le féminisme les a cumulés à plaisir, le tout pêle-mêle et sans souci de leurs contradictions. Toujours à la traîne de la dernière mode, aussi bien dans l'apparence vestimentaire que dans la pensée politique, le féminisme a fait des femmes les complices volontaires ou non des crimes de la société de consommation-oppression contre le **Tiers-Monde**, **l'Enfance**, et les **Inadaptés** et les **Vieux**.

Postulat 4. Il n'y a pas de "problèmes personnels". Les enfants et les inadaptés sont, sur notre sol, les victimes toutes désignées d'une société de consommation-oppression. En déléguant vers eux de prétendus **spécialistes du psychisme**, la société les entretient dans l'illusion d'avoir des problèmes personnels, indignes d'entrer dans le circuit vivant de la parole quotidienne.

Thèse 5. Les relations qui s'instaurent entre ces prétendus spécialistes du psychisme et les victimes de la société sont toutes aliénantes et destinées à maintenir cette aliénation dans les normes que la société estime nécessaire pour poursuivre son horrible besogne.

Thèse 6. Seule une relation-communication sexuelle complète est apte à dévoiler les aliénations et montre la nécessité de l'autonomie de l'individu au sein du groupe. Or des efforts surhumains sont faits pour guérir mais rien pour prévenir: non seulement il n'y a aucune éducation sexuelle mais même pas d'enseignement.

Thèse 7. Toute éducation sexuelle et même tout enseignement sont impossibles à l'heure actuelle pour une raison bien simple: tous les parents et tous les éducateurs, **sans exception**, sont aliénés.

Thèse 8. La **famille** est un mythe vivant à l'intérieur duquel il ne peut y avoir aucune autonomie véritable. La famille est l'aliénation même par: a la fonctionnalisation des personnes, et b la hiérarchisation de ces fonctions. Toute éducation sexuelle en provenance des parents tombe nécessairement dans ce schéma aliénant.

Thèse 9. L'**enseignement** actuel est l'institutionalisation d'un mythe à l'intérieur duquel il ne saurait non plus y avoir aucune autonomie. La duplicité, la complicité, la vanité, l'esprit de caste des maîtres et des professeurs les rendent également inaptes à un enseignement aussi central que celui de la sexualité humaine.

Postulat 10. Toute éducation sexuelle doit se fonder sur la double affirmation que la sexualité est une activité nécessaire et libre dès le premier âge, et que la personne humaine est à la fois Homme, Femme et Enfant.
Ceci pose d'entrée de jeu le problème de la reproduction.

Thèse 11. La **reproduction** à l'heure actuelle est un jeu de dupes où l'homme et la femme sont objectivement complices pour victimiser l'enfant.

Pave 12. La **maternité** est un leurre. La plupart des femmes font des enfants comme les hommes vont au bordel: par désoeuvrement, parce qu'elles ne savent que faire de cette peau qu'elles ne parviennent pas à donner.

Pavé 13. La **paternité** est une mascerade. La plupart des hommes se laissent faire des enfants comme une femme se laisse violer: par lâcheté, parce qu'ils n'osent pas, en s'y refusant, remettre en jeu et en question leur précaire supériorité qui n'a rien d'autre à offrir à leur partenaire.

Thèse 14. **Sexualité et reproduction** ont toujours été confondues dans une même ignorance de leur mécanisme et de leur finalité. L'individu méconnaissant totalement la pression sociale sur lui exercée, se flatte prématurément de sa liberté sexuelle, pendant que, froids et imperturbables, les hommes de science analysent ses aliénations, ses manies et ses répétitions. L'individu se vante régulièrement de sa maîtrise et de sa responsabilité dans la procréation, pendant que les mêmes statisticiens notent sans sourciller l'augmentation accélérée des enfants du hasard et de l'inconscience. L'idéologie scientifique entretient l'**individu** et les **couples** dans cette inconscience au moyen de la pilulomanie et de la piqûromanie, tartes à la crème de la contraception et solution avancée à la hâte pour empêcher les individus de poser le véritable problème.

Thèse 15. **Le couple n'existe pas.** Le "couple" moderne, fantôme hybride, prétentieux et imbécile, tout en se donnant des airs de "liberté", n'en persiste pas moins, objectivement **complice des structures bourgeoises**, à réclamer existence juridique, reconnaissance et "respect" du groupe, comme s'il était une personne morale supérieure à la personne humaine, et digne d'un statut à part. Seule la profonde aliénation de l'individu autonome, ayant intégré la structure Homme-Femme-Enfant, n'a plus d'autre désir que de jouer cette structure en la maîtrisant totalement dans son "jeu".

Postulat 16. Sexualité et Reproduction sont deux choses totalement différentes. Et elles engagent des responsabilités totalement différentes.

Variation 17. La reproduction suppose la réunion nécessaire et suffisante des produits d'un homme et d'une femme. La sexualité est l'activité nécessaire et libre de tout individu, le rapport homme-femme n'étant pas exclusif.

Variation 18. La reproduction, en se prolongeant naturellement dans l'éducation, entraîne des responsabilités pour plusieurs années. La sexualité n'est soumise à aucune contrainte temporelle minimale ou maximale.

Variation 19. La sexualité, n'engageant que le corps d'un individu autonome, est libre de toute contrainte sociale. La reproduction, concernant la continuité et la survie du groupe autonome, engage la responsabilité collective et ne peut être laissée au bon plaisir d'un individu ou aux fantasmes d'un couple.

Thèse 20. En matière de sexualité, le groupe n'a donc aucune décision à imposer à l'individu ni au couple. Et en matière de reproduction, ni l'individu ni le couple ne peuvent prendre de décision sans l'avis du groupe, qui leur impose un contrat précis.

Postulat 21. Le "couple" est un contrat sexuel spontané, résiliable à tout moment, entre deux individus. Il n'a d'existence ni juridique ni économique. Il est sexuel: social et culturel.

Variation 22. Le "couple" n'est pas un groupe. Il n'a donc pas de pouvoir de décision dans les affaires économiques. Il n'a pas le droit de procréer sans passer contrat de procréation avec le groupe qui seul a le pouvoir d'approuver ou de désapprouver ce désir, et le devoir d'établir et d'entretenir les structures d'accueil et d'éducation de l'enfant, ainsi que de préciser les fonctions que les procréateurs peuvent ou doivent occuper dans ces structures.

Postulat 23. Il n'y a pas de famille. La famille est irréelle et ne subsiste que par la fascination qu'elle exerce sur les esprits aliénés.

Variation 24. Il n'est pas question de détruire la famille. Ne tombons pas dans le donquichottisme des pourfendeurs de structures purement imaginaires. Il suffit de montrer que la famille n'existe pas.

Postulat 25. Il n'y a ni père ni mère. Le père et la mère sont intégrés dans la personnalité. Tout individu étant complet - à la fois Homme, Femme et Enfant - n'a plus aucune raison de désirer un enfant pour lui-même. C'est le groupe qui se reproduit. Tout individu est apte à s'occuper des enfants.

Variation 26. La propriété de personne est plus qu'un vol: c'est un viol. La possession est condamnée. Qu'on laisse vivre et mourir les "maris" et les "femmes", les "fils" et les "filles", les "pères" et les "mères", les "frères" et les "soeurs": mais personne ne peut plus dire "mon" ou "ma".

Thèse 27. Il n'y a pas lieu d'envisager ni des étapes de transition entre la cellule familiale moribonde de la société actuelle et le groupe autonome que nous voulons, ni des moyens de destruction des structures familiales caduques. Ces structures tombent d'elles-mêmes, **faute de réalité.** Quant aux étapes de transition, elles n'ont pas à être planifiées, mais au contraire contestées au fur et à mesure de leur développement spontané, jusqu'à ce que l'individu ait effectivement intégré la structure, **condition nécessaire et suffisante de son autonomie.**

Thèse 28. La sexualité d'un couple met en jeu deux corps qui sont à la fois Homme, Femme et Enfant. C'est cette richesse de la personne qui transforme une sexualité autrefois divisée et aliénée par la famille, en jeu, travail, loisir, culture, savoir et savoir-faire.

Variation 29. Si la sexualité fait intervenir plus de deux corps, cela demande seulement un peu plus de savoir, de travail et de savoir-faire.

Thèse 30. Ce qui s'échange dans la sexualité n'est pas principalement le plaisir, mais **le corps lui-même.**

N'ayons pas peur des mots. Les mots sont faits pour dévoiler les choses et les rapports entre les choses.

Il nous faudra parler du corps. Il nous faudra révéler les rapports des choses du corps.

Nous verrons alors que notre vision des choses est faussée par la **projection** imaginaire de notre méconnaissance et de nos illusions.

Nous sommes en marche.

Révolte sexuelle dans l'Odéon

TEXTES 13 et 14

L'Odéon a été le lieu où la révolte de Mai s'est le plus libérée des contraintes sociales. Ce théâtre d'avant-garde, dirigé par l'acteur et dramaturge Jean-Louis Barrault, fut occupé dans la nuit du 15 au 16 août. Il existe un précieux témoignage sur l'occupation et ses suites, le livre du jeune écrivain et militant de Mai Patrick Ravignant, **L'Odéon est ouvert**, paru l'année même des événements. Il y raconte, avec un engagement profond et une grande franchise, les côtés positifs et négatifs de cet acte insurrectionnel qui fut loin de trouver l'approbation de tous les partisans de Mai: on reprocha aux occupants d'avoir privé les acteurs de leurs ressources matérielles et, surtout, d'avoir épargné les institutions théâtrales vraiment bourgeoises comme l'Opéra, la Comédie Française ou les Folies Bergères.(78) Les deux textes de Ravignant mettent en lumière la libération, voire le dévergondage (texte 13), tout en y découvrant - avec une certaine exaltation, il est vrai - les germes d'une nouvelle société sans barrières d'âge ou de classe. C'est le deuxième texte qui décrit et explique le phénomène d'un rapprochement entre les diverses générations, rapprochement que l'auteur croit avoir vécu dans l'Odéon occupé (texte 14).

13

Les Orgies dans l'Odéon

Dès la deuxième semaine d'occupation, l'Odéon s'est peu à peu rempli de sans-abris, de clochards, et d'affamés de tout poil. Au début de juin, ils sont foule, envahissent la scène derrière le rideau de fer, la cave et les loges inoccupées. Leur présence massive est le signal d'un consciencieux pillage: tous les costumes, tous les accessoires de théâtre sont volés, déchirés, saccagés. On s'en fait des vêtements, des couvertures. Les filles se parent de tous les bijoux - bracelets, diadèmes, etc. - qui leur tombent sous la main, et l'ex-théâtre grouille bientôt d'une faune carnavalesque aux déguisements les plus étranges. Tous les rideaux, robes et pièces d'étoffe rouge ou noire sont réquisitionnés pour la fabrication des drapeaux anarchistes et révolutionnaires. Derrière la scène un véritable dortoir s'installe en permanence, et c'est un pullulement de corps affalés, entassés les uns sur les autres, emmitouflés dans des couvertures, des rideaux, des chiffons. Dans cette masse agglutinée, poussiéreuse et poisseuse de dormeurs, des couples, côte à côte, trouvent le moyen de faire l'amour ...

Mais l'hygiène, sauvegardée tant bien que mal pendant les quinze premiers jours, devient absolument impossible à maintenir. Les quelques rares salles de douches sont inondées et bouchées avec une accumulation inouïe de déchets et de sous-vêtements raides et noirs de saleté. Dans les couloirs s'amoncellent des pyramides de détritus que personne ne songe plus à déblayer. Les W.-C. sont obstrués, les cuvettes pleines à raz bord d'immondices, les lavabos sont hors d'usage, une épouvantable puanteur flotte en permanence à tous les étages. Seul "l'appartement" des mercenaires(79), au quatrième, constamment nettoyé par les filles et aéré par les toits, reste propre.

Barrault, qui vit pratiquement enfermé dans son bureau transformé en réduit, erre parfois dans "son théâtre" d'un air incrédule, désespéré, mais il n'ose élever aucune protestation. Rejeté par les révolutionnaires, il l'est également par le gouvernement qui lui a donné l'ordre de couper l'électricité de l'Odéon et auquel il a désobéi. Parfois, il entre dans une loge pour écouter pendant quelques minutes les débats de la salle. Dans la troisième semaine d'occupation, il tentera, auprès du nouveau C.A.R.(80) une ultime démarche: pourquoi ne transformerait-on pas l'Odéon en théâtre de l'Université? Il serait prêt à laisser jouer des étudiants, des gens de l'extérieur, n'importe qui, et n'importe quoi. Un sec et catégorique refus coupe court à ses initiatives ...

Ce pourrissement de tout l'édifice devient le cauchemar de l'infirmerie. Le bruit circule qu'un cas de parapeste s'est déclaré à la Sorbonne, et Philippe l'infirmier parle de risque d'épidémie, agite le spectre du choléra. Un soir, à l'une de ces assemblées générales qui ont lieu à minuit au petit Odéon, la nouvelle éclate comme une bombe. Philippe annonce qu'une invasion de morpions(81) sévit dans tout l'ex-théâtre.

Cette affaire est le dénouement à peu près inévitable d'une situation qui, ébauchée dès les premiers jours, a pris d'effarantes proportions. Outre les clochards, les chômeurs, et des jeunes provinciaux qui, arrivés à Paris sans le sou, se sont réfugiés à l'Odéon, une horde de hippies et de beatniks(82) s'est répandue dans tout le bâtiment. Quelques filles accompagnent les groupes, mais les garçons dans l'ensemble, sont en forte majorité. Aussi commencent-ils tout de suite à rechercher des compagnes d'une nuit ou d'une semaine parmi les nombreuses visiteuses. Toutes les filles embarquées sont menées dans la cave qui se transforme en salle d'orgie permanente. Dans l'atmosphère particulière de l'Odéon, le simple besoin d'une compagne se mue peu à peu en véritable frénésie de libération sexuelle. Le dialogue intellectuel ou émotif commencé dans la salle se termine en dialogue charnel dans la cave qui devient un lieu de communication érotique.

Le fond du problème c'est que beaucoup de ces garçons et de ces filles (beatniks et hippies mis à part, il s'agit surtout de jeunes ouvriers mi-clochards, mi-blousons noirs)(83) ont vécu, plus que tous autres, dans un monde de cinéma et de publicité. Tous leurs sens, toute leur imagination, tous leurs désirs se sont exacerbés au spectacle des somptueuses maisons, des merveilleuses voitures, des filles splendides, que les films et la publicité semblent leur promettre et qui restent pour eux d'inaccessibles rêves. On n'insistera jamais assez sur ce point, car c'est vraiment l'un des aspects les plus barbares de cette société qui fabrique elle-même des êtres marginaux et qui les abandonne ensuite à la vindicte de la bonne conscience bourgeoise. Toutes leurs possibilités de communication se sont atrophiées dans une hargne qui rend le dialogue presque impossible. La seule possibilité d'échange qu'ils possèdent encore c'est le sexe. Et la brève rencontre, qui est généralement la seule forme d'amour qu'ils pratiquent, est un dialogue rapide, bestial, mais qui leur permet de n'être plus seuls. (...)

Cependant la saleté de la cave, la couche de détritus chaque jour plus épaisse dans l'ensemble du bâtiment, et aussi le manque de soin et d'hygiène de tous les occupants qui gardent les mêmes vêtements depuis des semaines, tout cela déclenche une virulente épidémie de morpions. Même les plus chastes, quotidiennement en contact avec les autres, sont atteints. Bientôt la moitié de l'Odéon se gratte fièvreusement, sous l'oeil mi-narquois, mi-inquiet de l'autre moitié.

Pour enrayer le mal, Philippe l'infirmier propose des mesures draconiennes: il faut que tous les occupants de l'Odéon se fassent examiner à l'infirmerie qui le cas échéant les débarrassera de leurs fâcheux parasites. Cette perspective soulève aussitôt de violentes protestations. Beaucoup refusent l'idée d'une visite médicale obligatoire. Philippe et son équipe menacent de quitter l'ex-théâtre si cette mesure n'est pas adoptée de toute urgence. Finalement, devant la mauvaise volonté générale persistante, l'infirmerie décide, en accord avec le conseil d'autodéfense, de distribuer des cartes spéciales à tous ceux qui auront passé cette visite. Ces cartes permettront de prendre ses repas à la cantine de l'Odéon et serviront aussi de laissez-passer. Tous ceux qui se déroberont à l'examen médical se verront priver de nourriture et fermer l'accès du bâtiment aux heures de pointe. (...)

Cependant les innombrables clochards, hippies et beatniks qui sont à l'origine du mal refusant catégoriquement de se prêter à cet examen et le fléau continue de ravager l'ex-théâtre. Le système des cartes n'est pas très efficace car la même carte circule de main en main. Il suffit qu'un occupant se soumette à la fameuse visite pour qu'une douzaine d'autres puissent se nourrir gratuitement. En fin de compte, on est obligé d'établir des cartes individuelles avec le prénom du détenteur et des cases qu'on rature à chaque repas. Ces cartes sont valables pour une semaine et donnent droit à deux repas par jour. Mais les hordes qui ont envahi l'Odéon se dispensent d'une autorisation de l'infirmerie pour se servir à pleines mains dans la cuisine ou ailleurs ...

Presque simultanément, Philippe et son équipe soulèvent un autre problème, à certains égards beaucoup plus fondamental.

Dès l'installation du C.A.R.-Odéon, à partir du 15 mai, diverses drogues, mais surtout le haschisch, ont fait leur apparition dans les locaux de l'ex-théâtre; ça et là des petits groupes de fumeurs "d'herbe" se réunissent dans des loges pour savourer des pipes ou des cigarettes de "cube". Avec l'arrivée des beatniks et des hippies (dont beaucoup sont anglo-saxons), certaines pièces du troisième et du quatrième étage deviennent de véritables fumeries, et de nombreux "planeurs" passent leur temps à rouler des cigarettes ou à bourrer des pipes de "kif" ou de "pollen". D'autres drogues sont également consommées: opium, emphétamines, L.S.D.; quelques seringues fouillent fébrilement des cuisses ou des avant-bras déjà torturés de traces de piqûres. Des garçons et des filles de quatorze, quinze ans participent au festin. (...)

Dans cette foule dont la magie d'une herbe déchire les limites sensorielles, fait sauter toutes les serrures intellectuelles pour l'ouvrir à une immense nuit d'entités insolites, pour l'égarer dans une forêt

61

de symboles hyper-géométriques et d'oiseaux-oracles, des étrangers viennent tous les deux ou trois jours pour réapprovisionner les fumeurs en drogue. Un très fructueux trafic s'établit à l'Odéon, que les "marchands" de Saint-Germain-des-Prés ou du Boul' Mich ont très vite repéré comme un lieu d'élection pour la bonne marche de leurs affaires. On peut évaluer à une soixantaine au moins les "planeurs" installés en permanence, pipe et cigarette aux lèvres ou seringue à la main - sans compter tous les fumeurs occasionnels, certains membres du C.A.R. se faisant offrir des bouffées d'herbe à "voyager".

Constation curieuse: le bâtiment de l'Odéon est divisé en secteurs doués chacun d'un rôle particulier, dont la réparation ressemble à celle des principaux centres dans le corps humain: tout en bas, la cave où se déroule cette continuelle fête érotique; c'est le sexe. A l'étage au-dessus la salle où se déchaînent et s'affrontent les émotions, les sentiments les plus divers; c'est l'abdomen, le coeur. Les deux étages supérieurs les bureaux où travaillent les comités, c'est la tête. Encore au-dessus, le service de sécurité qui est un peu les yeux et les oreilles de l'Odéon. Et au même niveau, à l'autre bout, les "planeurs" qui représentent le rêve, l'essor vers des espaces et des dimensions inconnues. Dans l'ex-théâtre les occupants ont spontanément, inconsciemment, reconstitué les différents étages et centres de l'individu ...

Patrick Ravignant, **L'Odéon est ouvert**, Paris 1968, pp.195-202.
(C) Editions Stock

14
Les enfants deviennent des hommes ...

On verra d'ailleurs à l'Odéon des transformations spectaculaires: en quelques jours, les enfants deviennent des hommes.

Dans notre société, un garçon de 15 ans a des connaissances infiniment plus vastes qu'un garçon de 15 ans vivant au Moyen Age. Mais à 15 ans, au Moyen Age, on était un homme. Aujourd'hui à 15 ans - mais aussi à 18, à 20 - on est un gamin. L'adolescent de notre époque possède beaucoup plus, mais il est beaucoup moins. L'adolescent de jadis disposait d'un avoir plus restreint mais d'un être plus riche. Il ne s'agit pas, bien sûr, de revenir en arrière, et de regretter une époque où les injustices et les calamités n'étaient pas moins nombreuses qu'à l'heure actuelle; mais il est utile de constater certains phénomènes. Celui-ci en particulier: ne vivant pas alors dans un univers standardisé, numéroté, sécurisé à outrance; vivant au contraire dans une continuelle aventure, dans une incertitude et un risque permanent, surtout dans un commerce quotidien avec la mort, l'enfant très vite apprenait à sentir, à mesurer le poids de sa propre vie - sa fragilité, sa force, son champ d'action, ses limites. Dans notre civilisation occidentale, combien de jeunes ont déjà vu un cadavre? Combien ont côtoyé la mort? Pour connaître la valeur de sa vie, de son corps, de sa conscience, il faut avoir appréhendé leurs limites, ou alors il faut une imagination et une intuition remarquables. Notre société tue d'une manière plus subtile et plus hypocrite: par un lent empoisonnement des cerveaux et des nerfs. Mais elle entoure les êtres d'un cadre où rien de menaçant ni d'imprévu ne se produit jamais - en dehors des accidents de voiture. Mais ce ne sont plus les imparables terreurs de jadis: brigandage, épidémies, famines, etc. (Bien entendu, nul ne souhaite le retour de ces fléaux, mais on peut concevoir une société qui assigne une place importante à l'**aventure**). La répression policière, les barricades ont plongé des milliers de jeunes dans un risque quotidien qui, chez beaucoup d'entre eux, a soudain aiguisé cette perception de leurs limites, et cette conscience particulière de l'existence, qui sépare l'enfant irresponsable de l'homme. Le rétablissement des contacts humains a permis à cette conscience de s'exprimer, et, en s'exprimant, de s'épanouir plus rapidement.

Mais on assiste aussi à un phénomène parallèle, la réalisation du vieux rêve de Faust: le vieillard retrouvant la jeunesse; c'est-à-dire l'individu qui (âgé aussi bien de 30 que de 60 ans) a perdu toute disponibilité, toute ouverture, tout dynamisme créateur, pour se figer dans un rôle social, dans une attitude, une grimace fonctionnels: dans le mouvement révolutionnaire, à l'Odéon, beaucoup de ceux-là sentent se dissoudre l'espèce de masse d'inertie et d'abdication qui absorbait tous leurs élans ...

Patrick Ravignant, **L'Odéon est ouvert**, Paris 1968, pp.138-140.
(C) Editions Stock

L'Affaire Gabrielle Russier

TEXTES 15 - 17

"La liberté est un état d'esprit."
Paul Valéry(84)

Survenue à la suite de Mai 68, l'affaire Gabrielle Russier montre de nouvelles facettes de la conception de l'amour des jeunes et reflète leur défi lancé à la morale bourgeoise. Il s'agit d'une femme de 32 ans, agrégée en Lettres et professeur au Lycée Nord de Marseille, vivant avec ses deux enfants, séparée de son mari. C'est dans le courant des événements de Mai 68 qu'elle s'est éprise de son élève de seconde, Christian, âgé de 16 ans et demi. Les parents de Christian cherchent à empêcher cette liaison et, après l'échec de leurs tentatives, portent plainte contre elle pour détournement de mineur. L'inculpée passe deux fois en détention préventive, mesure prise par le juge d'instruction à la suite des fugues de Christian. Elle est emprisonnée d'abord pour cinq jours, en décembre 1968, ensuite pour deux mois, du 25 avril au 14 juin 1969. Le 11 juillet 1969, elle est condamnée à douze mois de prison avec sursis et à 500 francs d'amende, une peine qui est amnistiable selon la loi d'amnistie promulguée par le président Pompidou à l'occasion de sa prise de fonction. Estimant que la punition qu'on lui a infligée n'a pas été suffisante, le procureur général fait appel à minima pour empêcher qu'elle soit amnistiée. Gabrielle Russier se suicide avant l'ouverture de son deuxième procès le 1er septembre 1969.

Le retentissement de cette affaire a été énorme, surtout après le suicide de Gabrielle Russier. Beaucoup de gens l'ont considérée comme martyre d'un système juridique inhumain(85) et comme "victime d'une société bourgeoise, hypocrite et odieuse". (86). Raymond Jean, professeur de Lettres à l'Université d'Aix-en-Provence(87) qui avait connu Gabrielle Russier pendant ses études, publie ses **Lettres en prison**(88) avec une préface "Pour Gabrielle". Il y fait des observations sur sa vie et sa personne et porte un témoignage très positif sur son caractère car il la juge comme une femme pacifique, très sensible et ouverte, envers la jeune génération. Elle "ne se contente pas de médiocrité routinière et cherche à établir un minimum de communication avec ses élèves" (p.29). Son erreur, selon Raymond Jean, a été de ne pas comprendre que la société ne tolère pas ce passage entre le "réel" et le "possible" auquel elle a visé. Ses lettres, dont nous reproduisons quelques extraits (texte 23), montrent la sincérité de ses sentiments et l'incompréhension presque naïve des dangers qu'elle a courus.

C'est de la préface de Raymond Jean que nous avons tiré la prise de position des élèves maoïstes sur l'importance que Gabrielle Russier a assumée à leurs yeux. Cette affaire a inspiré à André Cayatte son film **Mourir d'aimer**, chef-d'oeuvre de mélodrame qui semble avoir ému profondément le grand public français.(89) Cayatte fait jouer l'histoire à Rouen. Les protagonistes sont le professeur Danièle Guénot - interprétée par la célèbre Annie Girardot - et Gérard Leguen, fils d'un libraire rouennais. Pierre Duchesne a composé son livre d'après le film; le volume a paru aussi en 1971, dans les éditions des Presses de la Cité. Le film et le livre prennent nettement le parti des jeunes et de la femme persécutée. Ils les représentent comme pleins d'amour sincère, réfléchis et pacifiques. Par contre, ils font du monde des adultes, des parents et des professeurs, une caricature quelque peu facile. La haine du père Leguen pour la femme qu'il accuse de lui avoir volé son fils, est sans bornes et d'une inconséquence surprenante. Car il est un vieux syndicaliste qui s'est toujours battu pour les libertés individuelles et qui a toujours voté à gauche. Mais il a une aversion instinctive contre cette explosion de liberté teintée d'anarchisme de Mai 68, et tout particulièrement, quand il est lui-même concerné. Il entend faire prévaloir tous les droits que la loi lui donne en tant que père d'un adolescent encore mineur. Il agit avec une obstination aveugle, convaincu de son droit absolu de père. Les jeunes et, avec eux, leur professeur Gabrielle/Danièle qui a voulu les prendre au sérieux, sont impuissants vis-à-vis de ce représentant d'une bourgeoisie d'esprit étroit et dépourvue d'humanité. Telle est la perspective du film et du livre. Les textes du roman que nous avons choisis, montrent le conflit entre le fils et le père (texte 15). Les rapports entre cette affaire bien complexe et la révolte des jeunes en Mai 68 sont explicitement mis en évidence dans ces pages.

15

A l'insu des parents de Gérard - car ils ne l'auraient pas permis - les deux amants passent les grandes vacances dans le Midi. Sûrs de leur amour, ils rentrent sans se cacher. Le récit de la rupture définitive entre le fils et le père se trouve dans la troisième partie du IXe chapitre.

Rentrée des classes, annonçait la vitrine. M. Leguen avait fort à faire. Il parcourait sa boutique, les bras chargés de manuels. Les programmes avaient encore changé. On n'en finissait pas de découvrir de nouvelles éditions, de nouveaux cours. M. Leguen était de mauvaise humeur. Certes, il faisait des affaires. Mais il aurait préféré moins d'affaires et davantage de calme. Il se considérait comme un homme pondéré, mais il lui fallait du calme pour le demeurer. Cela lui paraissait logique.

Le libraire était occupeé à servir une cliente, une mère de famille flanquée de deux enfants, lorsque la R4 rouge stoppa devant la boutique. M. Leguen se tut tout net et demeura immobile, la bouche ouverte, cependant que le sang lui montait aux tempes.

- Vous n'êtes pas bien? demanda la cliente avec inquiétude.

Le commerçant reprit aussitôt sa physionomie affable et retrouva le fil de son discours. Du coin de l'oeil, il guettait les occupants de la voiture, et tandis qu'il devisait paisiblement, une rage froide et lourde comme un pavé de glace lui gonflait le coeur.

Danièle et Gérard étaient descendus. On pouvait lire sur leur visage bronzé qu'ils étaient un couple. Dans un désir inconscient de provocation, ils arboraient encore des tenues de vacances. Les cheveux de Gérard étaient longuets. Sa chemise s'échancrait sur un torse dur et bruni. Sous le pantalon de toile blanche, les pieds étaient nus dans des sandales ultra-légères, une simple semelle munie d'une petite bride pour le gros orteil. Aux poignets de Danièle se balançait des bracelets de fantaisie. Son torse disparaissait sous un poncho de fine laine blanche.

Gérard ouvrit l'arrière de la voiture, y prit son gros sac et se retourna vers la librairie. Par-dessus l'épaule de la cliente, son regard croisa l'oeil glacé de son père. Gérard eut une petite moue, mi-crainte, mi-bravade.

- Demain, dit-il à mi-voix, je crois que j'aurai quelque chose à te raconter.

Il regarda Danièle et elle lui rendit son regard en souriant, paisiblement.

- Nous l'aurons voulu, dit-elle.

Elle remonta dans la voiture rouge. Son visage était reposé, calme. Aucune satisfaction mesquine n'en altérait les traits. Elle avait le sentiment d'avoir bien agi en déposant Gérard devant sa porte. Elle ne cherchait pas le scandale. Elle voulait seulement que la vérité soit connue. Elle ignorait que la vérité et le scandale, parfois, ne font qu'un.

Tandis que la petite voiture s'éloignait, Gérard traversa la boutique, marqua un imperceptible temps d'arrêt en passant devant son père, puis, comme ce dernier poursuivait sa conversation avec la cliente, le jeune homme gagna le fond du local et monta l'escalier.

Sa chambre était nette et rangée, trop rangée. Il eut l'impression de retrouver le dortoir d'un internat. Il expédia son gros sac dans un coin et s'allongea sur le lit. Les sandales ultra-simples se balançaient, suspendues au gros orteil. Gérard croisa ses mains derrière sa nuque et attendit. Il savait qu'il n'aurait pas longtemps à attendre.

Quelques minutes plus tard, en effet, il entendit dans l'escalier le pas lourd de M. Leguen. Le libraire montait les marches deux à deux. Il entra dans la chambre comme un Dieu vengeur et se campa debout, les pieds légèrement écartés, les bras croisés. Sa lèvre tremblait. Gérard pouvait voir battre une veine à la tempe de son père.

- Tu pourrais te lever!

Gérard s'assit sur le bord du lit, fixa son père. Il ne cherchait pas à le provoquer. Mais le libraire n'avait pas besoin de provocation pour être en rage.

- Eh bien, parle!

- Je n'ai rien à dire, dit Gérard.

- Tu t'es foutu de nous, et tu n'as rien à dire?

Gérard soupira. Il aurait voulu aller au fond des choses. Pourquoi fallait-il que son père en fasse tout de suite une question de respect. "Tu t'es foutu de nous." Gérard eut envie de répondre que non, que c'était une remarque hors de propos presque ridicule.

- Qu'est-ce qui te met le plus en colère? demanda-t-il, Que je sois allé en vacances avec elle, ou qu'elle m'ait raccompagné jusqu'à ta porte?
- Je me fous de ses provocations! hurla M. Leguen. Ce qui m'importe, c'est que tu as menti! Elle t'a appris à mentir!
- Mais enfin! éclata Gérard, c'est toi qui me forces à mentir! Si je t'avais dit "Je pars avec elle", est-ce que tu m'aurais laissé partir?

Le libraire leva les bras au ciel. Il étouffait de colère.

- Alors? cria Gérard. Qu'est-ce que tu préfères? Que je vive chez toi comme une bûche, ou que je parle et que je vive comme avant?

M. Leguen, dans sa rage, ne saisit que les mots "comme avant". L'indignation le submergeait trop pour qu'il puisse comprendre autre chose. A proprement parler, il ne comprenait pas un mot de ce qui lui disait son fils. Gérard parlait de réalités nouvelles, M. Leguen n'entendit que ce "comme avant" qui le soulagea soudain, l'adoucit. Il laissa pendre les bras le long de son corps, se pencha, adopta une voix douce, comme pour raisonner un enfant.

- Comme avant, répéta-t-il. Justement! Je veux que tu sois comme avant. Je veux qu'elle cesse de te courir après.
- Et si c'était moi qui lui courais après?

Le libraire se redressa, toute sa fureur revenue.

- Crétin! jeta-t-il. Pauvre idiot! Tu ne vois donc pas qu'elle t'entortille depuis des mois, cette ... cette salope!

Le sang se retira du visage de Gérard.

- Si tu la traites de salope, dit-il doucement, je m'en vais.
- Si tu t'en vas, siffla M. Leguen, elle aura affaire à moi. Tu peux la prévenir. Il y a des lois en France!

Il avait cité ces derniers mots d'une voix triomphante. Il bombait le torse. Des bribes de phrases flottaient dans sa tête. Puissance paternelle. Détournement de mineur. Chef de famille.

Gérard poussa un sifflement ironique.

- Eh bien, dis donc!
- Quoi? fit M. Leguen tout enflé de sa propre force. Quoi?
- Heureusement qu'elles sont restées, les lois, dit Gérard. Heureusement que les voyous qui faisaient la révolution en mai les ont laissées debout, tes lois! Heureusement que la France est pleine de types comme toi!
- Parfaitement! cria M. Leguen. Heureusement!
- Sinon, dit doucement Gérard, tu serais rudement emmerdé, aujourd'hui!

Le libraire comprit soudain où son fils voulait en venir. Il eut un hoquet de rage. On attentait à son bonheur d'homme de progrès. On avait l'air de dire que si les lois étaient de son côté, c'est qu'il était du côté de l'Etat, pour ainsi dire du côté de la réaction. M. Leguen devint tout rouge. En mai, il avait fait sa part. Il avait manifesté. Il avait participé à des réunions, rédigé des tracts, signé des pétitions, apporté son concours matériel aux forces de progrès, donné plus de cinquante francs aux caisses de grève. Et voilà qu'on le traitait quasiment de fasciste! Un homme qui avait voté à gauche aux élections générales!

- La révolution n'a rien à voir avec vos saloperies! s'écria-t-il. Il ne faut pas confondre vos petites crises de nerfs avec les vraies crises qui font les vraies révolutions!

- La liberté, fit Gérard ...

- La liberté n'est pas la licence! débita M. Leguen, pas mécontent du tout.

- La liberté n'a pas de limites, dit Gérard.

M. Leguen s'esclaffa avec rage. C'était vraiment un comble! C'était précisément à cause d'idées pareilles qu'on avait fait peur aux braves gens, au printemps 68. C'était à cause de ces idées qu'on avait perdu la bataille, la vraie bataille. Les jeunes disaient n'importe quoi, mélangeaient tout. A les entendre, la révolution, c'était l'ouverture des prisons et l'organisation d'une partouze universelle, peut-être? Et pourquoi pas lâcher les fous, pendant qu'on y était? Décorer les voleurs et les sadiques?

- C'est la révolution en chambre que vous faites! conclut le libraire avec une lourde ironie.

Gérard avait une envie physique de vomir. La tête baissée, il traversa la chambre, tâtonnant presque au hasard, saisissant un livre, son stylo, un mouchoir. Il se redressa. Son père lui barrait le chemin de la porte.

- Pardon, dit poliment Gérard.

M. Leguen souriait, d'un sourire où il tâchait de mettre tout son mépris, toute sa pitié condescendante. Il eut un geste vague qui signifiait "comme tu voudras; je t'aurai prévenu", et s'effaça.

Gérard sortit sans un regard en arrière. Il ne savait pas s'il reviendrait jamais. Tout ce qu'il voulait, c'était ne plus entendre cette voix, ne plus voir ce visage, ne plus penser à ce père qu'il ne pouvait plus respecter. Il s'enfuit sans colère, sans tristesse, sans pensée, un pavé dans la poitrine, les jambes tremblantes.

Pierre Duchesne, **Mourir d'aimer**, Paris 1971, pp.51-57

16

Gabrielle Russier a adressé les lettres suivantes à Madame Gilberte T., professeur de lycée comme elle et qui est devenue son amie. La première lettre est écrite en prison, les deux autres en liberté mais dans une angoisse profonde, car son second procès la menace.

Vendredi 30 mai 1969

Gilberte,

Si vous pouvez prenez soin des enfants, j'espère que mon mari vous aidera. Si vous pouvez, dites au lycée que je les aimais bien.

Ne m'en veuillez pas, je suis à bout de forces parce que la lucidité, et la compréhension des choses et des êtres ne m'auront servi à rien. On me répète, par les papiers que je reçois, que je suis coupable et j'en arrive à envier ceux qui le sont vraiment et qui rient dans la cour, je ne pourrais plus jamais rire, on a fait une montagne avec rien, on me garde ici pour des faits très anciens, nullement répréhensibles, alors je ne comprends pas, je n'arrête pas d'essayer de comprendre, je tourne, je tourne dans ma tête les idées les plus noires, je ne sais plus raisonner, réfléchir.

J'ai peur pour les enfants. J'ai si peur, ils n'avaient que moi ils étaient habitués à me savoir là, toujours, fidèlement, même triste, même désemparée. Protégez-les. Je sais. Je vous en demande beaucoup, vous avez vos soucis, votre travail. Protégez-les. Je ne sais même pas si j'arriverai encore à leur écrire comme avant. Je vous estimais, je vous aimais bien. Aidez-moi je suis épuisée. J'ai peur que les enfants ne s'inquiètent. Je ne sais plus à qui les confier ...

Aidez-moi si vous le pouvez encore, je ne crois plus en rien en personne, mais je ne veux pas que Joël et Valérie pleurent, ils ont été assez malheureux comme cela ...

A eux il faut mentir un peu. Rien qu'à eux. Ne croyez pas ce qu'on vous dira, les espoirs de l'avocat, ce n'est pas de sa faute, peut-être, mais il n'y arrive plus, parce que, sans doute, on y met trop de hargne, je ne sais pas, je ne comprends pas. Tout le monde me ment pour faire tenir mais ça ne prend plus. Il faudrait que j'oublie que j'ai eu une autre vie que j'arrive à être comme les autres ici, elles s'en foutent, elles sont bien dans leur mythomanie et leur médiocrité, mais je ne peux plus. J'ai essayé, je ne peux pas. Gilberte, dites-le à ceux qui comprennent, qui peuvent comprendre, qu'il vaut mieux mourir vraiment qu'ainsi, dans le fumier.

J'essaie de me dire que c'est moins grave qu'un accident, l'hôpital, pourtant devenir incapable de raisonner c'est pire. Ça ne s'arrange pas. Je ne sais même plus quoi vous dire en vous quittant. Un zéro, une loque et saint Antoine est mort.

G.

16 juillet

Gilberte,

L'horrible procureur (avocat général) a fait appel du jugement. Il va falloir tout recommencer. Je n'ai plus aucune confiance ... Me Guy s'est contenté de m'embrasser ... Après d'horribles hésitations je vais partir dans les Pyrénées pour éviter la dépression consécutive à une cure de sommeil. Le courrier suivra ... Je reçois des lettres d'étrangers qui gambergent sur cette histoire ...

Arriverai-je assez à vous dire merci. Suis bloquée, paralysée par la psychanalyse, je n'ose même pas vous dire merci, ni vous dire que vous avez été une soeur pour moi, parce que ça aussi c'est suspect ... Il faudra surmonter aussi cette forme de dépression, prendre les choses comme elles sont ... (...)

Gabrielle

Mercredi 23 juillet
de "La Recouvrance"

Gilberte,

Je pense que vous aurez lu "L'Observateur", si Huguette est abonnée: tout y est, avec même des détails de l'audience. Et surtout: je serai vidée, car c'est le ministre E.N. qui aurait alerté le garde de sceaux, qui aurait alerté le procureur général etc. ... J'essaie de me reposer mais je vis dans l'angoisse: plus de traitement très bientôt, peu d'économies, il faudra que je liquide l'appartement, que je me fasse héberger quelque part, que je mette les gosses à l'Assistance, que je me soigne en attendant de trouver du boulot ... Je ne dramatise pas. C'est la situation qui est dramatique. Même ici, je ne cesse de me surveiller, j'ai peu de forces pour écrire mais surtout je compte les timbres, je vis avec rien ... au milieu de gens fortunés. La maison de repos, pleine de gens ayant fait des cures de sommeil, n'est pas gaie. Mais les propriétaires sont charmants. La femme est professeur des assistantes sociales. Elle semble avoir beaucoup de relations, va essayer de joindre le ministre. Je m'efforce de tenir, pour vous retrouver un jour, mais je m'ennuie, je pense, et je ne dors plus. (...)

Quand vous aurez le temps, à Serviers, écrivez-moi. Et si vous voulez que je réponde, mettez un timbre: je suis on ne peut plus fauchée, et bientôt je mendierai dans la rue. A propos, que penseriez-vous d'un appel à l'aide dans "L'Observateur".

Je ne blague pas (...)

Votre

Gabrielle

Qui essaye d'oublier son prénom.

Gabrielle Russier, **Lettres de prison**, précédé de **Pour Gabrielle** de Raymond Jean, Paris 1970, pp.117-118, 120-123.
(C) Editions du Seuil

Dans sa préface aux **Lettres de prison** de Gabrielle Russier, Raymond Jean a reproduit la prise de position du groupe des élèves maoïstes du lycée Nord de Marseille en ajoutant lui-même ses doutes: "Je ne sais pas ce que Gabrielle aurait pensé de ce texte et de la façon dont a été défendue sa cause. Sans doute n'aurait-elle pas aimé tant de bruit et de violence. Mais, à la réflexion, la violence qui lui a été faite est bien plus forte" (p.61). Raymond Jean raconte que la mort de Gabrielle Russier a été le signal d'une nouvelle révolte déclenchée au lycée Nord de Marseille par ce groupe maoïste de la Gauche Prolétarienne. Dans l'esprit des élèves, elle était devenue une véritable héroïne maoïste.

Ce n'était pas une prof comme les autres. Elle ne nous écrasait pas de son autorité. Elle se faisait tutoyer par nous et discutait de tous les problèmes de la vie. Elle nous traitait d'égal à égal et c'est dans ce cadre qu'elle pouvait avoir une liaison avec un de ses élèves.

Mais c'est en mai 68 qu'elle a vraiment montré de quel côté elle était. Elle n'hésitait pas à dénoncer les manoeuvres de l'administration et des profs réactionnaires qui tendaient à saboter le Mouvement lycéen. Elle s'était aussi rangée du côté des travailleurs en participant activement à la collecte de soutien aux grévistes du personnel du lycée. La bourgeoisie ne le pardonne pas. Le corps enseignant ne permet pas qu'un des siens détruise l'image du prof intouchable et indiscutable. C'est pour cela qu'elle allait en être exclue. Une liaison avec un de ses élèves et voilà toute la réaction qui se déchaîne.

Mais pourquoi tant d'acharnement? Alors que des liaisons de ce genre existent dans beaucoup de lycées et sont discrètement étouffées, pourquoi tant d'histoire autour de Gabrielle? C'est que, depuis mai, le pouvoir de la bourgeoisie assumé dans les lycées par l'autorité du prof est de plus en plus ébranlé. Dans ces conditions, elle ne peut plus se permettre qu'un prof, un des agents de son autorité, passe à l'ennemi, dans le camp des lycéens qui se révoltent: c'est pour cela qu'avec Gabrielle Russier, elle veut faire un exemple pour la rentrée 69.

Mais si Gabrielle est morte pour être passée dans notre camp, soyons prêts à suivre sa voie et à lutter contre tous les rapports décadents et autoritaires dans les lycées entre prof et élèves.

Les Maoïstes de la Gauche prolétarienne
Lycée Nord, Marseille

Cité d'après Gabrielle Russier, **Lettres de prison**, publiées par Raymond Jean, Paris 1970, p.61.
(C) Editions du Seuil

Troisième partie:

DE LA REVOLTE UNIVERSITAIRE A LA REVOLUTION CULTURELLE

DE LA REVOLTE UNIVERSITAIRE A LA REVOLUTION CULTURELLE

Les perspectives professionnelles pour les jeunes – désastreuses de nos jours – étaient bien mauvaises, déjà en 1968. Un historien de la révolte de Mai, Max Gallo, constate que "le diplôme ne donne plus rien. Le chômage guette."(90) Un coup d'oeil jeté sur les statistiques de l'époque montre une disproportion toujours croissante entre le besoin annuel en cadres supérieurs et le nombre des diplômes obtenus.(91) Les étudiants eux-mêmes étaient, bien entendu, conscients des problèmes qui les attendaient. Dans leurs prises de position du 9 mai, une centaine d'étudiants de la Faculté des Sciences de Paris(92) mentionnent le manque de débouchés professionnels comme une des causes du malaise éprouvé par tous. L'un d'eux constate le fait et en tire la conclusion que, pour changer cet état de choses, il faudrait changer l'université entière: "La majorité des étudiants demandaient de meilleures conditions matérielles de travail et surtout que leurs diplômes leur permettent d'obtenir un emploi. C'est là, je crois, un point essentiel, car c'est tous les programmes qu'il faut changer pour les adapter au monde moderne."(93) La conclusion paraît juste même si le seul changement des programmes ne garantit pas un nombre suffisant de débouchés. En dépit de son importance, ce problème ne joue qu'un rôle marginal dans les tracts et les slogans de Mai.(94) La contestation vise à d'autres buts d'une envergure plus grande: les jeunes veulent détruire le système de l'éducation nationale dans son ensemble, et, en particulier, la hiérarchie universitaire et son idéologie élitaire. "Il y a crise", disent-ils à juste titre, "parce qu'on ne forme pas 600.000 étudiants avec une structure de formation d'élite". et ils exigent la création d'une université populaire, ouverte à tous.

En effet, quatre ans avant la révolte étudiante, les sociologues Pierre Bourdieu et Jean-Claude Passeron avaient dénoncé que les couches sociales inférieures étaient défavorisées. Les deux chercheurs avaient démontré que l'égalité scolaire des classes sociales, malgré les masses qui affluaient dans les lycées et dans les universités, n'existait qu'en théorie: le concept traditionnel de l'enseignement et, peut-être plus encore, la notion presqu'universellement acceptée de la culture comme apanage d'une élite sociale consolident les prérogatives des classes sociales supérieures.(95) C'est cet état de choses que les étudiants veulent changer. Au lieu de produire des cadres qui maintiennent le système actuel, l'université doit devenir "le banc d'essai de la participation", un endroit où l'on imagine et réalise le nouveau concept d'une société plus démocratique et plus libre (texte 25). L'abolition de l'université dite bourgeoise ne serait donc que le premier pas vers une vaste révolution culturelle et sociale. "L'université critique en question n'est pas une institution mais un foyer et un processus permanents d'agitation" selon la définition de Daniel Bensaïd et d'Henri Weber, deux militants du groupe gauchiste de la Jeunesse Communiste Révolutionnaire.(96)

La révolte universitaire s'est donné pour devise le mot-clef de la **contestation**:

> La contestation, c'est la remise en cause de toutes ces chefferies petites ou grandes, issues du privilège des années, de la promotion, de l'argent, des diplômes, et qui se superposent les unes aux autres pour constituer l'armature de la société. La contestation, c'est refuser l'autorité de ceux, qui se croient supérieurs aux autres par leur statut social, des postes qu'ils occupent, les titres qu'on leur décerne, et qui ressentent le besoin d'être salués, obéis, respectés ... La contestation, c'est contester ceux qui se croient incontestables.(97)

Le caractère global et en quelque sorte systématique de cette contestation, a souvent suscité des critiques. On a parlé de négativité voire de nihilisme.(98) Les jeunes, pourtant, avaient une autre conception de leur contestation. Le comité de grève de la Faculté de Droit de Paris prétend qu'il s'agit d'un mouvement constructif. Pour donner plus de poids à leur assertion, les étudiants ont recours à un procédé des plus traditionnels, ils se réfèrent à l'étymologie du terme latin: **contestari** signifie "plaider en produisant des témoins" et ils concluent de là que le mot "est aussi porteur d'affirmation".(99) Parmi ceux qui ont compris et apprécié le principe de la contestation, il y a un personnage de premier plan, le philosophe Jean-Paul Sartre. Contrairement à son collègue plus conservateur, Raymond Aron qui affirme que "les règles de la recherche n'ont rien de commun avec les pratiques de la discussion politique (baptisée contestation)"(100), Sartre exige la contestation comme principe fondamental des études:

> La seule façon d'apprendre, c'est de contester. C'est aussi la seule façon de devenir un homme. ... L'Université est faite pour former des hommes contestants. Autrement dit, un homme de quarante-cinq ans devrait savoir que les idées qu'il s'est formées, après avoir contesté celles des gens qui l'ont instruit et aidé, seront contestées à leur tour. ... Or, un savoir qui n'est pas constamment critiqué, n'a aucune valeur.(101)

Sartre soutient le droit des étudiants de critiquer leurs enseignants dès le début de leurs études car il veut ébranler le "pouvoir absolu" dont les professeurs auraient abusé si souvent en tant que représentant de la culture et de la science soi-disant sacrées.(102) Un des points essentiels de la contestation a été le refus des examens (textes 26, 27). Ce problème a provoqué des controverses et a fait naître le reproche que la contestation de Mai 68 aurait dévalorisé les études universitaires. Il faut connaître le système français des examens - bien plus strict que celui des universités allemandes - pour juger à sa juste valeur la réaction quelque peu violente des jeunes Français qui, convaincus du principe d'égalité, protestaient contre "la compétition qui favorise les meilleurs" (texte 27). Là aussi, Sartre, toujours à l'avant-garde, prend leur parti et se prononce en faveur d'un contrôle continu effectué par les professeurs qui seraient néanmoins tenus à consulter les étudiants. En revanche, un des Prix Nobel(103) qui s'est engagé pour les étudiants arrêtés, le professeur de physique Alfred Kastler, tout en étant impressionné par le sérieux et la maturité des jeunes, fait appel à leur clairvoyance pour ne pas demander la suppression des examens; il faudrait plutôt exiger leur transformation raisonnable qui permettrait aux étudiants d'être conseillés et dirigés par des professeurs dans le cours de leurs études:

> La suppression des examens est une mesure antisocialiste, elle ne débouche pas sur la société dont vous rêvez, elle vous ramènerait, elle ramènerait l'université au pire des capitalismes, au capitalisme féodal. La sélection se fait, c'est une loi naturelle. Elle se fait soit par la fortune des parents, soit par des examens.(104)

Les manifestes élaborés par les commissions étudiantes contiennent beaucoup de propositions concrètes pour l'instauration d'une nouvelle université. Bon nombre de ces propositions appartiennent aujourd'hui - en Allemagne du moins - aux idées acceptées généralement, mais qui étaient innovatrices à l'époque. On voulait aplanir tout d'abord le clivage entre la théorie et la pratique: les étudiants tout aussi bien que les enseignants seraient tenus à s'intégrer dans la vie pratique. De plus, l'université devrait se charger du recyclage et de la formation permanente des employés et des travailleurs (texte 23). Si les chercheurs des différentes disciplines avaient de tout temps collaboré, cette collaboration devrait désormais être institutionalisée et les études pluridisciplinaires devraient être également ouvertes aux étudiants. Les jeunes attaquent surtout la bureaucratie administrative de l'université, son centralisme et sa hiérarchie rigides qui étouffent toute initiative de ses membres.

Avec l'autonomie organisatrice et financière des universités, ils demandent la participation étudiante à tous les niveaux de l'enseignement et de l'administration. Leur enthousiasme - même destructeur - loin d'être nourri de nihilisme, provient donc d'un idéalisme profond et d'une vision parfois utopique des possibilités de la société à l'état actuel de notre civilisation.(105) La vague des projets de réformes issus d'innombrables commissions qui se sont réunies dans les écoles, les instituts, les facultés à Paris et en province(106) doit être considérée comme un des résultats de Mai 68. Travail énorme, travail de Sisyphe, souvent frustrant pour les membres des commissions, et certainement moins spectaculaire que les slogans, les affiches, les graffiti et manifestes, il est la preuve que les jeunes ont mis en branle une vaste action de réflexion collective sur les insuffisances du système et les possibilités d'un nouveau départ. Il est significatif que le ministre de l'Education nationale, M. Edgar Faure, ait basé sa loi d'orientation pour l'enseignement supérieur du 12 novembre 1968 sur les idées principales de Mai, la décentralisation, l'autonomie des universités, la participation des étudiants, et sur des projets de réforme conçus pendant et après la révolte.(107) Le gouvernement a ainsi publiquement avoué le bien-fondé de la contestation des jeunes. Dans l'exposé de cette loi, M. Edgar Faure dira, en suivant l'appel des jeunes, que "contrairement à tant de précédents, l'Université sera appelée à se rénover par elle-même."(108)

La révolte universitaire peut être également considérée comme le prélude à une **révolution culturelle**. C'est de ce terme, en effet, que beaucoup d'observateurs se sont servis pour désigner l'essence même du mouvement de Mai.(109) **La révolution culturelle** signifie une réorganisation profonde du savoir qui ne devrait plus être réservé à une minorité mais rendu accessible au peuple entier; elle signifie en dernier lieu, une transformation de toute la vie quotidienne.(110)

L'idée d'une telle révolution implique le passage d'un capitalisme jugé désuet à un socialisme rénovateur. Ainsi, les jeunes ont ouvert les universités et les autres "temples" de la culture(111) et y ont esquissé les modèles d'une culture populaire (textes 20-22). Mais il s'agissait aussi de mener la lutte contre les mass média, contrôlés par le ministère de l'Information, telles que la radio et la télévision. Les affiches révolutionnaires attaquant ces institutions, comptent parmi les plus belles et les plus acerbes créées à cette période. Le combat étudiant fut soutenu et prolongé par le mouvement contestaire au sein même de l'Office de Radio et de Télévision française (O.R.T.F.).(112)

D'autre part, dans la Sorbonne comme dans l'Odéon, les jeunes ont mis en pratique un nouveau style de vie commune, en niant les hiérarchies sociales et en transgressant les normes traditionnelles de la morale.(113) Il va sans dire que ces transformations ont eu leurs précédents et qu'elles n'ont pas cessé d'exister jusqu'à nos jours. L'originalité de Mai 68 a été de mettre à jour ces mouvements sous-jacents et de montrer que les civilisations modernes, en dépit de leur perfection apparente, sont sujettes à des crises profondes.

L'origine du concept de la **révolution culturelle** remonte aux événements politiques et culturels qui avaient eu lieu, deux ans auparavant, en Chine. Les contestataires des pays occidentaux s'étaient passionnés pour la lutte des jeunes Gardes Rouges chinois qui, sous l'égide de Mao Tsé Toung, avaient bouleversé l'organisation des écoles, des universités, des entreprises et de toute la vie sociale. En France, beaucoup de groupuscules gauchistes se réclamaient de leur modèle révolutionnaire et avaient créé un véritable mythe chinois. En Mai, tous les amphithéâtres universitaires furent décorés de portraits de Mao, des graffiti jaillirent sur les murs, suivant l'exemple des journaux muraux de l'Université de Pékin et on y trouva cités les paroles du grand président chinois faisant l'éloge de l'esprit de la jeunesse.(114)

Suivant la devise des graffiti "Déculottez vos phrases pour être à la hauteur des sans-culottes",(115) les révolutionnaires de Mai, comme leurs prédécesseurs, voulaient forger un nouveau langage. La liste des expressions proposées par le **Comité des Vandalistes** (texte 19) en est un exemple plutôt gaillard. Les étudiants de Nanterre, Grenoble et Toulouse se plaisaient à rebaptiser leurs amphithéâtres qu'ils nommèrent d'après les héros du Tiers Monde: Ché Guévara, Hô Chi Minh, ou Rudi Dutschke. La rue Gay-Lussac à Paris devint la rue du 11-Mai-1968, la place Royale de Nantes s'appela la Place du Peuple. Les lycéens changèrent le nom de leurs instituts, le lycée Thiers de Marseille se transforma en lycée de la Commune, le lycée Guez-de-Balzac d'Angoulême en lycée Conh-Bendit (sic!). Si l'orthographe des noms étrangers ne fut pas toujours correcte, peu importait, puisque l'orthographe comme toutes les autres autorités était tombée en discrédit.(116) L'esprit de la révolte dans les lycées a été le même que dans les universités (textes 30-31).

Selon le concept des jeunes, la **révolution culturelle** devrait transformer jusqu'à la vie quotidienne de la population et, par conséquent, les deux aspects principaux de cette vie, le travail et les loisirs. Un des aspects les plus sensationnels du mouvement de Mai a été son caractère de fête folklorique.(117) Les graffiti et autres témoignages authentiques (voir p.18ss.) racontent l'emphase et l'exaltation de ces jours. Dans les tracts, les graffiti et les affiches, on attaque toutes les formes du travail aliénant et on exige un état de fête et de bonheur permanents.

L'étendue du bouleversement culturel auquel aspirent les révolutionnaires se manifeste dans les maximes provocatrices du comité d'action étudiant **Nous sommes en marche** (texte 32).

La révolution culturelle a été encore le refus radical de la tradition centraliste et universitaire telle qu'elle régnait en France depuis le siècle de Louis XIV. Par ce refus, les contestataires préparaient la voie au réveil des mouvements d'autonomie régionale qui se sont manifestés après 1968. En exigeant une plus grande indépendance économique et politique, les différentes régions de la France comme la Bretagne ou l'Occitanie ont fait valoir leur originalité historique, linguistique et culturelle. Elles ont demandé la libération d'un système scolaire et universitaire qui leur imposait l'apprentissage d'une seule culture et histoire nationale.(119) C'est un aspect qui risque d'échapper aux observateurs étrangers à la France, habitués à une plus grande pluralité culturelle. L'essor donné aux tendances émancipatrices des régions françaises, prouve que Mai 68 n'est pas seulement une révolte étudiante et lycéenne, bornée aux institutions scolaires, mais qu'il s'agit bien d'un mouvement global dont les suites et les étincelles n'ont pas cessé de marquer l'évolution de toute la civilisation française.

Affiche de Mai, voir p.131.

A. Les Refus des autorités

TEXTES 18 - 19

Daniel Cohn-Bendit et les autres étudiants responsables de l'occupation de la tour administrative de Nanterre, ont dû répondre de leur action devant la commission disciplinaire de l'Université de Paris, le 6 mai 1968. Adrien Dansette décrit le happening qu'ils ont fait de cette séance: " 'On s'est bien amusé pendant quatre heures', fanfaronne à la sortie Cohn-Bendit " (p.95). Les professeurs nanterrois, Henri Lefebvre, Alain Touraine et Paul Ricoeur assuraient, parmi d'autres, la défense des étudiants. La commission proposa des peines d'exclusion, mais le jeudi 9 mai, on suspendit l'affaire pour la renvoyer à une date ultérieure. En fin de compte, les autorités universitaires se sont abstenues d'une punition, étant donné le peu d'importance de cet acte insurrectionnel en comparaison avec l'extension que la révolte étudiante avait prise entretemps. Les paroles de Michel Pourny ne sont pas sans rappeler la célèbre lettre ouverte que le groupe d'artistes surréalistes avait adressée **aux Recteurs des Universités européennes** dans la "Révolution surréaliste" du 15 avril 1925.(120) Le tract pour un nouveau langage publié par le Comité de Salut public des vandalistes est encore un exemple du souci d'**épater le bourgeois** que les étudiants exprimaient par leur conduite et leurs paroles volontairement choquantes, montrant une autre affinité avec les surréalistes: ceux-ci avaient, dans une liste publiée en 1931, prescrit à leurs adhérents les auteurs à lire ou à éviter.(121)

18

Messieurs,

Je vous récuse,
Je recuse le conseil de discipline,
Je récuse votre tribunal.

Messieurs, je ne vous récuse pas comme professeurs, mes maîtres, chargés d'enseigner à l'étudiant que je suis les connaissances, la culture, indispensables à la profession à laquelle je me destine.

Je vous récuse, parce qu'aujourd'hui vous êtes rassemblés ici, sur l'ordre d'un gouvernement et d'un Etat qui, par la sélection et l'élimination massive, a décidé d'exclure de l'Université les deux tiers des étudiants qu'un de vos collègues. Monsieur le recteur Capelle, a qualifié naguère de déchets.

Je vous récuse, parce qu'aujourd'hui, je n'ai pas en face de moi mes professeurs, mais des hommes qui ont accepté de faire le travail des C.R.S. et d'avaliser cette décision sans précédent de fermeture de la Sorbonne.

Je vous récuse, car quel que soit votre verdict, je veux rester fier du nom que je porte, des sacrifices que mon père, ouvrier métallurgiste, a consenti pour mes études et qui, comme tous les travailleurs, supporte le poids des mesures gouvernementales prises dans le cadre du Ve Plan dont la réforme policière de l'enseignement est partie intégrante.

En vous récusant, Messieurs, j'ai conscience de défendre non seulement le droit aux études et les libertés universitaires, mais également votre métier de professeur, votre mission d'éducateur, votre propre dignité.

A présent, Messieurs, mes juges, je ne répondrai à aucune de vos questions.

Michel POURNY, militant de l'U.N.E.F.,
Membre du Bureau National de la F.E.R.

19

La lutte contre l'aliénation se doit de donner aux mots leur sens réel ainsi que de leur rendre leur force initiale:

aussi ne dites plus:	mais dites:
société	racket
professeur	
psychologue	
poète	
sociologue	
militants (de tout poil)	FLICS
objecteur de conscience	
syndicaliste	
curé	
famille	
(liste non limitative)	
information	déformation (à l'échelle du racket mondial et de ses mystifications)
travail	bagne
l'art	combien ça coûte?
dialogue	masturbation
culture	merde gargarisée à longueur de temps par tous les crétins pédants (voir: professeur).
ma soeur	mon amour
Monsieur le professeur	crève, salope!
bonsoir, Papa	crève, salope!

pardon, m'sieur l'agent	crève, salope!
merci, docteur	crève, salope!
légalité	piège à cons
civilisation	stérilisation
urbanisme	police préventive
villages 1,2,3,4	hameau stratégique
structuralisme	dernière chance du néocapitalisme dont l'éclatante faillite est dissimulée par les mensonges officiels, maladroitement plaqués sur les contradictions les plus flagrantes.

Etudiants, vous êtes des cons impuissants (cela nous le savons déjà), mais vous le resterez tant que vous n'aurez pas:

- cassé la gueule à vos profs;
- enculé tous vos curés;
- foutu le feu à la faculté.

NON, Nicolas, la Commune n'est pas morte.

        COMITÉ DE SALUT PUBLIC DES VANDALISTES

B: La Prise de la Sorbonne

TEXTES 20 - 22

> LA SORBONNE EST OUVERTE EN PERMANENCE AUX TRAVAILLEURS. L'Assemblée centrale du 13 mai décide que l'Université de Paris est déclarée Université Autonome Populaire et ouverte en permanence, jour et nuit, à tous les travailleurs. L'Université de Paris sera désormais gérée par les Comités d'Occupation et de Gestion constitués par les travailleurs, les étudiants et les enseignants.(122)

L'acte iconoclaste par excellence de la révolte de Mai a été l'occupation de la Sorbonne, l'université la plus ancienne et la plus vénérable de Paris. L'occupation eut lieu dans la journée du 13 mai alors que les autorités avaient cédé aux exigences des étudiants et avaient rouvert les portes de la Sorbonne fermées depuis le 3 mai. La prise de possession des bâtiments universitaires se passa sans incidents. Jusqu'à l'évacuation de la Sorbonne, celle-ci était considérée comme la forteresse du mouvement étudiant et le foyer des idées révolutionnaires. Dans les derniers jours seulement, l'occupation commença à dégénérer avec l'installation d'un groupe de jeunes marginaux, appelés les Katangais. Le 13 juin, les étudiants procédèrent à un nettoyage interne et expulsèrent assez rudement ce groupe, dont le leader, surnommé Jimmy le Katangais, fut retrouvé plus tard, assassiné par un ancien légionnaire.(123) En dépit des interventions faites par des enseignants, la Sorbonne fut évacuée par les C.R.S., le dimanche 16 juin. Cette mesure provoqua encore une série de grèves dans les lycées et les universités. Les chroniqueurs américains de Mai 68 écrivent qu'avec la chute de la Sorbonne, le coeur de la révolte étudiante avait cessé de battre.(124) Un témoignage détaillé sur les semaines de l'occupation se trouve dans le livre du situationniste René Viénet, **Enragés et situationnistes dans le mouvement des occupations**, Paris 1968. Là, il décrit les conflits qui naissaient entre les révolutionnaires et ceux qui tendaient plutôt vers les réformes. En juillet 68, une collection de tracts, composés à la Sorbonne, fut publiée dans le numéro 64 du "Mouvement social", sous le titre de **La Sorbonne par elle-même**. Il existe aussi le témoignage d'un professeur, **Inquiète Sorbonne**, publié par le professeur de latin à la Sorbonne, Jacques Perret, en 1968.

Comme toute la presse, le journal quotidien du "Monde" suivait attentivement les étapes de l'évolution de la Sorbonne: on y trouve des articles sur la fête (texte 20), sur la production poétique (textes 37 ss.), mais aussi sur les projets de réforme élaborés par les nombreuses commissions dans cette **République**

libertaire au quartier Latin(125). Un des comités des plus actifs a été le C.R.A.C. (Comité Révolutionnaire d'Agitation Culturelle), dont nous reproduisons plusieurs textes. Leur but d'ouvrir l'université à toute la population et de transformer la vie quotidienne, se réalise par exemple dans la création des comités de jeunes (texte 21), dans l'organisation d'une crèche-garderie dans la Sorbonne et l'élaboration d'autres projets à partir de cette expérience.(126)

L'occupation de la Sorbonne a eu beaucoup plus de chroniqueurs que les deux autres occupations importantes, celle du théâtre de l'Odéon (p.59), mal vue et critiquée de tous les côtés, et celle de l'École nationale supérieure des Beaux-Arts, qui, du 13 mai au 26 juin 1968, fut transformée en **Atelier populaire** et vit la création d'au moins 350 affiches révolutionnaires.(127) Les occupations ont une signification complexe; leur plus grande valeur est d'ordre symbolique. Elles expriment la prise du pouvoir étudiant dans les lieux sacrés de la culture traditionnelle. "Le Mouvement populaire n'a pas de temple" (voir l'affiche ci-dessous). Ces temples, les étudiants les ont ouverts au peuple. Ils y ont esquissé les modes d'une nouvelle existence. Les occupations signifient le passage de la révolte universitaire à une révolution culturelle.

20
Dada et Marx à la Sorbonne

M. Michel Fenouillet soutenait, voici trois ans, à la Sorbonne, sa thèse sur Dada. Mme Marie-Jeanne Durry, qui présidait le jury, s'extasiait: "Dada à la Sorbonne! Tout finit à la Sorbonne ..." Depuis quelques jours, Mme. Durry doit être comblée: Dada est vraiment à la Sorbonne. Non plus aseptisé par la critique littéraire, mais tel que ceux qui l'ont engendré auraient souhaité qu'il y fût. Mais il n'y est pas seul, ni même à la première place. Avec lui, autour de lui, il y a les ombres et les lumières de tous ceux qui, de Rimbaud aux surréalistes, en passant par les anarchistes, ont exprimé à travers des idées différentes et même souvent opposées un sentiment commun de refus et de révolte devant la société bourgeoise.

Comme leurs aînés, voici près d'un demi-siècle, les révoltés - les enragés - de la Sorbonne ont manié l'arme de l'ironie corrosive. A travers les choses d'abord. Dans un hall, couchée sur son socle, une nymphe de marbre en témoigne: le front a été affublé d'un pansement de sparadrap, le bras a été entouré d'une bande Velpeau - et la sommeillante créature mythologique s'est métamorphosée en héroïne des barricades, victime de la répression policière. Cependant, les munitions les plus abondantes sinon les plus efficaces sont les mots, les formules. Graffiti ou affiches, les étudiants en ont déployé tout un arsenal. Il y a l'insulte: "Professeurs, vous êtes aussi vieux que votre culture", ou encore "A bas les charognes stalinienne!". Le calembour et les jeux d'assonances: "On ne compose pas avec une société en décomposition", "Vive la communication, à bas la télécommunication!", "Pas de Pasteurs pour les enragés." Les sentences: "Le béton éduque l'indifférence", "Les gens qui travaillent s'ennuient quand ils ne travaillent pas. Les gens qui ne travaillent jamais ne s'ennuient jamais." L'érotisme: "Plus je fais la révolution, plus j'ai envie de faire l'amour!"; "Jouissez sans entrave!".(128) Les mises en garde: "Étudiants, on vous enc...".

A côté de cette floraison désordonnée, les idéologies constituées, si révolutionnaires que soient leurs mots d'ordre, font figure de jardins à la française. La cour de la Sorbonne, où ont surgi les portraits de Mao, de Lénine, de Trotski, de Marx, de Fidel Castro, l'emblème du Vietcong et les drapeaux rouges, a été transformée en une espèce de foire aux partis. Chacun a son stand, où il vend, et même parfois donne, ses brochures et ses journaux: L'Union des étudiants communistes, l'Union des jeunesses révolutionnaires (trotskiste), La Voix ouvrière (trotskiste également, mais en divergence avec la précédente). Du côté des "prochinois", l'U.J.C. marxiste-léniniste et le P.C. marxiste-léniniste se font face, comme deux vases de porcelaine. Les mouvements régionalistes eux-mêmes ont trouvé place dans un coin, en haut de l'escalier, près de la statue de Louis Pasteur, qui porte sur ses genoux les fleurs de lys noires du drapeau breton.

De ce bouillonnement que se dégage-t-il! En premier lieu, assurément, une assez fantastique impression de liberté, et même de tolérance. Tout le monde parle et même parle à la fois, mais aussi tout le monde écoute tout le monde. Les idéologies, les idées, les convictions, sont offertes, exprimées, confrontées - pour la première fois sans doute depuis longtemps - sous le régime de la libre concurrence. (...)

La tolérance, à la Sorbonne, rencontre, il est vrai, des limites. Un ancien combattant peut bien demander la parole pour défendre, tel Lamartine, les mérites du drapeau tricolore. Malgré quelques lazzis, il obtiendra deux ou trois minutes d'attention. Mais nul ne pourrait s'aviser de défendre le régime ou le gaullisme. (...)

Le thème de l'aliénation de l'homme à la civilisation du vingtième siècle et au capitalisme est un de ceux qui sont évoqués lorsque dans la cour, ou sur la place de la Sorbonne, des discussions s'engagent avec des visiteurs ou des passants. Et il rencontre quelquefois écho ...

Est-elle donc si forte la répulsion, consciente ou inconsciente, envers ce que propose le monde d'aujourd'hui?

Michel Legris, **Dada et Marx à la Sorbonne**, dans "Le Monde" du 18 mai 1968, p.4 (extraits).
(C) "Le Monde"

21
Les Gavroches

Le Comité Révolutionnaire d'Agitation Culturelle (C.R.A.C.) a favorisé la formation des groupes de jeunes au-dessous de 20 ans tels **les Gavroches**. Ils s'appelèrent ainsi d'après le célèbre gamin de Paris qui s'est battu sur les barricades dans **Les Misérables** de Victor Hugo. Ils racontent ce qu'ils se proposent de faire et la raison d'être de leur comité. Ils sont tout fiers d'être enfin sortis du silence qu'on leur avait imposé.

Comité révolutionnaire formé spontanément par des jeunes de moins de vingt ans se plaignant de ne pouvoir s'exprimer. Question posée à l'un des leader du comité Gavroche répondant lui-même à nos demandes: - Comment êtes-vous venus à vous rencontrer pour former un comité? - Au départ, nous étions tous isolés et ne pouvions nous exprimer mais nous avions déjà écrit des poèmes et des pièces ainsi que des peintures et d'autres arts. Nous faisions déjà de l'agitation dans nos écoles et autour de nous pour déconditionner les jeunes. - Au départ, un seul élément a adhéré au C.R.A.C. depuis le départ du mouvement, le jour du 13 mai. Depuis, de nombreux membres sont venus se joindre à nous, tous ces camarades ont été averti par la voix des affiches, tracts, car en France, les jeunes comme les autres n'ont pas le moyen de s'exprimer comme ils le veulent.

- A la suite de ceci, ces nombreux camarades ont eu l'occasion de regrouper leurs oeuvres pour une diffusion clandestine mais entièrement au sein de la Sorbonne, puis se faisant connaître, il prend une extension d'un quartier, il s'étend à portée de tout le peuple de Paris et bientôt de la nation, mais, hélas, les moyens de lutte sont encore durs, cependant, un résultat concret ressort de ceci, quelques journaux

et deux chaînes de radio sont très intéressés par ce mouvement.
- De concret, il n'y a pas que des propositions:
- La presse dont trois journaux offrent leur support,
- des spectacles ont été montés par les jeunes du comité Gavroche,
- les résultats de ceci sont époustouflants et le vocabulaire français n'a pas mot pour décrire ces résultats, entre autre des réflexions du public comme:
C'est sublime, c'est époustouflant, sans nom, sensationnel, etc. ... pour ma part, ceci m'a produit un gros effet car les jeunes avaient quelque chose à dire.

Les Gavroches déclarent: Nous ne pouvions jusqu'alors nous exprimer, grâce au comité Gavroche, enfin! Nous pouvons passer aux actes, profitons-en! Enlevons nos complexes, évitons le conditionnement extérieur. Réunissez-vous en comités Gavroche, faites vous connaître par les journaux, la comités Gavroche, faites vous connaître par les journaux, la télévision, affiches, radio, spectacles. Mettez-vous en rapport avec notre comité à Paris.

                              Comité d'action Gavroche
                              Comité révolutionnaire d'agitation culturelle
                              Paris Sorbonne

Collection privée, Paris.

22

Le Comité révolutionnaire d'action culturelle siégeant dans l'Odéon, avait annoncé ironiquement une "vente libre de marijuana" dans les locaux de la Sorbonne. Mais, dans le tract suivant, les étudiants s'en défendent.

AUJOURD'HUI, DISTRIBUTION GRATUITE D'LSD, HASCHISCH, ...

Des flics ont introduit dans le quartier ainsi que dans les Facs du LSD, du KIF, du Haschisch qu'ils distribuent gratuitement et généreusement.

Le but: prouver que les étudiants, les ouvriers en lutte contre le gaullisme et la bourgeoisie ne sont que des irresponsables drogués et non des révolutionnaires.

Nous devons déjouer ces manoeuvres:

- HALTE AUX PROVOCATEURS!
- HALTE AUX FLICARDS CAMOUFLÉS EN DROGUÉS!

    NOUS N'AVONS PAS BESOIN D'HALLUCINOGÈNE POUR NOTRE REVOLUTION!
        LA SPONTANÉITÉ CRÉATIVE DU SOCIALISME NOUS SUFFIT.
            COMITÉ D'ACTION RÉVOLUTIONNAIRE.

C: **Questions administratives**

TEXTE 23 et 24

23
Le statut de l'étudiant

Le texte suivant montre combien les étudiants de Mai semblent avoir souffert de leur position particulière dans la société. Tout en étant des adultes, ils se sentent exclus de la vie politique et pratique; ils se plaignent d'un isolement social qui prolonge la situation de "potache" (argot pour élève) dans laquelle ils ont toujours vécu. En même temps, leurs témoignages font preuve d'une conscience sociale très développée. On peut presque parler d'un complexe de culpabilité envers la population ouvrière qui contribue à financer des études à ses futurs patrons.

Le statut actuel de l'étudiant présente pour lui deux inconvénients
1. Il est irresponsable.
2. Il est isolé.

Pour arriver à un véritable épanouissement un adulte doit exercer des responsabilités dans la société, il doit se sentir utile et accepté par tous. Or le statut social de l'étudiant en fait un être à part.

D'abord il n'a pas de véritables responsabilités dans la société et en souffre du point de vue psychologique. Ses études sont séparées de la vie active; il ne reçoit aucune formation politique.

De plus il apparaît comme un parasite économique, il irrite le travailleur qui a l'impression de payer les études de ses futurs patrons, et cela ne fait qu'accroître son isolement qui a d'autres causes: il est victime en effet de la fausse cloison qui est établie arbitrairement entre ceux qui pensent et ceux qui travaillent. Il est admis en effet que des individus appartenant à une certaine catégorie sociale, celle des travailleurs, soient définitivement mutilés de leurs fonctions intellectuelles. D'autres par contre reçoivent un enseignement hyperintellectualisé qui conduit à un énorme décalage entre une culture artificielle et la réalité sociale. L'université ressemble ainsi à un temple où se retrouverait une caste d'initiés.

Il faut donc tout d'abord reconnaître l'utilité sociale de l'étudiant et le considérer comme un élément actif de la société. Au lieu de rechercher désespérément n'importe quel travail noir qui lui permette de subvenir à ses besoins, l'étudiant doit pouvoir exercer des responsabilités tout en ayant la sécurité matérielle et financière et là se pose le problème de sa rémunération:

Quel type de responsabilité peut être donnée à un étudiant?

Dans son université l'étudiant peut d'abord faire l'apprentissage de certaines responsabilités dans le cadre de l'autonomie et de la cogestion, mais cela ne suffit pas. Habitué à travailler par équipe, l'étudiant aura acquis l'expérience d'une certaine dynamique de groupe, il saura s'exprimer en public. Un étudiant déjà parvenu à un stade avancé dans sa spécialité pourra donc servir à initier des élèves qui débutent.

Mais l'étudiant pourrait être aussi un animateur dans la société, il pourrait servir à encadrer la promotion culturelle des masses. Un élève des Beaux-Arts par exemple, au lieu d'être un produit de luxe aux mains des spéculateurs, pourrait se mettre au service de la cause de l'art pour tous; un élève des sciences politiques pourrait animer des discussions politiques. On peut ainsi construire une université de contestation qui permet de remettre la société globalement en question avec la participation du reste de la population.

Pour rompre l'isolement de l'étudiant et donner un sens à sa participation il faut prévoir une formation complémentaire adaptée qui permette d'entrer à tout moment dans la vie professionnelle. Les contacts avec la vie active doivent être multipliés. Suivant leur spécialité, les étudiants effectueront des stages rémunérés. Ainsi pourra être brisé l'isolement de la culture par rapport aux problèmes réels, la formation sera reliée à la pratique. On peut aussi envisager que des personnes engagées dans la vie active et ayant des responsabilités importantes professionnelles, syndicales ou politiques, viennent beaucoup plus souvent faire des conférences et discuter dans les universités.

A la limite, il doit même ne plus y avoir de séparations entre la fonction de praticien et celle d'étudiant. Tout étudiant doit être à la fois praticien et chercheur et réciproquement tout praticien doit être tout en même temps étudiant et chercheur. L'éducation permanente des travailleurs sous forme de recyclage périodique et le travail des étudiants doivent rompre le barrage artificiellement crée entre étudiants et ouvriers et rétablir entre eux une communauté d'action et de pensée.

Centre de regroupement des
informations universitaires.

24
Cogestion et participation

Pour remédier à l'isolement social dont les jeunes se sont plaints dans le texte précédent, les étudiants veulent assumer des responsabilités dont ils se sentent capables: ils exigent leur participation à l'organisation et à l'administration de l'université. Avec une pareille mesure, on tiendrait compte de la volonté de la base. Ainsi, les révoltés croient pouvoir tracer la voie pour le développement d'une société plus démocratique.

Le désir de l'étudiant d'être considéré comme principal responsable et juge de sa formation implique sa participation dans tous les domaines. Celle-ci s'étend aussi bien à la vie extrascolaire qu'à l'enseignement lui-même:

- dans les campus;

- dans les activités culturelles, syndicales, politiques, sportives ...;
- dans tout ce qui concerne l'enseignement.

Dans chacun de ces domaines, la cogestion doit être envisagée à tous les niveaux: l'objectif principal est une participation active de la base, corps enseignant et élèves.

L'université doit fonctionner avec l'accord de tous ses membres. La cogestion est surtout l'institution d'un dialogue où chaque partie accepte la critique et la contestation des autres. Ce dialogue ne doit pas donner lieu à des affrontements mais permettre la conciliation pour trouver des solutions acceptées par les diverses parties. La recherche de l'unanimité est la règle générale et le vote n'intervient que dans les cas extrêmes.

Nous nous plaçons en effet en régime permanent: nous supposons donc que les étudiants, le corps enseignant, la direction, admettent une véritable cogestion sans chercher à accaparer le pouvoir. Dans ce cas, il ne peut y avoir de conflits systématiques entre les différentes parties en présence.

Dans cette optique, nous avons conclu à la nécessité de la représentation paritaire bipartite au sein d'un organisme de cogestion. Cette solution permettra d'éviter, en cas de conflit, un recours facile au vote qui, au lieu d'amener à une solution de compromis, admissible par tous, imposerait la volonté d'une des parties intéressées. Il est à préciser ici que les étudiants doivent avoir des responsabilités véritables et donc un rôle délibératif dans tous les organismes de cogestion.

D'autre part, pour assurer l'efficacité de tels organismes, il est nécessaire que le plus grand nombre de décisions puissent être prises au niveau de la base. Il faut donc dissocier les grandes options des modalités. Il s'agit de créer des structures qui s'adaptent à ces principes de base mais il faut d'abord éviter que ces structures ne deviennent rigides et donc inadaptées dans un avenir plus ou moins proche. Il faut donc prévoir l'éventualité de leur remise en cause périodique, ce qui leur permettra de s'adapter en évoluant. De plus ces structures doivent permettre à l'université de s'ouvrir sur l'extérieur: celui-ci dispense en effet une formation professionnelle et culturelle constamment adaptée et elle se doit donc d'être en liaison plus étroite avec la vie de la cité, industrielle, culturelle, sociale et politique. Les structures actuelles interdisant une réelle participation des étudiants, il est nécessaire de faire table rase de tout ce qui est.

Extrait du rapport final des commissions inter-grandes Ecoles de Nancy, juin 1968.

"L'UNIVERSITE C'EST LE BANC D'ESSAI DE LA PARTICIPATION"

EN L'ABSENCE D'UNE NOUVELLE PRATIQUE, PAS DE SAVOIR NOUVEAU

Affiches de Mai

Manifeste universitaire de Mai 68

TEXTE 25

Le texte suivant exprime les idées principales de la révolte étudiante. Il contient la critique et les propositions des étudiants et démontre par là que la contestation universitaire n'est pas exclusivement négative. Les étudiants exigent l'autonomie des universités, leur démocratisation par la participation étudiante, le droit à la contestation. Il est révélateur de l'esprit des jeunes d'alors qu'ils essaient de donner une nouvelle dimension aux institutions universitaires en y introduisant la notion des "libertés syndicales et politiques" et en refusant les établissements d'enseignement supérieur privés comme étant incompatibles avec une véritable démocratie. Les étudiants transposent ainsi les formes et les principes des luttes sociales de la vie économique dans le domaine théorique de l'université restée apolitique jusqu'alors. En dehors de ces points dont on peut discuter et qui n'ont pas cessé d'être controversés(129), les étudiants ont proclamé des idées qui ont été adoptées dans l'après-Mai: la décentralisation, la pluridisciplinarité, l'ouverture de l'université sur la vie pratique et ses nouvelles fonctions comme la formation permanente et le recyclage.

25
Que veulent les étudiants?

Les étudiants en Droit et en Sciences économiques de Paris veulent expliquer l'action qu'ils mènent dans le cadre du mouvement de contestation et qui, contrairement à ce que certains veulent faire croire, s'étend de jour en jour.

Ils n'ont pas été à l'origine du mouvement; ils ne l'ont pas simplement suivi; ils sont dans le mouvement. Ils sont solidaires du mouvement de contestation qui réveille aujourd'hui la civilisation du tiercé, des gadgets, des ordonnances, de l'ennui et de la télévision rassurante, mais aussi des bidonvilles, des chômeurs que chacun fait semblant d'oublier. Cette explication apparaît d'autant plus indispensable que le pouvoir gaulliste met tout en oeuvre pour déformer les faits et le mouvement ouvrier-étudiant amplifiés par la répression.

Pourquoi ces mensonges? Pourquoi cette répression? La réponse tient dans le mot **contestation**.

- Sur le plan universitaire, les étudiants contestent la culture déjà morte qu'on veut leur imposer. Ils refusent une université qui fabrique des irresponsables parce qu'elle refuse toute responsabilité et tout pouvoir aux étudiants. Ils refusent une université qui met la contestation au rang des obscénités, qui considère la contestation comme immorale et incongrue.

- Sur le plan économique: ils contestent avec les travailleurs les structures actuelles parce qu'elles nient toute responsabilité et tout pouvoir aux vrais responsables: les travailleurs.

- Sur le plan politique: les étudiants refusent le choix imposé d'en haut par un vieillard encadré de banquiers, de flics, de technocrates et de rêves planétaires délirants. Le pouvoir gaulliste ne peut pas accepter la contestation car il en est la négation. Il essaie de diviser la France en deux. Tous les moyens lui sont bons: la peur qu'il propage, le mensonge qu'il légalise, la répression qu'il organise "scientifiquement". Le pouvoir cherche à créer une nouvelle race: celle des "bons Français".

Les étudiants refusent l'université réactionnaire et contestent au chef de l'État:

- le droit de s'approprier la Nation contre le Peuple,
- le droit d'imposer le choix entre la répression et la dictature,
- le droit d'assimiler la grève, liberté fondamentale, à une subversion.

Non contents de contester, les étudiants proposent:

- une université également et effectivement ouverte à tous,
- une université respectant les libertés politiques, syndicales et culturelles,
- une université totalement indépendante du pouvoir politique.

Nos propositions sont réalisables, notre contestation est plus qu'un refus purement négatif.

Extrait d'une publication du comité de grève de la faculté de Droit et des Sciences économiques de Paris, Collection privée, Paris.

D: La Sélection

TEXTES 26 et 27

> Quand une institution rejette les deux tiers des étudiants qu'elle a pris en charge, ou bien l'enseignement est mauvais ou bien les étudiants ne sont pas à leur place.
>
> **(Graffiti dans la Faculté des Sciences)**

Un des points particulièrement susceptibles de critiques a été le système des examens universitaires. Les étudiants ont mis le doigt sur le côté douteux surtout des concours, en attaquant l'idéologie élitaire et le fait que les qualités requises ne correspondent pas toujours aux exigences de la vie pratique. Les jeunes considèrent donc les examens dans leur contexte social. Au lieu de sélectionner les candidats, les examens, transformés en contrôle continu au cours des études (texte 26), devraient assurer de meilleures chances de promotion au plus grand nombre. Pour eux, transformer les examens de la sorte, serait changer l'ordre hiérarchique et faire un pas en avant vers l'égalité.

La question des examens a été aussi un problème existentiel qu'il fallait résoudre immédiatement pour que les étudiants ne perdent pas une année entière d'études. Les examens avaient été terminés, dans quelques cas, avant les événements, les autres avaient été interrompus et, en majorité, reportés au mois de septembre. A Nanterre, on s'était mis d'accord pour valider l'année d'études sur examen du dossier (Dansette, **Mai 1968**, p.663).

Les prises de position des étudiants sont très variées. En général, ils traitent ce problème crucial avec beaucoup de réflexion et des jugements très nuancés. Il y en a d'autres, plus radicaux, qui refusent tout compromis et exigent la suppression des concours et le boycott immédiat de tous les examens comme "une arme pour obtenir la démission de ministres responsables des brutalités exercées sur la jeunesse".(130) La plupart des étudiants se prononcent contre un boycottage et cherchent à réaliser l'idéal d'une "contestation créatrice".(131)

26
Organisation future des études et leurs contrôles

1. Contre le principe de la sélection et du bachotage. Suppression des examens dans leur forme traditionnelle.
2. Pour un contrôle permanent du travail par les professeurs et les étudiants.

Cela suppose:

a) la possibilité pour tous de déterminer précisément l'objet de leur travail; contrat d'enseignement établi en début d'année par des commissions paritaires d'étudiants et d'enseignants selon le niveau et les disciplines qui détermineront un éventail de thèmes et de travail.

b) Un encadrement important des étudiants et, par conséquent l'augmentation du nombre des "enseignants" par l'association, en particulier, à ce système des assistants et des étudiants les plus avancés qui instaureront une collaboration constante entre étudiants et enseignants.

Extraits des procès-verbaux des réunions des Commissions des examens de la Sorbonne, des 13 et 14 mai 1968 (reproduits aussi dans "Partisans", Paris, mai-juin 1968, no.42, p.52 s.)

27

Examen et fonction sociale du diplôme

1. Relation entre savoir et pouvoir.

Il n'est pas possible d'aborder sérieusement le problème des examens sans mettre en cause le système des diplômes, et sans critiquer la hiérarchie sociale. Cette hiérarchie se symbolise à l'université par la délivrance des diplômes. L'existence des diplômes avertit l'étudiant que les places dans la société sont chères et que les premiers rangs seront réservés. Réservés à qui? A ceux qui ont traversé les multiples barrages mis en place dès l'école primaire par les classes dirigeantes pour filtrer ses élites. On ne pourra donc résoudre réellement et au fond le problème des examens sans une modification des critères qui établissent cette hiérarchie, et cela suppose le remplacement complet de l'idéologie dominante. Les solutions réelles au problème des examens sont subordonnées à l'établissement d'une nouvelle société.

2. Examens et sélections.

Les examens traditionnels jouent un rôle important dans le mécanisme de sélection-élimination sur lequel est basé la reproduction des couches dirigeantes. Il est clair en effet que les critères de sévérité des examens, loin d'être objectifs, dépendent fortement de la loi du marché qui règne à l'intérieur comme à l'extérieur de l'université. On reçoit beaucoup d'étudiants quand il y a des postes et des emplois à pourvoir ou des places dans les amphithéâtres, peu dans le cas contraire.

A ceci vient se greffer, dans les matières littéraires en particulier, une sélection idéologique qui s'exerce par le biais des sujets proposés, et des critères de correction, qui se réfèrent à la culture dominante.

Dans cet ordre d'idée, les examens et les concours actuels s'inscrivent dans le cadre d'un élitisme déguisé. Ils en possèdent la plupart des défauts, sans en avoir toutes les qualités. En effet les examens et les concours présentent l'apparence d'un mode de recrutement démocratique. Mais les études sociologiques montrent qu'en réalité ce sont les enfants des classes les plus favorisées qui y réussissent.

D'autre part ils prétendent sanctionner le mérite et la compétence, alors que l'on a pu prouver que, pour un certain nombre d'entre eux en tout cas (l'agrégation en particulier), ils constituaient un exercice formel ne mettant pas toujours en oeuvre les aptitudes réclamées dans la vie réelle.

3. Aspect répressif des examens traditionnels.

L'aspect répressif des examens conditionne et aliène le travail des étudiants et des enseignants. Il constitue l'un des facteurs qui fausse le rapport étudiants - enseignants et oblige les uns et les autres à se situer en fait sur des positions de force.

Il s'oppose comme toute mesure comminatoire, à la créativité et à la responsabilité des étudiants. Il les empêche de s'exprimer en dehors d'un certain conformisme. Enfin il exalte la recherche du succès individuel et encourage une certaine forme de compétition qui favorise les meilleurs. Le système des examens et des concours actuels s'inscrit dans le cadre de l'idéologie de l'élite.

4. Perspectives futures.

On a déjà dit que la résolution réelle du problème des examens est liée à la révolution sociale.

Dans une société où la hiérarchie des salaires aurait été comprimée et où les rapports sociaux ne seraient plus soumis au mode de production capitaliste et à la bureaucratie, les examens peuvent jouer leur rôle d'autocontrôle des aptitudes et de mécanisme d'orientation.

Dans l'hypothèse du maintien des structures sociales actuelles, un certain nombre d'aménagements doivent être apportés aux examens. Ces aménagements, répétons-le, ne résolvent en rien le problème au fond, mais permettraient de limiter un peu leur rôle castrateur. Diverses solutions ont déjà été élaborées.

Extrait du rapport S.N.E. - sup., comité de grève de la faculté de la Halle-aux-Vins, Paris, mai 1968.

E: Prises de position professorales

TEXTES 28 et 29

Le refus de l'université traditionnelle ne s'est pas limité aux seuls étudiants mais a entraîné aussi les enseignants et a provoqué des prises de position diverses parmi lesquelles nous avons fait un choix. Dans son article écrit en juin 1968 (texte 28) Sartre prend le parti des rebelles et exige l'abolition du système de sélection en récusant violemment l'opinion de Raymond Aron. Celui-ci a nié le droit à la contestation pour les étudiants (ci-dessus, p. 76) et s'est prononcé pour une sélection raisonnable. La lettre ouverte du professeur latiniste de Tours (texte 29) souligne le caractère spécifique de la recherche qui, par son essence même, exclurait une politisation générale. Ce document montre l'effet positif du mouvement de Mai, car il est un geste qui exprime la disposition de l'enseignant d'ouvrir un dialogue avec ses étudiants.

28

C'est cela, l'enseignement incontrôlé et incontrôlable qu'on nous donnait et qu'on nous donne encore aujourd'hui. C'est pourquoi il est nécessaire que des étudiants, non seulement de l'année d'étude en cours, mais de l'année suivante, soient là pour, au besoin, corriger une erreur, compenser un mouvement d'humeur, et que le professeur sache qu'il est jugé en même temps qu'il juge. Tout est là: si celui qui juge n'est pas lui-même jugé, il n'y a pas de vraie liberté. [...] C'est le système actuel de sélection qu'il faut supprimer. Et ce n'est pas impossible, comme le prouvent les progrès qui ont été faits dans la lutte contre une sélection autrefois considérée comme "naturelle": celle - par le bas - des enfants attardés. Il y a trente ans, quand on avait un enfant attardé, on le mettait à Ville-Evrard, ou à la campagne; il était définitivement hors course, mais il ne retardait plus que les autres enfants. Aujourd'hui on a mis au point des techniques de rattrapage qui permettent de réintégrer à la société la moitié au moins des enfants retardés. Et cela parce qu'on a changé d'optique. Au lieu de penser en termes d'élite et de dire à l'enfant: "Toi, tu n'en feras jamais partie, tu es un petit sauvage", on lui dit: "Toi, tu es un homme, la culture t'appartient, tu peux travailler avec les autres." Et quand on sait l'aider, il y arrive. A un autre niveau, c'est exactement la même révolution qu'il faut faire à l'Université. Il faut que les enseignants se donnent pour tâche non plus de repérer parmi la masse de leurs étudiants ceux qui leur paraissent dignes de s'intégrer à une élite, mais de faire accéder la masse tout entière à la culture. Cela suppose évidemment d'autres méthodes d'enseignement. Cela suppose qu'on s'intéresse à tous ses étudiants, qu'on essaie de se faire comprendre de tous, qu'on les écoute autant qu'on leur parle. Cela suppose qu'on ne considère plus, comme Aron, que penser seul derrière son bureau - et penser la même chose depuis trente ans - représente l'exercice de l'intelligence. Cela suppose surtout que chaque enseignant accepte d'être jugé et contesté par ceux auquels il enseigne, qu'il se dise: "Ils me voient tout nu". C'est gênant pour lui, mais il faut qu'il en passe par là s'il veut redevenir digne d'enseigner.

Jean-Paul Sartre, **Les Bastilles de Raymond Aron**, dans "Le Nouvel Observateur" du 19 juin 1968, reproduit dans **Situations VIII, Autour de 68**, Paris 1972, pp.190-192.
(C) Editions Gallimard

29

Je voudrais écrire à chacun d'entre vous une lettre personnelle. Mais les latinistes dont j'ai la responsabilité sont plus de 500.

Nous venons de traverser des semaines pénibles. Notre année universitaire était presque achevée au moment où les "événements" ont commencé. Il importe que vous n'en perdiez pas le bénéfice. Des aménagements très raisonnables ont été apportés aux examens, qui vous permettront de les aborder sans appréhension. Je continue à venir à Tours chaque semaine, mais je vois trop peu d'entre vous. Je reste, naturellement, à votre disposition, soit directement, soit par correspondance, pour envisager vos problèmes particuliers, regrettant, une fois de plus, que vous ne m'en ayez pas suffisamment parlé en cours d'année. Mais il importe surtout que nous préparions la prochaine rentrée, même si beaucoup d'incertitudes subsistent sur les moyens qui seront mis ou laissés à notre disposition. Pour rendre plus fructueuses les discussions que nous devons avoir avec vos représentants, je souhaite que vous m'adressiez, anonymes ou non, des suggestions, des critiques mêmes sur la conception des cours, des examens, de votre formation en général, afin d'y répondre le mieux possible le moment venu. Vous trouverez dans le n° 2 de notre Bulletin qui devait sortir à la rentrée de Pâques, mais a été retardé par les grèves, les conclusions d'une réflexion collective des professeurs de la section sur les conditions et les difficultés de leur enseignement.

Il y a un point en tout cas que je tiens à souligner nettement, devant vous et devant vos familles: vos maîtres n'ont pas à se substituer à vos parents et n'ont pas vocation pour faire, à la faculté, votre éducation politique. J'ai été amené à prendre très fermement position à l'assemblée de faculté contre une politisation quelle qu'elle soit, de l'Université. Nous ne pouvons poursuivre, ensemble, des travaux intellectuels sans une atmosphère de sérénité et je vous mets en garde contre les démagogies et les surenchères. Les étudiants et les professeurs ne sont pas des ouvriers et des patrons discutant sur des concessions d'avantages matériels, mais sont engagés dans une entreprise spirituelle et désintéressée ayant pour but d'abord l'acquisition de certaines méthodes de travail et de certaines connaissances, puis, si possible, au moment où les étudiants sont en possession des moyens de découvrir eux-mêmes, une poursuite commune de la Vérité. Cet esprit de recherche est fondamental pour la définition des facultés dans la compétition scientifique internationale, à laquelle nous devons toujours nous référer si nous voulons que survive un certain esprit français. Gardons-nous de toute "secondarisation" de la faculté.(132) Il n'est pas d'enseignement supérieur valable sans cet esprit de recherche. Ayons aussi conscience du fait que la crise actuelle ne peut qu'accentuer la menace qui pèse sur les études anciennes.

Considérant donc que l'essence même de l'Université réside dans le libre examen et l'esprit critique individuel, mais appuyé sur une spécialité longuement acquise et une compétence reconnue par des pairs français ou étrangers, notions auxquelles la simple confrontation scientifique internationale obligera tôt ou tard à revenir, et bien persuadé que vous êtes tous parfaitement capables de distinguer entre ceux qui vous sont réellement dévoués et ceux qui ont choisi la voie d'une démagogie dictée par les circonstances, ouvert par ailleurs depuis mon arrivé à Tours au dialogue avec les étudiants, que ce soit en cours d'année ou pendant les vacances à l'occasion de voyages d'étude et de chantiers de fouilles, j'affirme avec force que je n'entends recevoir aucune directive pédagogique de la part de militants syndicalistes ou politiques, à quelque parti qu'ils appartiennent; et j'estime de mon devoir de vous mettre en garde une fois de plus contre toutes les pressions et les entraînements moutonniers, dont les conséquences seraient ruineuses pour l'intelligence française et européenne.

Je reste jusqu'à nouvel ordre chef de la section de latin et j'entends, vis-à-vis de mes collègues et des étudiants, assumer toutes mes responsabilités de professeur, mais celles-là seulement, à la faculté.

> R. Chevallier, ancien élève de l'Ecole normale supérieure, ancien membre de l'École française de Rome (18 juin 1968).

(Reproduit aussi dans A. Schnapp, P. Vidal-Naquet, **Journal de la Commune étudiante**, Paris 1969, pp.542-543.

F: Le Mouvement lycéen

TEXTES 30 et 31

Le mouvement de contestation dans l'enseignement secondaire, (133) massif à partir du 10 mai, avait commencé bien avant. C'est dans les années 1966-1967 que se formèrent les Comités Vietnam national et les Comités Vietnam de base qui, très vite, s'implantèrent aussi dans les lycées. Le 13 décembre 1967, les élèves de plusieurs lycées parisiens votèrent la grève contre la réforme Fouchet, mesure que le proviseur du lycée Rodin à Paris déclara sans valeur parce que, selon lui, les lycéens, en tant que mineurs, n'avaient aucun autre droit que de "se soumettre aux règlements".(134) Le 27 janvier 1968, il y eut une manifestation devant le lycée Condorcet de Paris, où 500 lycéens protestèrent contre l'exclusion d'un de leurs camarades, Romain Goupil, militant du Comité Vietnam national. L'écho du mouvement lycéen dans le corps enseignant a été bien divers. Une minorité de professeurs, composée surtout de communistes et de socialistes, prennent entièrement le parti des élèves, se joignent aux comités de liaison et élaborent des projets de réformes. Les militants parmi les élèves sont peu nombreux, mais, vu l'extension du mouvement, jouissent d'une vaste sympathie. Le désaccord le plus grave existe entre les élèves et les parents.(135)

Le texte décrit l'atmosphère de la prise du pouvoir lycéen telle qu'elle a été ressentie par un élève non-militant. Les expositions du Comité d'Action Lycéen Decour montrent que les élèves ont fait des réflexions sérieuses sur l'école à créer (texte 31). Beaucoup de leurs projets - la modification des programmes, l'introduction des matières nouvelles comme l'instruction civique et l'éducation sexuelle, la création de clubs etc. - ont été réalisés entretemps. D'autres idées comme celle d'un encadrement individuel des élèves s'avèrent irréalisables dans l'institution scolaire.

30
La Prise du pouvoir lycéenne
Témoignage d'un élève de la banlieue parisienne

C'est difficilement explicable. J'étais à Sceaux le jeudi 9 mai. On commençait à s'intéresser à la politique et à discuter, mais très froidement. Il y avait des gars des Jeunesses communistes, des Jeunesses socialistes unifiées et quelques indépendants, dont moi. On a fait une discussion dans un troquet et, à la fin de la discussion, comme ça, on a décidé qu'on allait faire un tract pour inviter à une manif dans le lycée à dix heures, le lendemain matin. A huit heures on a distribué le tract, à dix heures il y avait des gars qui lançaient des slogans. Alors les gars du lycée sont venus voir: c'était l'événement, et les gars ont commencé à descendre le couloir jusqu'à la porte. Il y avait les surveillants généraux devant la porte, on est passé devant eux en gueulant et on a crié: "A Marie-Curie, à Marie-Curie!" On allait presque entrer chez les filles. Vraiment les gars étaient bouche bée, ils ne comprenaient pas, c'est nous qui avions tout décidé, nous qui avions fait imprimer les tracts, et tout ça, on se retrouvait en queue de manif, on était complètement largués. Il n'y avait pas un gars qui avait décidé la manif qui était à la tête. On était complètement béats de voir que le lycée Lakanal allait entrer dans le lycée Marie-Curie. Depuis la sixième on parlait de mixité et de trucs comme ça, c'était vraiment le truc impossible, des rêves de gosses, etc. Et là, c'était vraiment l'ahurissement devant la force qu'on représentait quand même. Finalement il n'y a eu qu'une délégation qui est entrée à Marie-Curie et on est resté devant, les filles qui gueulaient, qui sautaient par les fenêtres, qui criaient: "Enfoncez les portes ..." Au lycée on était maîtres des locaux. Ça a été une impression de surprise, quand on a pris le téléphone et tout ça. Une surprise, un enthousiasme. Mais ce n'est pas tellement fort finalement; ensuite on essaie de penser ça, de s'y habituer, de l'exploiter. Pour moi, je suis assez facilement blasable (sic), mais il y avait des gars c'était vraiment un enthousiasme délirant. Pour moi je considérais ça comme normal, malgré que j'étais pendu à la radio, j'allais à toutes les manifs, etc. Si, si! au début ça a été l'enthousiasme délirant, quand on a vu cinq mille types, c'était formidable, on n'avait jamais vu ça. Mais au bout de quelques manifs, j'ai pigé petit à petit. On s'est installé là-bas, on a créé une vie, les gars couchaient en permanence au lycée, on faisait même des veilles de nuit dans le parc, des minettes venaient faire les dactylos. Moi, j'étais permanent. La seule chose intéressante, c'était les discussions philosophiques avec les copains. Les assemblées générales, on s'en foutait un peu et, à la fin, on en avait marre. Mais après ça on a ressenti le besoin d'une action étant donné qu'on s'apercevait de plus en plus de la répression. Alors que, avant, regarder la télé ça ne me faisait ni chaud ni froid, maintenant on a envie de prendre un révolver et de foutre une balle dedans. Au début de la grève il y avait quatre à cinq cents gars dans le lycée, à la fin il y en avait une trentaine. Au début personne n'était vraiment convaincu et enragé, à la fin les trente gars qui restaient c'était vraiment des enragés. Il n'y a pas de problème, des enragés au point de vue que c'était des gars qui ressentaient profondément cette répression et qui recherchaient une action. Mais il y a eu très peu d'action. Pourtant le samedi 10 mai, on a fait une manif à travers Antony. On était à peu près cinq mille, Marie-Curie, Lakanal, Chatenay, Antony, tout ça. C'était vraiment le truc monstre dans les rues d'Antony. Là je me suis vraiment rendu compte que si on voulait, il y a une préfecture, si on voulait, la préfecture, il ne restait plus rien. C'était tout ras, avec le nombre de gars qu'on était on aurait pu mettre le feu complètement, tuer je ne sais combien de personnes, je me suis rendu compte de la puissance qu'on avait, ça m'a foutu un choc.

Cité d'après Gérard Vincent, **Les Lycéens**, Paris 1971, p.322.
(C) Presses de la Fondation Nat. des Sciences politiques.

31
Pour un nouveau lycée

Critique générale de l'enseignement secondaire

Les élèves du lycée rejettent en bloc le système actuel basé sur une sélection et une spécialisation à tous les niveaux, ne favorisant en aucune manière le libre développement de l'individu: le but avoué de cet enseignement est de nous intégrer dans une société basée sur une stricte hiérarchisation. La sélection actuelle repose sur une ségrégation sociale et sur les besoins de l'économie capitaliste; cette spécialisation précoce et arbitraire vise au conditionnement de l'individu et à l'acceptation par celui-ci du système. (...) De plus, les programmes trop chargés, le bachotage, la sclérose d'un certain nombre de professeurs éliminent la contestation et la discussion, l'esprit d'initiative.

Nous remettons en cause la gestion unilatérale du lycée. L'organisation des horaires et de la vie au sein des établissements de l'enseignement secondaire est à revoir totalement, tout particulièrement la généralisation de la mixité.

But et sens de l'enseignement secondaire

Pour nous, le premier principe qui doit régir l'enseignement est un principe de justice: les élèves ne doivent trouver d'autre limitation que celle de leurs aptitudes. L'enseignement doit donc offrir à tous d'égales possibilités de développement, ouvrir à tous l'accès de la culture. Pour développer et étayer les aptitudes propres à chaque élève, nous proposons un système original exposé plus loin.

L'éducation devra se fonder sur l'étude objective de chaque individualité. D'autre part, le droit à un développement complet implique certaines conditions éducatives: en particulier, l'effectif des classes ne doit en aucun cas dépasser 25.

Système par niveaux

Le problème de l'orientation scolaire et professionnelle est le problème central de la réforme qui s'avère aujourd'hui indispensable. Nous avons donc étudié un projet qui répond à cette question en adaptant l'enseignement aux besoins nouveaux, aux connaissances nouvelles, au volume toujours croissant des connaissances. (...) Selon ce projet, la structure de l'enseignement aurait pour base non plus la classe mais le niveau de connaissance. Chaque élève suivrait, dans chaque discipline, les cours correspondant au niveau qu'il a atteint effectivement. (...)

Il est une question qu'on ne pourra manquer de poser: n'allons-nous pas dans le sens du cloisonnement rigoureux entre les disciplines, de l'émiettement des connaissances que nous reprochons déjà au système actuel? Ne favorisons-nous pas la tendance à une spécialisation prématurée, étroitement utilitaire, au détriment de la formation générale si désirable pour tout individu? Bien au contraire, dans le système que nous préconisons, il n'existe pas de spécialisation prématurée ou de choix irrévocable. Tout élève ne présentant pas de trouble physique, mental, psychique, entre dans l'établissement unique de l'enseignement secondaire; il y suit des cours, des matières traditionnellement enseignées au lycée, ainsi que ceux d'un certain nombre de disciplines manuelles, techniques et artistiques. Il progresse plus rapidement dans les matières qui l'intéressent: la spécialisation se dessine d'elle-même au cours des études; on peut alors parler d'auto-orientation. (...)

Il est nécessaire de repenser les programmes dans la perspective du système proposé, particulièrement pour certaines disciplines (littérature française, histoire, sciences par exemple). Afin que ceux qui arrêteraient d'étudier une matière au niveau 4 ou 5 n'ignorent pas complètement une partie du programme, il faudrait qu'à différents niveaux on puisse embrasser l'ensemble des connaissances, de façon élémentaire aux niveaux inférieurs, de façon plus approfondie aux niveaux supérieurs: pas de programmes limités chronologiquement à chaque niveau.

Le baccalauréat actuel, malgré les nombreuses retouches superficielles qui lui sont sans cesse apportées, ne reflète pas le plus souvent la valeur d'un élève et le travail de ses sept années d'études secondaires, mais teste les connaissances hâtivement acquises en quelques semaines de bachotage; l'ampleur excessive des programmes et les méthodes d'enseignement périmées rendent cette pratique inévitable: dans le système par niveaux c'est une notion inexistante. En effet, les études secondaires n'y sont sanctionnées par aucun examen: à la fin de la dernière année, pour chaque discipline, l'élève se voit décerner – suivant des modalités qu'il faudra préciser – un Certificat d'Aptitude au niveau qu'il a atteint à ce moment; l'ensemble de ces certificats constitue un baccalauréat personnalisé, reflet fidèle des capacités de chaque individu.

Il y a ensuite des propositions concrètes concernant l'emploi du temps, la nouvelle organisation des cours, la notation et les problèmes spéciaux des diverses matières: le Français, les Mathématiques, l'Histoire et la Géographie, les Langues vivantes, les Sciences naturelles, la Philosophie, le Latin, les Sports et les matières artistiques. Les élèves proposent d'introduire l'Instruction civique et l'Éducation sexuelle:

Contrairement à ce qui se passe aujourd'hui, l'instruction civique ne devra pas être négligée: cet enseignement sera obligatoire pendant toute la durée des études. (...) Le lycée est laïque; cela ne signifie pas qu'il soit neutre. Les élèves ne doivent pas ignorer les notions politiques de base; chacun doit pouvoir acquérir la connaissance objective des principales théories, de façon à être en mesure de s'engager politiquement – ce qui est nécessaire – en toute connaissance de cause. De même, pour éliminer les causes de l'intolérance religieuse, qui provient en grande partie de ce que la plupart des gens ne connaissent, et souvent mal, que leur propre religion, des conférences et des débats devront faire connaître aux élèves les grandes idéologies religieuses.

Les problèmes physiologiques, abordés dans la rubrique "Sciences naturelles" ne forment pas à eux seuls l'ensemble de l'Éducation sexuelle. Il existera donc un cours spécifique obligatoire d'éducation sexuelle à partir du niveau 5 qui traitera des problèmes sociologiques, moraux, psychologiques et enfin philosophiques de la sexualité. Ces cours pourront s'inscrire dans les activités de clubs et laisser une large place à des conférences données par des spécialistes (de médecine, de psychologie, de génétique, etc.). Cette nouvelle discipline, ainsi que la mixité dès l'école primaire, permettra d'éviter les refoulements nés de la ségrégation et de l'ignorance sexuelle.

> Le Livre Blanc des élèves finit sur plusieurs propositions concernant le nombre des élèves par classe, l'aménagement des salles de classe, la création des clubs et l'organisation et la gestion des établissements scolaires.

Livre Blanc du Comité d'Action Lycéen Decour, Paris, Collection privée, Paris.

G: La Révolution culturelle

TEXTES 32 - 34

La **révolution culturelle**, dans le sens vaste du mot, implique une transformation radicale de tous les domaines de la vie - théoriques et pratiques, individuels et collectifs. Le texte présente un choix de maximes plus ou moins provocatrices dont l'étendue et la diversité traduisent la prétention des révolutionnaires à un changement total de la vie. Le droit à la fête et au jeu y est contenu, ainsi que la revendication de l'autonomie et de la majorité intellectuelle, politique et sociale des jeunes. Il importe de souligner le refus des dogmatismes: la proposition 42 exige la disparition des drapeaux idéologiques et la proposition 18 vise l'image d'une entente cordiale entre les générations. Toutes ces thèses ne sont pas sans rappeler le modèle déjà cité de la société harmonieuse inventée et décrite en détail par le socialiste utopique Charles Fourier (p.48). Ce texte a été élaboré par le Comité d'action étudiant **Nous sommes en marche** dont nous avons déjà présenté une déclaration concernant la révolution sexuelle (p.54ss.). Le texte du C.R.A.C. de la Sorbonne concrétise quelques-unes de ces maximes et propose une campagne d'occupation de toutes les institutions culturelles pour mettre en pratique la révolution culturelle (texte 33). Suivant la tradition de la critique sociale du XIXe siècle, le texte 34 attaque le travail mécanique qui détruit le bonheur des hommes. Un grand nombre des écrits de Mai traitent ce problème: ils vont parfois jusqu'à demander l'abolition non seulement du travail aliénant mais de tout le travail pour exiger franchement le droit à la paresse.(136)

32
La Révolution culturelle bouleverse la vie quotidienne

1. Nous vivons une période prérévolutionnaire. Une période prérévolutionnaire est celle qui voit la naissance d'une nouvelle idéologie: celle-ci reste à créer.

2. Les utopistes sont ceux qui croient qu'en se contentant de changer les structures sociales, on changera l'esprit des hommes.

3. Toute lutte critique est politique, la politique critique n'est ni courage ni débauche, elle est un simple devoir.

4. Que toute personne se laisse emporter par son enthousiasme, sans se sentir coupable, pour réapprendre le sens de l'humain.

5. Prendre dans ce qui existe tout ce qui est bon et qui a été défiguré.

6. Que les professeurs reviennent trouver dans l'éducation les satisfactions qu'ils vont souvent chercher en vain dans les congrès, ou ailleurs. (...)

8. La majorité intellectuelle, politique et sociale des jeunes est instituée. (...)
10. Nos structures psychiques sclérosées et archaïques doivent se saborder pour céder la place à l'imagination d'un monde nouveau. (...)
13. Toutes les notions existantes sont périmées et à repenser. (...)
17. Seule l'autonomie véritable permet la créativité.
18. La notion de conflit de génération doit disparaître du monde: elle n'est qu'un maquillage de la lutte pour le pouvoir.
19. Que les "pères" jouent leur rôle de "père" et la révolution sera évolution.
20. Toute personne qui considère l'émotion comme étrangère à la pensée logique doit se défaire sur le champ de cette vision idéaliste.
21. Toute création part d'une émotion vécue. (...)
25. Les hommes des institutions en place - celles du pouvoir, comme celles de l'opposition - doivent continuer d'expédier les affaires courantes: ils doivent fournir le pain quotidien: demain nous le ferons pour eux et nous leur donnerons la culture en plus.
26. Tous ceux qui ne sont pas chargés d'expédier les affaires courantes doivent se défroquer, descendre dans la rue, et remettre en cause leurs méthodes de pensée.
27. Manger et se reposer chaque jour.
28. Il faut discuter partout et avec tous.
29. Etre responsable et penser politiquement appartient à tous: ce n'est pas le privilège d'une minorité d'"initiés".
30. Qu'on ne s'étonne pas du chaos des idées: il ne faut pas en sourire: il ne faut pas s'en moquer ou s'en réjouir: c'est la condition d'émergence des idées neuves.
31. Que les "pères" du régime comprennent que l'autonomie n'est pas un mot creux: elle suppose le partage du pouvoir, c'est-à-dire son changement de nature.
32. Que personne ne cherche à mettre une étiquette au mouvement actuel, il n'en a pas, il n'en a pas besoin: le mouvement se crée de lui-même avec tous ceux qui viennent le rejoindre en laissant chez eux tout ce qu'ils ont cru jusqu'à présent. (...)
38. Pour réapprendre à penser, sabordons-nous en tant qu'individus conditionnés par une classe.
39. Jouez! (...)
41. Que le goût des fêtes nous revienne.
42. Le drapeau rouge peut mourir. Le drapeau noir aussi. Que les peintres nous inventent mille drapeaux qui symbolisent la recherche, l'effort, la révolution intérieure, l'enthousiasme, l'invention.

43. Que les musiciens et poètes fassent de nouvelles chansons.
44. Que l'on invente de nouvelles vacances pour cet été afin de ne pas interrompre le mouvement. (...)
47. A partir de la créativité de chacun une nouvelle culture et une nouvelle idéologie seront fondées. Le nouveau manifeste qui en sera l'émanation sera une fusion perpétuelle grâce à la contribution personnelle de chacun.
48. La grève est levée. L'université critique et l'entreprise critique ont déjà commencé. Les comités de grève et autres doivent s'appeler "comités constitutifs de l'entreprise ou de l'université autonomes".
49. Personne ne peut accéder à l'autonomie sans avoir appris à marcher. Que ceux qui savent marcher apprennent d'abord comment l'enseigner. Que ceux qui savent marcher et enseigner l'apprennent aux autres.
50. Et tout cela simplement pour que l'homme puisse devenir lui-même!

Commission "Nous sommes en marche".

33
Rejoignez la Commune Révolutionnaire de l'Imagination!

La révolution culturelle ne peut s'accommoder des structures économiques et juridiques de la société bourgeoise, car elle ne constitue qu'un des multiples aspects du mouvement révolutionnaire.

Ainsi, les théâtres dits d'avant-garde, et qui ont été effectivement à l'avant-garde de la reprise du travail le 9 juin 1968 pour ne pas manquer la recette du samedi soir, en ont fourni une preuve manifeste, et les étudiants et artistes révolutionnaires, qui, répondant à l'appel du C.R.A.C. ont interrompu des spectacles au nom de la solidarité avec les grévistes de Flins et de l'O.R.T.F., ont ainsi dénoncé publiquement l'utilisation que le système mercantile pouvait faire de l'art, qu'il soit d'avant-garde ou pas, et de l'idéologie, qu'elle soit de gauche et d'ailleurs.

Le pouvoir s'emploie actuellement à juguler le mouvement de contestation ouvrier et les germes révolutionnaires qu'il porte en son sein.

Les idéologues, les artistes officiels, et tout le système capitaliste de production et de distribution de l'art et du spectacle – y compris les organisations syndicales installées dans le système – contribuent à l'opération aussi bien en sabotant la grève des travailleurs qu'en sollicitant le public à réintégrer l'univers trompeur du rêve mercantilisé.

Etudiants - artistes - travailleurs!

Ouvrons une brèche dans le système culturel de la bourgeoisie. Décrétons la Commune Révolutionnaire de l'Imagination. Le Quartier Latin est un ghetto de l'espèce la plus sournoise: celui où on enferme la culture pour le bénéfice de quelques-uns et où on la commercialise à tirage limité. C'est le ghetto du confort intellectuel dans lequel les moutons revendiquent la marque qu'ils portent sur le cul.(137)

- Brisons les chaînes dégradantes
- Occupons tous ensemble les territoires réservés aux paradis privés de l'aliénation culturelle
- Purgeons le périmètre de ces lieux clos où sont vendus pêle-mêle et à quelques privilégiés les produits conditionnés ou tolérés du système culturel - théâtres-cinémas-galéries - ouvrons la rue - les facultés - les lycées à la création, à l'invention
- Accueillons tous les exclus, les pauvres et les opprimés de la culture bourgeoise sur les ruines de ses Panthéons
- Transformons notre ghetto en forteresse de la liberté et de l'imagination
- Libérons avec tous les travailleurs les forces créatrices que notre société réprime

    Camarades, la révolution est quotidienne, elle est une fête, une explosion qui libère les énergies

    Organisons-nous, inventons nos moyens d'action, groupons nos énergies!

- Pour le libre exercice de l'imagination dans la rue
- Pour la transformation de la Sorbonne en centre international révolutionnaire d'agitation culturelle, ouvert à tous les travailleurs et autogéré par les participants qui auraient pour programme minimum:
    - d'imposer, de coordonner et de soutenir la subversion et la destruction de l'ordre culturel bourgeois partout où surgissent des actions de guerilla culturelle qui commencent à éclater dans nos sociétés capitalistes industrialisées.
    - d'imposer et de matérialiser dans de nouvelles formes de civilisation, les forces créatives et révolutionnaires véhiculées par les travailleurs des villes et des campagnes, étouffées et refoulées par le système culturel bourgeois.
    - de réaliser tant sur le plan pratique que théorique, la mise en marche d'opérations partielles d'autogestion pour préparer à l'autogestion généralisée de la société.
- Pour l'occupation de tous les théâtres du Quartier Latin et leur utilisation comme bases opérationnelles pour la transformation de l'espace extérieur en une vaste scène du possible où chacun devient l'acteur et l'auteur de l'événement sociodramatique collectif.
- Pour l'occupation de tous les cinémas, galeries et dancing et leur transformation en bases d'opération pour la prise de possession de tout l'espace urbain - murs - trottoirs - chaussées - fleuve et ciel comme support de l'image du son et de l'expression plastique dans une gigantesque esquisse de l'invention permanente au service de tous.

Pour une pratique de l'imagination au service de la révolution

Groupez-vous et passez à l'action théorique et pratique dans le C.R.I. (Commandos de Recherches et d'Intervention) Enrôlement au C.R.A.C. (Comité Révolutionnaire d'Agitation Culturelle) Sorbonne libre - Odéon

Collection privée, Paris.

34

Nous travaillons pour nous nourrir;
nous travaillons pour nous loger;
nous travaillons pour nous vêtir.

Et cela occupe tout notre temps: nous sommes souvent surmenés, fatigués.

Quel rôle joue donc cette mécanisation qui devait nous libérer? Qu'avons-nous fait, depuis plus d'un siècle de ce progrès, du machinisme et de la technique dont nous parlons sans cesse, que nous invoquons chaque jour comme s'il constituait l'article premier de notre foi?

Ne sommes-nous point trompés par une croyance malheureuse? ne sommes-nous point abusés par les préjugés et la superstition?

Le préjugé est ignoré de celui que le nourrit; les superstitions les plus profondes ne sont point conscientes: sinon elles s'évanouiraient bientôt.

Seulement, le préjugé, même ignoré, fait souffrir, la superstition inconsciente torture l'esprit.

Voyons, sommes-nous heureux?

Anonyme.

35

Commission Culture et Contestation

Le texte suivant a été composé à Nanterre le 3 juin 1968. Il résume les principes que la Commission Culture et Contestation s'est donnés pour son travail. Son but paraît quelque peu paradoxal: d'une part, les étudiants contestent le contenu et les formes de la culture traditionnelle qu'on leur a enseignés, d'autre part, ils parlent de la nécessité de transmettre cette formation culturelle à tous ceux qui, jusqu'alors, en sont restés exclus. Ce paradoxe mène à l'idée directrice que, par une ouverture de la culture à toutes les couches de la population, celles-ci deviennent capables de saisir et de transformer la culture et de l'orienter dans un sens nouveau vraiment populaire.

La faculté de Nanterre a décidé son autonomie. Du même coup elle s'est donnée la liberté d'être ouverte à tous les travailleurs. Dans les limites de cette autonomie la question de l'accès des travailleurs à la culture, la transmission de la culture en direction des travailleurs a été très vite soulevée.

La discussion entre travailleurs et étudiants, commencée par et sur la politique, doit aussi se produire sur le terrain de la culture. Les hésitations autour de la notion de "culture" ont, au cours des réunions de travail, oscillé entre deux pôles: la culture comprise au sens large comme expérience sociale particulière, qui amalgame des manières de sentir, d'agir de penser ... En un sens restreint, on a considéré la culture en tant que savoir constitué, théorisé et, comme tel, susceptible d'être transmis. Nous avons admis qu'en tant qu'expérience sociale la culture caractérise une classe sociale. L'absence de culture au sens no.2 est propre à la classe ouvrière.

De fait, notre intention est claire: Rechercher, avec les travailleurs, les moyens d'accès à la culture. Comment celle-ci peut-elle devenir un instrument complémentaire de critique et de contestation à la disposition de la classe ouvrière contre la classe dominante, compte tenu qu'un des aspects de la domination de classe est précisément l'exercice, en permanence, d'une représentation culturelle:

1. La classe dominante refuse aux travailleurs la culture qu'elle réserve à ses étudiants.
2. La classe dominante organise la diffusion massive d'une sous-culture dont la fonction, sous couvert le loisirs et de détente, est de renforcer, loin du lieu et des conditions de travail, l'aliénation du travailleur.

Mais les étudiants contestent la culture qu'ils reçoivent à l'Université. S'agit-il alors de transmettre la culture même qu'ils remettent en cause? Oui, car la culture ne doit pas demeurer le privilège de la bourgeoisie. Platon, Shakespeare, Marx, Freud n'appartiennent pas en propre à la bourgeoisie. Ce qui est contesté n'est pas tant la culture elle-même que les fins qui lui sont assignées par la classe dominante et la situation de répression idéologique contre les travailleurs dans laquelle la bourgeoisie a placé et maintient la culture. Pour ces raisons, la contradiction entre la contestation de la culture par les étudiants et la transmission de cette culture qu'ils proposent d'entreprendre reste superficielle. Par contre, il n'est pas superficiel de dire que la répression de la classe dominante se manifeste à l'endroit du langage (expression et communication) avec une force et une efficacité scandaleuse: la classe ouvrière n'a d'autre possibilité d'expression que politique. Celle-ci est soit instituée (le discours des syndicats, des syndicalistes, et du parti politique), soit non instituée, et cette forme même d'expression n'implique pas nécessairement le langage (ex.: grève, occupation des lieux de travail, Commune de Paris).

L'interdit imposé par la bourgeoisie à l'expression de la classe ouvrière est intériorisé par grand nombre de travailleurs au point qu'il opère une sorte d'auto-censure par laquelle l'ouvrier s'empêche lui-même de parler. Notre travail immédiat consiste donc à rechercher les moyens de lever ce blocage qui rend impossible aujourd'hui le discours du travailleur et laisse en blanc sa propre parole: aider les travailleurs à sortir de leur situation de non-langage, briser la répression inhumaine que la non-disposition du discours exerce sur les travailleurs (alors que le langage est le lien de l'humanité); dire que la position du travailleur par rapport au discours a sa raison dans une situation de classe, telle est notre tâche.

Transmettre la culture ne signifie pas répéter la rigidité du rapport pédagogique traditionnel, mais plutôt de rendre effective cette transmission dans un travail commun réel et concret; ce qui appellera des moyens peu souvent utilisés à l'Université:

- Peinture;

- Moyens audio-visuels;

- Travail de groupe permettant la création concrète et l'expression libre de la créativité (par ex.: rédaction en commun d'un scénario sur le thème des barricades);

- Théâtre (rédaction en groupe d'un scénario et interprétation par un groupe commun étudiants-jeunes travailleurs);

- Réalisation de films;

- Enregistrement de discussions et de textes de philosophie politique et discussions à l'aide du magnétophone;

- Confrontation de différentes formes de spectacles modernes et traditionnels;

- Week-ends;

- Vacances réunissant (dans des lieux universitaires ou non) jeunes travailleurs et étudiants etc.

La transmission de la culture ne doit pas faire oublier la contestation. Cette contestation sera, nous semble-t-il, assurée de façon permanente par l'expérience sociale que les travailleurs pourront à tout instant faire valoir par la reprise critique de notre propre discours d'étudiant et la position politique du problème de la culture.

Ainsi peut-on présenter le travail des quatre réunions de la commission qui pour l'instant tente de réaliser les suggestions qui lui paraissent les plus valables et dont quelques-unes ont été plus haut mentionnées.

Mardi 3 juin

(Reproduit aussi dans A. Schnapp, P. Vidal-Naquet, **Journal de la Commune étudiante**, Paris 1969, pp.728-730.

L'Art et la poésie en Mai

TEXTES 36 et 37

L'art par tous et pour tous(138), tel est l'idéal déclaré de la révolution culturelle de Mai. Le C.R.A.C. de la Sorbonne propose une voie assez originale pour saboter le marché de l'art et le culte du génie: la "grève du zèle créateur", l'inondation du marché par des oeuvres identiques et, par conséquent, sans valeur (texte 36). Dans la poésie de Mai, des tendances semblables apparaissent: comme les graffiti, les poèmes ne portent pas de nom d'auteur. Des contradictions, voire des paradoxes évidents se trouvent dans ces vers: "On ne peut pas écrire", nous dit le titre d'un poème, "Je ne sais pas qu'écrire mais j'aimerais en dire de belles et je ne sais pas", lit-on dans un des graffiti dans la faculté de Censier(139). A chaque lecteur de juger lui-même la qualité de cette poésie qu'il faut voir surtout comme un témoignage de la prise de parole générale en Mai. Elle exprime les sentiments d'exaltation et de bonheur éprouvés dans la libération soudaine des contraintes tels que les a décrits le caricaturiste Siné dans sa correspondance (p. 18ss.). Le choix des nombreuses métaphores traduit la véhémence de l'attaque contre la culture traditionnelle et l'enthousiasme pour l'ère nouvelle qu'on veut instaurer. Comme leurs prédécesseurs dadaïstes, les militants de Mai 68 formulent la thèse que la puissance creatrice serait égale à l'élan destructeur. Ainsi, un bombage défigure un bas relief du XVIIIe siècle d'une fontaine parisienne avec l'inscription:

"car l'art ne peut plus être que vandaliste"

36

Projet d'association internationale de dissolution culturelle

Comme la vie politique est disposée en hiérarchie autour d'une autorité politique, le système ART s'est organisé autour de l'autorité productrice de sens, c'est à dire autour de l'artiste créateur. Aussi annuler l'artiste comme sujet central de l'art, comme "autorité créatrice", revient non seulement à mettre en péril le système culturel, mais encore le système idéologique en cours, en son axe même, à savoir l'autorité pseudo-transcendantale ici l'artiste, là le chef.

Même lorsque l'art diffuse, au lieu de flatteuses images, des doléances ou des critiques, il reste par la pratique de l'individualisme, qu'il partage avec l'idéologie, complice de cette idéologie et finalement favorable à un développement, dans les jeux illusoires de la contestation. Au culte de l'artiste créateur répond donc celui du héros et du chef; aussi lorsque l'artiste se dérobe à l'assignation du moi, lorsqu'il s'efface, le rapport entretenu jusqu'alors entre autorité créatrice et autorité politique est rompu.

Nous pouvons voir se dessiner actuellement une pensée et un art où s'opère un glissement de la notion d'art vers un champ nouveau "d'individuations impersonnelles", des "singularités pré-individuelles" dans lequel l'artiste comme être unique et désigné est aboli. Et devant cette évidente information des cultes, des valeurs consacrées et du système en général, les circuits culturels seulement frayés par l'humanisme traditionnel se sont fermés. C'est ainsi que s'est imposé à tous la nécessité d'une action commune (...) sous la forme immédiate d'un DUMPING culturel par le non-sens généralisé.

Il s'agirait en effet de faire craquer, au plus tôt, les structures du marché culturel en l'inondant d'"oeuvres" inexpressives, sans qualité, sans rareté, sans clarté, toutes identiques, toutes irrécupérables dans leur anonymat et leur radicale facilité.

Ces oeuvres, à base répétitive simple, à reproduire par les associés, mécaniquement, pendant une durée indéterminée: même phrase littéraire ou musicale, même forme, même couleur, déferleraient massivement dans les salles de concert et de spectacles, dans les maisons d'éditions ou de la culture, dans les musées ou studios de télévisions, bloquant ainsi tous les circuits de production et de consommation culturelles, toute valeur, ce qui permettrait d'amorcer par la suite une nouvelle circulation d'un sens autre, enfin indépendant de ce "centre attractif" qu'est l'individu créateur, l'artiste démiurge exalté par les mirages de l'unicité. Il est plaisant d'imaginer une telle "grève du zèle créateur" étendue à une forte majorité d'artistes, d'intellectuels, professionnels ou pas, et les conséquences qu'elle pourrait avoir si elle se trouvait renforcée, par ailleurs, d'un boycottage systématique des oeuvres d'art restées "originales", c'est-à-dire paradoxalement, traditionnelles.

Chaque pays tenterait de préserver "son patrimoine", le mettant sous-clef dans des chambres-fortes, à l'abri des vagues aussi iconoclastes que dévalorisantes. Le Louvre deviendrait assurément, le Fort Knox de la culture.

Peut-être, les pouvoirs publics tenteraient-ils de réduire ce déferlement d'oeuvres en les récupérant en des circuits de consommation culturelle immédiate ou à long terme: pour celles on établirait de nouvelles normes, une gradation qualitative dans les répétitions une fonction symbolique, ou l'essence d'une morale à la fois rénégate et ascétique.

Cependant ces "oeuvres" produites en grandes quantités, même brûlées, comme du café, dans les locomotives, resteraient là, inabsorbables. A ce moment alors, le but de l'association internationale de dissolution culturelle serait atteint: enfin on aurait effacé "le créateur", l'être unique, le génie, le héros sublime de conquêtes sublimes (dites intérieures mais participant à bien des impérialismes) enfin on ne parlerait plus ni de geste accapareur, ni d'appropriations du monde primitif ou technologique.

L'association, une fois éloignée des conjonctures et des déterminismes suscités par l'action, reprendrait alors haleine, tâchant d'occuper ses vieux jours à ne pas devenir "culturel". Mais en fait, comment pourrait-elle le devenir, puisqu'en ayant chassé de l'art l'homme-sujet, elle se fut chassée elle-même vers d'autres champs de vie?

C.R.A.C. Sorbonne, 1968 - Collection privée.

Poèmes de Mai

Je n'ai nulle arme que cette loi que je ne veux subir qui oublie que la rue est mon lieu de toujours.

Je n'ai nulle arme que ma vie qui battait et que d'images nourries j'ai portées en vos jours.

Je n'ai nulle arme que mon visage d'yeux qui dessinait, humide, au soir, dans le vent froid de mai, la force de vos rites.

J'étonnais dans les murs et renouais enfin, dans cette clameur ancienne, la terre et son dû et la voix me poussait.

Ma gorge se voilait dans le soufre et le chlore, mais le feu avivait et plus je grandissais.

En cette couleur d'âpre je naissais à mon nom et je puis vous le dire, sans honte de mon coeur, je m'appelle Liberté.

> Poème anonyme rassemblé par le Comité Révolutionnaire d'Agitation Culturelle, Sorbonne, collection privée Paris. Reproduit avec la traduction allemande par Claassen et Peters, **Rebellion in Frankreich,** München 1968, p.135.

Le temps se gonfle
    le sursaut arrache
déchire les phrases
    ces rhétoriques
        ces parures
d'oiseaux exotiques,
    de précieuse bourgeoisie
l'ART n'est pas assemblage spéculatif
IL EST CRI POPULAIRE

> Poème du Comité d'Action Etudiants-Ecrivains, Censier (reproduit aussi dans Jean-Pierre Simon, **La Révolution par elle-même,** Tracts révolutionnaires de la crise de Mai à l'affaire tchécoslovaque, Paris 1968).

L'Art c'est:

Traverser le monde inanimé et le bouleverser
Par notre simple présence

Revenir à soi
Revenir à toi
Revenir au Moi.

L'Art c'est:

Ne plus rien dire et
Jouir infiniment
Des délices merveilleux du Silence.

Dénué de tout son sens et
L'admirer
Dans son non-sens
Détruire
Détruire tout
Pour redécouvrir ton moi et
Celui des autres.

    Libérez-vous
    Libérez-vous!
    Avalez la liberté retrouvée.
    Puisque demain,
    Demain
    Vous ne la retrouverez
    Plus jamais!

    J'ai vu,
    Aujourd'hui,
    Sur les murs de la Sorbonne
    Cette parole:
    C'EST MERVEILLEUX DE SE SENTIR LIBRE!

    Ah, que vous ne l'oublieriez
    Plus jamais
    Plus jamais
    C'EST MERVEILLEUX DE SE SENTIR LIBRE
    ET
    GARE aux salauds bourgeois!

                                   Un camarade allemand.

Tu comprends
On ne peut pas écrire
Dans ce vacarme
Qui emplit tout

Depuis une semaine
Je regarde l'avenir éclater
Dans les yeux
Il n'est vraiment pas possible
D'écrire

Il faut savoir marcher longtemps
Dans un Paris inquiet
Pour le comprendre
Etre entré partout
Avoir avalé tous les mots
Dans les amphithéâtres
Lu tous les graffiti
Les professions de foi
Et les proclamations

Avoir parlé
A n'importe qui dans la rue
Dormi à peine, pas le temps
Prié dans les cortèges
Manqué d'argent avec les autres
Partagé
Une demi-baguette de pain et du chocolat

Tu te souviens, il y a aussi
La musique
Est-ce un hasard?
Partout Chopin sur les pianos
Cette musique romantique

Ils croient, les autres
Qu'il s'agit d'une kermesse
A disperser sous la pluie
Moi je sais
Qu'on ne doit surtout pas
S'endormir

A ce moment précis
Où la nuit se retire
Sous peine de manquer
Le rendez-vous de l'aube
La vie toujours en marche
Et jamais fatiguée.

(le 23 mai 1968)

Poème de la collection de textes faite par le C.R.A.C. (Reproduit avec sa traduction allemande dans Claassen/Peters, op.cit., p.135 s.)

La rue déracine ses pavés

Un cri, un regard, un geste.
D'étranges rumeurs tapissent les rues
Des gueules béantes sur la nuit
Une fulguration incendiaire
Un souffle boréal

L'aurore zèbre sa déchirure

La déroute s'établit à demeure.
Un appel, une question, un écho.
Les armées de béton démantelées
Une collision d'étoiles

Une lave sporadique

La rue déracine ses pavés

Les portes cèdent

Les temples s'éboulent
Les piédestaux volent aux éclats
La colère se barricade
Les harmoniques s'écroulent
Quand s'inscrit au fronton-virage le mot: TERMINE.

      (Paris, le 25 mai 1968)

Poème de la collection de textes faite par le C.R.A.C. (Reproduit avec sa traduction allemande dans Claassen/Peters, op.cit., p.133.)

Quatrième partie:

LA REVOLTE POLITIQUE ET SOCIALE

LA REVOLTE POLITIQUE ET SOCIALE

De son arrière-fond et de ses tendances

> Ouvriers, Paysans, Etudiants contre le système capitaliste, ensemble dans la rue
>
> (Extrait d'un tract de Mai) (140)

Le trait saillant de Mai 68 a été la grande résonance qu'il a produite dans toute la France. Si en Amérique et en Allemagne les révoltes des étudiants ont eu un certain éclat, leur portée s'est bornée à l'enseignement universitaire et scolaire, aux relations entre professeurs, étudiants et élèves. La révolte étudiante à Paris, en revanche, a eu des répercussions profondes non seulement sur l'enseignement mais aussi sur la vie sociale et politique de la France entière. La grève de dix millions de Français - presque la moitié de la population active(141) - en est le signe le plus marquant. Cette grève a paralysé, en mai et en juin 1968, tout le pays et failli renverser le gouvernement. La démission de De Gaulle, après l'échec du référendum un an plus tard, peut être considérée comme une suite - lointaine, il est vrai - de la crise de Mai 68 et comme un témoignage surprenant de la vigueur politique du mouvement de Mai.

L'impact que les jeunes ont eu sur la vie d'une nation entière, s'explique par un arrière-fond économique et social fort complexe, impossible à exposer ici en détail. Nous nous bornerons dans les pages suivantes à en relever plusieurs éléments qui nous paraissent essentiels: La crise économique qui s'annonçait depuis quelque temps, l'insatisfaction croissante des ouvriers envers les syndicats et, surtout, envers le syndicat communiste, le problème des immigrés et, à part les facteurs d'ordre psychologique, le grand malaise politique éprouvé un peu partout vis-à-vis du long règne du président de Gaulle.

Depuis des années déjà, la tension sociale s'était accrue jusqu'à devenir explosive. 1963 fut l'année des premières grandes grèves dans le secteur minier. En 1967, on vit les violentes manifestations des ouvriers et des paysans: peu avant les élections parlementaires, en février et mars, les ouvriers occupèrent l'usine de Rhodiacéta à Besançon. Au mois de juin de la même année, des paysans bretons prirent d'assaut la préfecture de Redon et des ouvriers manifestèrent devant plusieurs usines. La police intervint pour restaurer l'ordre. Peu de temps avant la révolte à Nanterre, en janvier 1968, les ouvriers de la SAVIEM à Caen organisèrent une grève illimitée, à laquelle, pour la première fois, des étudiants se joignirent. En mars 1968, tandis que les syndicats négociaient avec le patronat, des jeunes ouvriers bloquèrent la voie ferrée de Paris-Quimper et se heurtèrent violemment aux C.R.S. En hiver 1967/68 on comptait parmi les chômeurs 250.000 jeunes de moins de vingt et un ans(142), fait important pour les événements qui suivirent, car c'est surtout aux jeunes que revint l'initiative des grèves sauvages et des occupations d'usine en Mai. (143) Il y avait donc partout un mécontentement croissant qui poussait les ouvriers et les paysans à des combats violents. Selon les observateurs étrangers, la crise économique et sociale aurait été causée par la structure archaïque des entreprises françaises dont la majorité ne correspondait plus aux besoins d'une société industrielle moderne.(144)

La nécessité de transformer la société en crise a mis en cause le gouvernement, l'administration, les patrons mais aussi ceux qui, traditionnellement, ont tâché d'améliorer le sort des travailleurs: les syndicats, peu épargnés dans la guerre des jeunes contre les institutions. Les actions de grève sauvage et d'occupations d'usines se déroulaient dans la plupart des cas contre la volonté des syndicats. Les ouvriers leur reprochaient, depuis longtemps déjà, de ne penser qu'à consolider leur position bien établie et de faire trop peu pour ceux qu'ils représentaient. Des organisations gauchistes dont plusieurs avaient réussi à implanter des groupes actifs dans les usines, ont renforcé cette critique.(145) La méfiance ouvrière avait pour objet avant tout le syndicat communiste, le plus puissant, comptant le plus grand nombre d'inscrits: "La C.G.T. en France, c'est un Etat. Un appareil parfaitement organisé, des militants rompus à toutes les techniques de l'action syndicale. Environ un million sept cent mille adhérents."(146) Dans les tactiques figées du syndicat, les jeunes travailleurs voyaient une contrainte qui les empêchait d'exprimer spontanément leur indignation. Pour le caricaturiste Maurice Siné, les communistes font partie du groupe imaginaire des pouvoirs répressifs, qu'il place tous sur le même socle (fig. p. 11). Dominique Grange, dans sa chanson de Mai **Les Nouveaux Partisans**, les englobe dans le même camp des traîtres et des exploiteurs du peuple (texte 46). Il y a pourtant des voix plus modérées, comme celle de l'ouvrier (texte 47) qui critique la C.G.T. tout en appréciant les résultats positifs qu'elle a obtenus grâce à son attitude conciliatrice(147) et plutôt distanciée envers le mouvement étudiant.(148)

Les étudiants, de leur côté, cherchaient une lutte commune avec les ouvriers. Ils ne se bornaient pas à proclamer la création d'une meilleure université mais prenaient la parole en faveur de toutes les couches sociales qu'ils considéraient comme exploitées (texte 40). Ils transféraient leur concept de la **participation** du domaine universitaire à celui des entreprises. Les ouvriers devraient avoir le droit à l'autogestion, c'est-à-dire le droit de participer à l'organisation des usines. Cette revendication dépassait de loin des demandes d'augmentation financière, et signifiait un renversement du système traditionnel et un pas vers une transformation de la société dans un esprit socialiste tel que le syndicat de la C.F.D.T. la concrétisera en mai 1970, dans son document d'orientation pour un socialisme démocratique.(149) Les étudiants attiraient l'attention du grand public sur la misère des ouvriers immigrés. C'était en effet les plus déshérités parmi les travailleurs, négligés par les syndicats, rejetés souvent par leurs collègues français (textes 41 s.). Les jeunes étaient actifs dans d'autres domaines aussi. Ils ont créé, après le 13 mai, des Comités d'action populaires (C.A.P.) dans tout Paris. Ces groupes, composés d'étudiants et de travailleurs, reprenaient la tradition célèbre des comités révolutionnaires de 1792.(150)

Ils s'efforçaient d'étendre et de consolider le mouvement contestataire, d'organiser la vie sociale dans les quartiers et de distribuer des vivres aux familles des grévistes.(151) L'enthousiasme des jeunes révolutionnaires fut contagieux. A Nantes, chef-lieu de la Loire-Atlantique, fut réalisé une véritable prise de pouvoir populaire du 24 au 31 mai 1968: un comité central de grève, formé par des ouvriers, des paysans et des étudiants, destitua le préfet de Nantes et organisa la grève, l'approvisionnement alimentaire de la population et la distribution des cartes d'essence. Cet épisode nantais fut un acte révolutionnaire des plus spectaculaires qui montre qu'en province, les évènements ont été parfois plus radicaux et plus dramatiques qu'à la capitale même.(152)

L'occupation de l'usine Renault à Flins est un autre exemple de la coopération étudiante-ouvrière. Les militants du Mouvement du 22 mars (voir p.31) s'y sont engagés particulièrement. L'incident tragique qui l'a marquée est connu: le 10 juin, le lycéen Gilles Tautin se noya dans la Seine alors qu'il fuyait devant la police qui avait évacué l'usine. Sa mort ranima les émotions: le lendemain, les ouvriers occupèrent encore une fois l'usine. C'est une semaine plus tard, que la majorité des travailleurs vota la reprise du travail qui eut pour suite le licenciement de bien des ouvriers actifs dans la grève.

La révolte étudiante a pu s'étendre à un rhythme tumultueux dans tous les secteurs de la vie professionnelle, parce qu'elle eut lieu à Paris. L'insurrection de Nanterre, basée pourtant sur la même idéologie et poursuivant - avec les mêmes leaders! - les mêmes buts, n'avait pas obtenu cette publicité. Nanterre est à l'écart de la vie nationale, le quartier Latin est au coeur de Paris, et Paris, selon un vieux dicton, est la France. Ce qui se passe à Paris, se passe sous les yeux de tous les Français. Les journalistes étaient sur les lieux et transmettaient au grand public les reportages d'une brûlante actualité.

Les nouvelles de l'entrée de la police dans la Sorbonne, le 3 mai(153), les arrestations et les condamnations qui suivirent, ont d'abord gagné la sympathie des intellectuels pour les étudiants. Cinq Prix Nobel – François Jacob, Alfred Kastler, André Lwoff, François Mauriac et Jacques Monod – firent plusieurs démarches auprès du gouvernement pour demander l'amnistie des étudiants et l'ouverture d'un dialogue avec les rebelles.(154) Un "comité de soutien aux étudiants frappés par la répression" fut fondé par un groupe d'intellectuels avec Simone de Beauvoir, Colette Audry, Jean-Paul Sartre, Michel Leiris, Daniel Guérin, Robert Merle et d'autres.(155) 80 % de la population de Paris, selon un sondage fait le 8 mai par l'I.F.O.P., se déclaraient solidaires des étudiants. Après la première nuit des barricades, le 10 mai, la vague de sympathie pour les jeunes gagna presque toute la France. Car, devant leurs transistors, les Français avaient pu suivre toutes les étapes de cette nuit décisive. Ils avaient assisté à l'échec des négociations des reponsables de l'université, du gouvernement et des étudiants sur l'amnistie des condamnés et la réouverture de la Sorbonne, à la construction des barricades par les jeunes et à leur démolition par la police. Les radios privées, Europe I et Luxembourg, en avaient donné des reportages en direct de leurs voitures stationnées au coeur des événements. On leur reprochera plus tard d'avoir ainsi contribué à créer une "tension presque démentielle"(156) parmi la population. C'est pourquoi tout reportage en direct fut défendu lors des manifestations dans la nuit du 24 au 25 mai.(157)

Un autre facteur, d'ordre psychologique, a joué dans l'extension de la révolte. Les étudiants et lycéens, en se battant avec les forces de l'ordre, ont renoué avec la vieille tradition des luttes ouvrières. Les gauchistes eux-mêmes, assez lucides, jugèrent les barricades du 10 mai comme étant un "coup de génie".(158) Le souvenir historique des révolutions de 1789, de 1830, de 1848 et, surtout, de la Commune en 1871, est resté vivant chez tous les Français. Les combats sur les barricades ont éveillé le vieux réflexe d'insurrection contre un gouvernement qui paraissait d'autant plus injuste et brutal qu'il faisait matraquer non pas des révolutionnaires endurcis mais des jeunes sans expérience. Ainsi, le mythe des barricades a fait régner, dans toute la France, pendant quelque temps, une vague de solidarité avec les héros de cette nuit du 10 mai.

L'aversion d'une certaine partie des Français envers le régime paternaliste et autoritaire du général de Gaulle, a contribué à cette solidarité. "Adieu de Gaulle!" et "Dix ans, c'est assez!" sont les slogans qui, lors des grandes manifestations après le 13 mai, fêtèrent l'anniversaire du retour au pouvoir du Général.(159) En Mai 68, beaucoup des adhérents gaullistes d'autrefois s'enthousiasmaient pour cette explosion d'énergie qui ébranlait l'édifice apparemment si stable de l'État français. Cette antipathie s'était déjà exprimée avant: lors des élections présidentielles en 1965, de Gaulle avait eu besoin de deux tours électoraux pour garder son mandat(160); en mars 1967, le gouvernement était sorti avec une très faible majorité des élections parlementaires. La base électorale du président et de sa fraction fut donc loin d'être solide en 1968. L'extension rapide du mouvement contestataire qui allait jusqu'à saisir les cadres techniciens, l'Église et même le film international – le Festival de Cannes fut fermé le 19 mai – fut inattendue pour les révolutionnaires eux-mêmes et surprenait les responsables politiques qui réagirent d'une façon peu cohérente. La situation fut encore aggravée par les absences quelque peu maladroites du Premier ministre Pompidou, du 2 au 11 mai, et du Président de Gaulle, du 14 au 18 mai.(161)

La révolte de Mai n'a pas fait tomber le régime d'alors. Au contraire: les historiens de Mai constatent le fait paradoxal que le pouvoir gaulliste est sorti consolidé de cette épreuve.(162) Les illusions s'évanouissent depuis la nuit du 24 au 25 mai. Le bilan(163) des désordres survenus à la suite des manifestations des syndicats étudiants choquent les sympathisants du mouvement même. Le club Jean-Moulin en appelle aux étudiants de ne pas "s'installer dans le délire".(164) Les responsables du syndicat de l'U.N.E.F. reçoivent des coups de téléphone réprobateurs: on leur reproche de ne pas avoir su empêcher les excès.(165) La peur de beaucoup de Français devant l'avènement du communisme s'accroît, d'autant plus que, dans les derniers jours de Mai, des manifestations et des défilés socialistes et communistes s'accumulent. Les ouvriers refusent de reprendre le travail et la vie sociale devient presque impossible. La France finit par se lasser du chaos.

C'est à ce moment qu'eut lieu le revirement définitif. De Gaulle prononça son deuxième discours le 30 mai 1968. Il affirma sa volonté de rester président de la République, proclama la dissolution du parlement et annonça la restauration de l'ordre social et les élections législatives pour le mois de juin. Deux heures après, plusieurs centaines de milliers de Français défilèrent sur les Champs-Elysées lui témoignant leur confiance.(166) L'immense victoire électorale des gaullistes, les 23 et 30 juin, en fait preuve: 81,1 % de la population ont voté, dont 46 % se sont prononcés pour les gaullistes. Au lieu de paralyser l'économie nationale jusqu'à son effondrement par des grèves continues, au lieu d'empêcher les citoyens français d'aller aux urnes (voir texte 60), les contestataires radicaux durent se rendre compte de leur défaite. Or, le général de Gaulle échoua, en avril 1969, avec son projet de décentralisation et disparut de la scène politique, mais c'était la fin de l'ère De Gaulle plutôt que celle de la Ve République qu'il avait fondée et dont les caricaturistes de Mai - un peu hâtifs! - avaient déjà représenté la destruction sous les coups portés par la révolte (fig. ci-dessous).

A: Appels aux travailleurs

L'Université au service des travailleurs

TEXTES 38 et 39

Dans les universités de province, le mouvement étudiant a connu les mêmes dimensions qu'à Paris ou Nanterre. A Besançon, région avec des problèmes économiques et des grèves bien avant 1968,(167) les étudiants ont créé plusieurs commissions où ils débattaient des questions pédagogiques et universitaires, du mouvement étudiant international et des contacts avec des ouvriers. Il y avait un comité de soutien aux grévistes, un comité d'information et des initiatives de coopération avec les ouvriers de l'usine textile de Rhodiacéta. Les textes suivants témoignent de l'effort des étudiants de faire comprendre aux travailleurs la nécessité d'une lutte commune pour une nouvelle université.

38
Arracher l'Université aux patrons!

Le capitalisme veut isoler les étudiants des ouvriers, et les opposer entre eux.

Les patrons veulent que les étudiants deviennent les exploiteurs de la classe ouvrière et les valets des exploiteurs. L'Université fabrique aussi les futurs patrons, et les futurs exploiteurs.

L'Université est au service des capitalistes, c'est une usine à fabriquer les exploiteurs et leurs esclaves. Ensemble, arrachons l'Université des mains des patrons! Les étudiants ne peuvent pas arracher l'Université au capitalisme s'ils combattent tout seuls. Si les étudiants sont isolés des ouvriers, ils sont impuissants.

Ensemble, ouvriers et étudiants, imposons que les fils d'ouvriers et d'agriculteurs viennent à l'Université, imposons que l'Université soit au service des travailleurs au lieu d'être au service des capitalistes.

Que les étudiants se mettent aux côtés de la classe ouvrière! On ne peut pas transformer l'Université à partir de l'Université, on ne peut conquérir l'Université, l'arracher aux patrons qu'en faisant pression sur le capitalisme partout, et surtout dans les usines. Voilà pourquoi les étudiants de Besançon entrent dans les usines en grève de Besançon, à l'invitation des ouvriers!

> Comité d'Action de la Faculté des Lettres de Besançon, lundi 20 mai 1968. Collection privée, Bochum.

A l'invitation du Comité de grève de la Rhodiacéta, nous venons présenter devant les ouvriers qui occupent l'usine les problèmes communs aux étudiants et aux professeurs. (...) Pour le Comité d'action de la Fac des Lettres, le problème principal, c'est le très petit nombre de fils d'ouvriers et d'agriculteurs qui font des études poussées. L'objectif essentiel du mouvement actuel dans les Facultés est donc à nos yeux l'adaptation de l'Université à la classe ouvrière. Cet objectif est diamétralement opposé au régime gaulliste, qui veut adapter l'Université à la société moderne, c'est-à-dire en fait l'adapter aux besoins du capitalisme des monopoles, et mettre professeurs et étudiants sous la botte des patrons.

Que veut dire: "adapter l'Université aux intérêts de la classe ouvrière? Notre revendication fondamentale est que l'Université soit ouverte à ceux qui sont issus de la classe ouvrière et des milieux modestes, que tous les fils des travailleurs des villes et des campagnes puissent venir en masse recevoir le meilleur enseignement, afin d'accéder à tous les postes indispensables à la gestion technique de l'entreprise et de la société.

Le pouvoir gaulliste ne cesse de proclamer que l'Université est ouverte à tous ceux qui veulent y aller, mais en réalité les structures économiques empêchent la classe ouvrière d'envoyer ses enfants dans les lycées et les facultés.

Comment faire pour mettre vraiment l'Université au service des travailleurs?

1) Une remarque: Pompidou, qui veut mettre l'Université au service des capitalistes, s'efforce d'imposer la liaison entre l'Université et l'industrie. Nous devons, nous, renforcer au contraire la liaison entre l'Université et la classe ouvrière, de façon à nous unir pour arracher un jour l'enseignement des mains des patrons.

2) Il est clair que l'Université sert le patronat: elle ne servira vraiment complètement les travailleurs que lorsque le système capitaliste aura été supprimé, et avec lui les patrons.

3) Mais en attendant ce jour-là, il est possible de présenter des revendications précises, il est possible d'arracher aux monopoles des victoires importantes sur le terrain de l'Université, comme la classe ouvrière et ses organisations syndicales le font sur le terrain de l'économie.

4) Les universitaires sont trop faibles pour mettre l'Université au service des travailleurs, si la classe ouvrière ne soutient pas cette revendication fondamentale. Ensemble, ouvriers, étudiants, professeurs, nous pouvons faire reculer le pouvoir sur ce point. Le combat pour l'Université au service des travailleurs est la lutte commune des ouvriers, des étudiants, des professeurs.

> Dans la dernière partie de ce rapport, les étudiants formulent leurs "revendications immédiates": augmentation des crédits, du nombre des étudiants, des professeurs; la participation de tous à la gestion de l'université, un système

d'allocation pour tous, la transformation progressive des méthodes et du contenu de l'enseignement universitaire. Ils appellent à une discussion générale avec les ouvriers quant aux moyens de réaliser l'"Université démocratique et populaire".

La Commission "Enseignement" de la Faculté des Lettres de Besançon, mardi 21 mai 1968, collection privée, Bochum.

40

Votre lutte est la nôtre!

Le tract du **Mouvement du 22 mars** date du 24 mai, de la veille des négociations entre les syndicats, le patronat et le gouvernement, dans la rue de Grenelle. Les anarchistes n'ont pas recherché la sympathie de la population ouvrière par de belles paroles, les revendications matérielles n'ayant pas de priorité dans leur lutte, mais ils ont exprimé franchement leurs buts: ils visent l'abolition de la classe dirigeante pour aboutir à une nouvelle société sans classes. Ce texte révèle le problème d'établir un lien entre la lutte étudiante contre la vieille université hiérarchique et celle des ouvriers contre leur exploitation dans les entreprises. Peut-on mettre sur un même plan les grands patrons de l'industrie et ceux de l'université, les professeurs, appelés les **mandarins** en Mai? Les grèves dans les universités, peuvent-elles avoir le même sens que les grèves des travailleurs dans les usines? Nous pensons qu'il y a une différence fondamentale entre le travail des ouvriers et le travail spirituel des étudiants dans les universités.

Nous occupons les facultés, vous occupez les usines. Les uns et les autres, nous battons-nous pour la même chose?

Il y a 10 % de fils d'ouvriers dans l'enseignement supérieur. Est-ce que nous luttons pour qu'il y en ait davantage, pour une réforme démocratique de l'Université? Ce serait mieux, mais ce n'est pas le plus important. Ces fils d'ouvriers deviendront des étudiants comme les autres. Qu'un fils d'ouvrier puisse devenir directeur, ça n'est pas notre programme. Nous voulons supprimer la séparation entre travailleurs, ouvriers et dirigeants.

Il y a des étudiants qui, à la sortie de l'Université, ne trouvent pas d'emploi. Est-ce que nous combattons pour qu'ils en trouvent? pour une bonne politique de l'emploi des diplômés? Ce serait mieux, mais ce n'est pas l'essentiel. Ces diplômés de psychologie ou sociologie deviendront les sélectionneurs, les psychotechniciens, les orientateurs qui essaieront d'aménager vos conditions de travail; les diplômés de mathématiques deviendront les ingénieurs qui mettront au point des machines plus productives et plus insupportables pour vous. Pourquoi nous, étudiants issus de la bourgeoisie, critiquons-nous la société capitaliste? Pour un fils d'ouvrier, devenir étudiant c'est partir de sa classe. Pour un fils de bourgeois, ça peut être l'occasion de connaître la vraie nature de sa classe, de s'interroger sur la fonction sociale à laquelle on le destine, sur l'organisation de la société, sur la place que vous y occupez. Nous refusons d'être des érudits coupés de la réalité sociale. Nous refusons d'être utilisés au profit de la classe dirigeante. Nous voulons supprimer la séparation entre travail d'exécution et travail de réflexion et d'organisation. Nous voulons construire une société sans classes, le sens de votre lutte est le même.

Vous revendiquez le salaire minimum de 1 000 F dans la région parisienne, la retraite à 60 ans, la semaine de 40 heures payée 48.

Ce sont des revendications justes et anciennes. Elles paraissent pourtant sans rapport avec nos objectifs. Mais, en fait, vous occupez les usines, vous prenez les patrons comme otages, vous faites la grève sans préavis. Ces formes de lutte ont été rendues possibles par de longues actions menées avec persévérance dans les entreprises et aussi grâce au récent combat des étudiants.

Ces luttes sont plus radicales que vos légitimes revendications parce qu'elles ne cherchent pas seulement une amélioration du sort des travailleurs dans le système capitaliste, elles impliquent la destruction de ce système. Elles sont politiques au vrai sens du mot: vous ne luttez pas pour que le premier ministre soit changé mais pour que le patron n'ait plus le pouvoir dans l'entreprise ni dans la société. La forme de votre lutte nous offre, à nous étudiants, le modèle de l'activité réellement socialiste: l'appropriation des moyens de production et du pouvoir de décision par les travailleurs.

Votre lutte et notre lutte sont convergentes. Il faut détruire tout ce qui isole les uns des autres (l'habitude, les journaux, etc.). Il faut faire la jonction entre les entreprises et les facultés occupées.

VIVE L'UNIFICATION DE NOS LUTTES!

Tous aux quatre meetings et à la manifestation à la gare de Lyon, ce jour, vendredi 24 mai 1968, a 19 h.

Mouvement du 22 mars.

La Lutte en faveur des travailleurs étrangers

TEXTES 41 - 43

Avec leurs appels en faveur des travailleurs immigrés, les étudiants touchent à un problème crucial: les immigrés sont les plus défavorisés des travailleurs. Négligés par les syndicats qui s'occupent essentiellement de la situation de leurs adhérents français, ils se heurtent souvent au dédain, voire à la haine, de leurs camarades français. Les immigrés constituent pourtant un groupe assez nombreux: plus de deux millions par rapport au total de 50 millions d'habitants en France et à 20/21 millions de personnes qui occupent un emploi. Les étudiants ont donc trouvé un but digne de leur lutte contre l'injustice sociale. Dans son roman sur le 22 mars à Nanterre, le professeur Robert Merle a imaginé comment se font les contacts entre étudiants et travailleurs étrangers (texte 42). La notice tirée du "Monde" du 4 juin 1968 prouve qu'il a bien saisi une partie de la réalité vécue à Nanterre.

41
Pour l'abolition du statut des étrangers en France

De très nombreux étrangers, pour la plupart ouvriers et étudiants vivent, travaillent, sont exploités en France et participent généreusement, car sans contrepartie aux luttes de libération des ouvriers et des étudiants français.

Or, ces étrangers sont soumis à un statut spécial coercitif qui les contraint d'une façon presque perpétuelle à des contrôles et à des menaces policières spéciales auxquelles nous, Français, échappons du seul fait de notre nationalité.

Celle-ci peut se résumer en trois points:

- la "carte de séjour", ou document d'identité des étrangers à renouvellement fréquent. C'est en réalité un moyen de contrôle policier permanent.
- la "carte de travail", document qui permet que l'étranger soit exploité dans un métier sans qu'il lui soit possible d'en exercer un autre, doit être aussi renouvelée très souvent. Elle est en réalité une coercition inqualifiable au droit à la liberté de travail.
- les menaces d'expulsion du territoire à la moindre incartade. Elles pèsent sur l'étranger de la façon la plus arbitraire et s'abattent sur lui sans merci, pour les raisons les plus futiles. Or, un grand nombre des étrangers qui viennent en France, ne viennent pas ici seulement à la recherche d'une terre de travail, mais croyant trouver une terre de liberté. C'est un État-flic qu'ils trouvent.

Et cela nous concerne.

Exigez avec nous l'abolition de la "carte de séjour", de la "carte de travail", de la brutale juridiction contre les étrangers.

Ils ont **droit** à tout, comme vous!

tract du 17 mai 1968

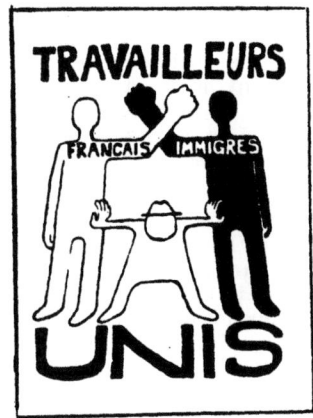

42

David Schultz, étudiant anarchiste, fils d'un père chirurgien qui lui envoie un chèque tous les mois, sent la contradiction flagrante entre ses idées politiques et sa situation privilégiée. Il va jusqu'à envier aux ouvriers leur vie plus concrète et leur boulot. Sa conversation avec l'ouvrier arabe a une suite positive dans le roman: plus tard, quand Abdelaziz perd son travail, David lui propose de coucher dans une chambre libre de la résidence. Là, les étudiants travaillent avec lui pour qu'il puisse passer un examen qui lui assurera un meilleur statut d'ouvrier qualifié. L'auteur met donc en scène les difficultés réelles qui existent; d'une part, c'est la vision mythique que les étudiants ont de la vie ouvrière, et d'autre part, l'illusion de l'aide qu'on peut porter aux travailleurs.

Les yeux vagues, il regarda à nouveau les ouvriers répandre le goudron sur la terrasse. Celle-ci était à peu près à un mètre au-dessous de son étage, il n'était séparé d'eux que par une vitre, mais de ce côté-ci, tout était tiède et propre. C'était un monde où personne ne suait à manipuler les choses (sauf à partir de sept heures du soir, les femmes de ménage arabes ou espagnoles). Ici, dans la journée, on ne maniait que des matériaux ultra-légers, les idées, et à travers les idées, les hommes: fonction essentielle de la classe dominante, transmise pieusement de profs à élèves. Et les dominés, là-bas, de l'autre côté de la vitre, courbés en deux dans le froid, le vent aigre, la pluie, les muscles tiraillés par l'effort comme des bêtes de somme, ils n'avaient pas plus de chance de s'introduire jamais dans ce monde-ci que moi dans le leur. Oh, je sais, je pourrais, moi aussi, me faire embaucher dans une usine, Simone Weil ou l'imitation de Jésus-Christ. Mais pas plus qu'elle, je ne serais jamais un vrai ouvrier. Je vivrais ma pseudo-condition ouvrière comme un intellectuel qui peut y mettre fin à tout moment, au nom précisément, du capital accumulé de ses idées, de ses diplômes, de son savoir-faire technologique. Et d'ailleurs, même ces ouvriers, en ce moment, devant moi, à quelques mètres, je conçois des idées à leur sujet, mais je ne les regarde pas vraiment. David se sentait coupable et malheureux, sa gorge se serra, il enfonça les mains profondément dans les poches de son blue-jean, il fit effort pour voir vraiment.

Une dizaine de rouleaux d'épais papier attendaient au bout de la terrasse, les trois mecs répandaient sur le béton le goudron brûlant puisé à un gros chaudron cylindrique chauffé par un feu de bois. Sur le goudron fumant, ils tendaient le lai du premier rouleau, et recouvrant le bord du premier, un deuxième lai et ainsi de suite. C'était la technique du tapissier, sauf qu'ici il s'agissait de matériaux lourds et malsains, sauf aussi qu'il fallait aller vite pour étendre le papier, de peur que le goudron en refroidissant perdît ses propriétés. Finalement, comme boulot, c'était plutôt duringue, tout le temps penché, tout le temps pressé, les pieds dans le goudron, et les fumées de goudron dans les bronches.

Il y eut quelque part un coup de sifflet prolongé, les trois ouvriers se redressèrent, David vit leurs têtes. C'était des Nord-Africains. Bien entendu. Les plus durs boulots et les plus bas salaires. Le sous-prolétariat, la saine réserve de main-d'oeuvre concurrentielle et docile du patronat français, les exploités à la deuxième puissance. Et si tu te permets de faire du syndicalisme, mon ami, je te fais expulser de France et tu iras crever de faim dans ton pays.

Les ouvriers retiraient leurs gros gants avec lenteur. Deux d'entre eux n'arrivaient pas à se redresser tout à fait, ils étaient de petite taille, d'âge indéfinissable, noueux et chétifs comme des arbustes qui ont poussé dans un sol ingrat, le regard triste, usé, tourné en dedans. Leur attitude même était misérable, les épaules rétrécies, affaissées, tombées en avant, comme si l'expérience leur avait appris à respirer le moins possible un air qui n'était pas pour eux.

Un peu à l'écart, les yeux tournés vers le bâtiment C, regardant les étudiants quitter les petites salles des T.P. sur le coup de midi, et les jeunes filles parler et rire, comme des poissons dans un aquarium, sans percevoir un seul son, le troisième ouvrier était debout, bien campé sur ses jambes, droit comme un I, maigre lui aussi, mais avec grâce, comme un jeune animal, les cheveux noirs ondulés sur l'encolure, élégant malgré le bleu de travail souillé et déchiré. Il souriait dans le vague, ses lèvres découvrant ses dents blanches pointues comme celles d'un chat, les gros gants tachés de goudron balancés d'un geste machinal au bout de son bras gauche, et en même temps, le cou musclé tourné en souplesse sur l'épaule, il dirigeait de droite et gauche sur les quatre étages du bâtiment C des yeux vifs, brillants et gais.

Il aperçut le visage de David derrière une fenêtre du premier étage, il sourit davantage et fit un signe de la main. David agita la main droite, fit basculer la fenêtre et se pencha, ils étaient à peu près de niveau, mais le goudron frais les séparait de quelques mètres.

— Comment t'appelles-tu? dit David, et il pensa aussitôt, merde, je fais du paternalisme, de quel droit je lui demande son nom?

Le Nord-Africain fit en souriant un geste interrogatif dans la direction de sa poitrine avec la main qui tenait les gants. David fit oui de la tête.

— Abdelaziz.

— Abdelaziz, répéta David.

Il était enchanté. Abdelaziz, ça sonnait comme un conte arabe.

— Je m'appelle David, dit-il au bout d'un moment.

— Quel âge as-tu?

— Vingt et un ans.

— J'ai vingt ans, dit Abdelaziz.

— Tu habites ici?

— Au bidonville de la rue de la Garenne.

Et sans raison, il se mit à rire. David le regarda, stupéfait. Abdelaziz habitait le bidonville, il faisait ce métier infect et il paraissait joyeux et plein de force.

— Tu te portes bien?

— Mais oui! dit Abdelaziz en levant les sourcils. Pourquoi pas?

Il ajouta en riant:

— Je suis jeune.

— Et tes camarades aussi se portent bien?

Abdelaziz secoua la tête.

— Oh, non. Pas toujours. La tuberculose, les ulcères d'estomac.

Il ajouta:

— Ils se nourrissent mal.

— Pourquoi?

— Ils envoient beaucoup d'argent chez eux.

— Et toi, tu n'en envoies pas?

— Si, un peu. A mon père. De temps en temps. Une fois 10 000, une fois 20 000. Mais il m'en reste.

Il se mit à rire.

— Je gagne bien. Je suis riche. Quand je suis arrivé en France, je n'arrêtais pas de m'acheter des choses.

- Riche? dit David, déconcerté.
- Pas riche comme un Français, dit Abdelaziz en le regardant de ses yeux malicieux. Riche comme un Algérien.

Il ajouta:

- Dans mon village, la misère, tu n'as pas idée.

David pencha la tête, gêné, presque coupable. Exactement. L'expression était juste: il n'en avait pas idée.

- Tu parles très bien le français, reprit-il au bout d'un moment. Tu as été à l'école?
- A l'école française, assez peu. Mais beaucoup à l'école coranique.

Abdelaziz détourna la tête, affecté par ses souvenirs. Assis en tailleur, répétant en chœur les sourates, en se balançant sans fin d'arrière en avant. Quand tu te trompes, pan, un coup de baguette sur le crâne rasé. Des heures et des heures. Sa poitrine se rétrécit, il eut un goût amer dans la bouche et il se sentit transpercé par les regrets. Etudier. Etudier vraiment. Comme ce jeune roumi.

David désigna le goudron du doigt.

- C'est dur?
- Moyennement. C'est sale, surtout.
- Pourquoi les gants?
- Le cancer.

Abdelaziz sourit.

- Je ne fais pas toujours le goudron. Je suis coffreur.
- Coffreur?
- J'arrange le coffrage pour le béton.
- Tu es charpentier?
- C'est pas du bois, c'est du métal.
- Le coffrage est en métal?
- Pas toujours. En bois pour les parties rugueuses, en métal pour les parties lisses.

Abdelaziz se mit à rire avec gaieté.

- Mais tu ne sais rien!

David hocha la tête. C'était vrai, il ne savait rien. Des idées, oui. Des idées apprises dans les livres. Mais sur les choses, rien.

- Qu'est-ce que tu étudies? dit Abdelaziz.
- La sociologie.
- La sociologie? répéta Abdelaziz avec effort.
- L'étude de la société.

Les yeux vifs d'Abdelaziz pétillèrent.

- Et alors? dit-il avec bonne humeur. La société, tu l'étudies, et quand tu l'as étudiée, tu la changes?

- J'espère, oui.

Abdelaziz se mit à rire. David l'enveloppa du regard et fut frappé de l'air de gaieté et d'énergie qui émanait de lui. D'ordinaire, il y avait une telle tristesse dans les yeux des Algériens.

- Tu milites? dit David.

Et comme Abdelaziz levait les sourcils, il reprit:

- Politiquement, tu milites?

- Oh, tu sais, dit Abdelaziz en haussant les épaules, militer? dans un pays qui n'est pas le tien?

Il reprit:

- De toute façon, pour moi, ce n'est pas le plus urgent.

- Qu'est-ce qui est le plus urgent? dit David.

Il était si profondément choqué que sa voix se détimbra. Une rougeur mate et profonde envahit le visage brun d'Abdelaziz et il dit avec élan:

- Etudier et passer des examens.

Il ajouta dans une brusque explosion de ferveur:

- Je donnerais dix ans de ma vie pour passer des examens!

Il y eut un silence et David dit de la même voix détimbrée:

- Quels examens?

- Le certificat d'études, et après le certificat d'études, un C.A.P. Peut-être un C.A.P. de tourneur.

Et comme David ne disait rien, il ajouta:

- Avec un C.A.P., je pourrais devenir ouvrier professionnel.

- Où est l'avantage? dit David.

Abdelaziz sourit de sa naïveté.

- Mais voyons, ouvrier professionnel, tu es mieux payé, mieux considéré et tu fais un travail plus intéressant.

David baissa les yeux. Une seconde s'écoula. Abdelaziz était sympathique, mais ses aspirations étaient petites-bourgeoises. Pourtant, ses aspirations ne découlaient-elles pas, dans une large mesure, de sa situation? Comment lui faire grief de vouloir se sortir de la merde? Et même de considérer que c'était là "le plus urgent"? David leva les yeux, regarda Abdelaziz et ne trouvait plus rien à dire. Le silence se prolongea.

- Tu fumes? dit-il au bout d'un moment.

- Oui

- Attends, dit David avec empressement. J'ai une pipe.

– Oh non, ce n'est pas la peine, dit Abdelaziz poliment.

David retira de son paquet sa dernière cigarette et passa son bras par la fenêtre.

– Je ne peux pas m'approcher, dit Abdelaziz. Tu vous cette mélasse. Jette!

David ramena son bras en arrière et le détendit. Au même moment, Abdelaziz se pencha, les deux mains devant lui. La cigarette décrivit une courbe en tournant sur elle-même, un souffle de vent la rabattit et elle tomba dans le goudron frais. Abdelaziz se redressa, l'air navré.

– Ah, quel dommage, dit-il. Ta cigarette.

Il y eut un silence. Ils regardaient la cigarette souillée, noircie, perdue. C'était un échec. Ils se sentaient atteints par cet échec. Abdelaziz changea de position et David sentit qu'il avait envie de s'en aller.

– Tu travailles ici demain? dit David.

– Oui.

– On se voit demain?

– Oui.

Il y eut un silence.

– Ecoute, dit David, si on se voit pas, tu viens me voir à la Résidence, c'est le bâtiment H. Il lui donna l'étage et le numéro de sa chambre.

– Bâtiment H, répéta Abdelaziz sans conviction. Salut, dit-il avec gêne.

– Salut!

Abdelaziz s'en alla sans se retourner et rejoignit ses compagnons. Ils étaient assis l'un à côté de l'autre, les mains ouvertes sur les genoux. L'un d'eux leva sur lui ses yeux usés et dit en arabe avec un mouvement indigné des deux mains.

– Alors? Qu'est-ce que c'est que ça?

– Rien, dit Abdelaziz, je parlais à ce gentil roumi.

L'autre fixa sur lui son regard triste, secoua la tête plusieurs fois et dit d'une voix rauque et basse:

– Aucun roumi n'est gentil. Aucun. Aucun.

Robert Merle, **Derrière la Vitre**, Paris 1970, IIIe partie, chapitre 2, pp. 95-102.
(C) Editions Gallimard

43
Nanterre
Portes ouvertes

Les étudiants de Nanterre ont ouvert pour les fêtes de la Pentecôte les portes de la faculté aux ouvriers du voisinage et à leurs familles. Plusieurs centaines de travailleurs sont venus, accompagnés de leurs enfants. La plupart venaient du bidonville tout proche, et des bandes d'enfants basanés, portugais ou marocains, ont transformés les galeries et les couloirs de la faculté en terrain de jeux. Les plus jeunes avaient été confiés à la "garderie". Pendant ce temps, les parents ont pu participer à des discussions organisées dans les amphithéâtres et à plusieurs séances de cinéma gratuites.

"Le Monde" du 4 juin 1968, p.6.
(C) "Le Monde"

B: Sur les relations entre les étudiants et les ouvriers

TEXTES 44 et 45

Les scènes observées par le journaliste Kerbourc'h, début juin (texte 44), montrent la distance qui sépare le monde des étudiants de celui des ouvriers. Contrairement aux intellectuels, les ouvriers ne paraissent pas prendre au sérieux la lutte révolutionnaire des étudiants. Ils se méfient de ces jeunes qu'ils considèrent comme des enfants gâtés, fils à papa. Ce sont surtout les gauchistes et les anarchistes qui choquent les ouvriers par leur extérieur bohème et leur refus décidé de prendre en considération les aspects matériels de la vie. Les étudiants, de leur côté, ont une image trop abstraite de l'ouvrier qu'ils croient malheureux, opprimé et prêt à se révolter sous leur égide (Dansette, p.200s.). Le jugement de l'ouvrier syndicaliste est plus positif (texte 45). On y constate un peu plus de sympathie des travailleurs envers les étudiants et une disposition croissante pour une future collaboration.

44

A la porte des usines Citroën,
samedi, 1er juin 1968

- Comment ça va? demande un étudiant.
- Normalement.
- Pas de problème personnel?
- Aucun.
- Votre alimentation, ça va?
- On peut tenir au moins six mois.
- Que font vos camarades en ce moment?
- Ils jouent à la belote.
- Vous ne discutez pas politique?
- Non, on ne fait pas de politique ici.
- Est-ce que vous avez l'impression que la direction va vous serrer la vis après la grève?
- Nous verrons bien.
- Vos camarades qui ne jouent pas à la belote, que font-ils?
- Ils jouent aux boules.
- Ne pouvez-vous pas vous rendre utiles, au lieu de jouer à la belote, aux boules ou au bridge (sic), demande une fille.
- Nous n'avons pas l'habitude de travailler pour rien, Mademoiselle.
- Vous êtes sûr, reprend un garçon, que vos camarades ne travaillent pas?

- Est-ce que vous entendez le bruit des machines?
- Non.
- Eh bien, c'est donc qu'ils ne travaillent pas.
- Que pensez-vous des étudiants?
- Ils ont leurs propres revendications.
- Certes, mais il y a un dénominateur commun à nos revendications et aux vôtres c'est de foutre le gouvernement en l'air.
- A ce sujet, que veulent exactement les étudiants?
- Donner le pouvoir aux ouvriers.
- C'est très bien. Mais nous ne pensons pas que les ouvriers vont descendre dans la rue.
- Pourquoi mettez-vous le drapeau rouge à la porte de vos usines alors?
- Parce que c'est le drapeau de la C.G.T.
- Que pensez-vous des mots d'ordre de vos syndicats qui vous ont déconseillé de descendre dans la rue?
- Nous avons déjà assez à faire ici. Nous n'avons pas le temps de nous mêler des manifestations des étudiants.
- Pensez-vous qu'il y ait des différences fondamentales entre ouvriers et étudiants?
- Il y a chez vous beaucoup de fils à papa.
- Oui, je suis fils à papa! s'écrie un étudiant. Oui, je le dis! Nous sommes ici pour la plupart des fils de bourgeois! mais nous ne voulons pas vivre comme nos parents!
- Où sont vos parents en ce moment?
- A la campagne.
- Moi, j'aimerais avoir un peu plus d'argent pour aller à la campagne.
- Oh, tais-toi, tais-toi, dit un étudiant, effondré.
- Mais à quoi te servira d'avoir un peu plus d'argent dans le même système capitaliste? dit le "fils de bourgeois". Tu seras forcément leurré.
- On verra bien.
- Oui, nous sommes des fils de bourgeois! reprend le "fils à papa". Mais nous renonçons aux privilèges de la bourgeoisie! Nous voulons que le Pouvoir soit exercé par les travailleurs. C'est cela notre but, et non pas 10 % d'augmentation.
- Pour nous, une augmentation n'est pas négligeable, dit un ouvrier.
- Ils n'ont véritablement rien entravé, dit une voix à la cantonnade.
- On va t'apprendre une chose, dit un autre étudiant.
- Eh bien, vas-y. Apprends-moi une chose, répond l'ouvrier narquois.

Mais l'étudiant n'a pas le temps de rien "apprendre" à l'ouvrier. Un hélicoptère de la police fait entendre son ronflement, et la foule chante en choeur: "Alouette, gentille alouette ..."

Puis des slogans sont repris: "Etudiants-travailleurs-solidaires" et "Ce n'est qu'un début. Continuons le combat". On chante "l'Internationale": "Debout les damnés de la terre, debout les forçats de la faim, etc. ...". Enfin, on fait la quête pour les grévistes.

- Nous avons encore des réactions de bourgeois dit un étudiant. Comme nous ne pouvons rien leur donner d'autre, nous leur donnons de l'argent.

Un ouvrier coupe cette méditation. Il lit un texte qui vient de la C.G.T. En substance, ce texte remercie les étudiants de leur gentillesse, mais souligne que la C.G.T. n'a pas été consultée, et "qu'elle est opposée à toute initiative inconsidérée qui pourrait être interprétée par les forces de l'ordre, comme une provocation entraînant la répression".

Les étudiants se dispersent. L'un d'eux, à la fois rageur et triste, laisse tomber:

- Ils auraient pu employer un autre ton pour nous disperser.

Jean-Claude Kerbourc'h, **Le Piéton de mai**, Paris 1968, pp.118-122.

45
Jugement d'un ouvrier

Il y a des mecs qui disent que la classe ouvrière est embourgeoisée. Ils parlent comme ça, mais la classe ouvrière n'a jamais, jamais été embourgeoisée. C'est très net. Seulement elle ne veut pas se lancer dans une aventure, sachant très bien que ça peut être une provocation. Et en mai, ce n'était pas si clair que ça. Parce que le mouvement étudiant, il ne faut pas qu'ils l'oublient, les mecs, il a un caractère provocateur, sous certains aspects. Il faudrait faire gaffe. Le coup de l'incendie de la Bourse(168), par exemple. C'est spectaculaire mais en fait, ça ne prouve absolument rien du tout. C'est de la connerie. Et ça ressemble bien à une provocation. En tout cas, c'est comme ça qu'on l'a ressenti (p.43 s.).

Et les gars ont écouté des interviews des responsables étudiants à la télé. Il faut dire qu'ils se présentaient sous un jour assez sympathique. Sauf un gars. Il y a un gars - mais je ne devrais peut-être pas le dire, il ne faut pas que je le démolisse, ce gars-là, je ne le connais pas - mais il y a un gars qui m'a pas plu: c'est Cohn-Bendit.(169). Ce mec-là, il m'a paru vraiment excessif, avec son histoire de spontanéité. Mais on les a entendus parler à la télé, les étudiants. (...) Ils ont expliqué pourquoi ils se battaient. Ce n'était pas très clair; surtout leurs objectifs n'étaient pas très clairs. On ne savait pas exactement où ça débouchait. Or, il fallait un moment arriver à déboucher quelque part. Et chez les ouvriers, on sait ça.

(...) Mais il faut bien que les étudiants se rendent compte qu'on n'est pas forcé de comprendre leurs problèmes d'un seul coup, alors que les anciens étudiants, les réactionnaires, ignoraient totalement les nôtres; ils ne nous connaissaient pas; ou plutôt ils faisaient semblant de ne pas nous connaître; ils étaient même du côté de l'ennemi. Alors il ne faudrait pas non plus qu'ils exigent de nous une compréhension immédiate, un mouvement spontané vers les étudiants; que d'un seul coup on ait tout pigé, leur situation, ce qu'ils veulent exactement. En fait, on a été pris de court. Ce qu'il aurait fallu, c'est qu'ils profitent de toutes les occasions pour exposer ce qu'ils voulaient. (...) Il faut que dans le peu de délai qui leur est imparti, ceux qui sont conscients s'expliquent le plus clairement possible, sans phrases excessives, mais avec des mots, des phrases claires et compréhensibles par tous. Enfin qu'ils essaient. Parce que nous, on n'a pas les mêmes raisons qu'eux d'être excités comme ça. (p.61 s.)

Tu demandes à un mec et il te dira: "Un étudiant, ah! ces mecs plus ou moins efféminés, ces fils à papa? On s'en fout." Et c'est vrai, d'ailleurs. Il faut aussi bien se dire une chose, c'est que si les mecs, eux, attendent après leur bifteck, les étudiants pas. Les étudiants n'ont pas perdu leurs vacances. Mais les mecs, dans les boîtes, les ont perdues. Il faudrait peut-être qu'on s'en aperçoive, qu'ils sachent ça. Les mecs, leurs sacrifices et les nôtres n'étaient pas comparables (p.63).

Il y a un truc que je leur reproche pour le moment. On peut d'ailleurs le reprocher aux deux, aux étudiants et aux ouvriers. C'est que d'une part, les étudiants sont ouvriéristes. D'autre part, les ouvriers sont complexés vis-à-vis des étudiants. Enfin vis-à-vis d'étudiants d'un certain niveau déjà. (...) C'est pourquoi il faudrait plus d'échanges. Seulement il ne faut pas s'imaginer qu'on peut supprimer toutes les barrières. (...) Ce n'est pas maintenant possible. C'est l'étudiant d'origine ouvrière ou paysanne qui fera ce travail-là dans sa propre famille. Ce n'est pas l'étudiant d'aujourd'hui qui peut le faire (p.82 s.).

Ils avaient de la spontanéité, ils étaient gonflés, ils étaient courageux. Ils étaient même prêts à aller au maximum et à faire des gros sacrifices. Et ça, j'estime que c'est bon. C'est bon pour eux, ça. (...) Il ne faut surtout pas que les gars nous foutent là-dedans. Parce que nous, c'est depuis toujours qu'on se bat dans les usines. C'est tous les jours qu'on se bat. Ç'a été pour eux une école. Pas pour nous (p.84).

Cité d'après **Un Ouvrier parle**, enquête de Juliette Minces, Paris 1969, pp.43-84.
(C) Editions du Seuil

C: Le Rôle des syndicats en Mai 68

TEXTES 46 et 47

Les deux textes suivants traitent du rôle des syndicats ouvriers. La chanson de Dominique Grange (texte 46), enregistrée sur le disque **Chansons de Mai, expressions spontanées**, Paris 1968, a été composée après les négociations de Grenelle qui eurent lieu du 25 au 27 mai 1968. La situation ouvrière y est décrite dans le langage coloré de la guerre et de la Résistance. Le gouvernement et les patrons sont comparés aux occupants nazis, les syndicats aux collaborateurs détestés. Les ouvriers y figurent comme le peuple français, résistant et emportant, finalement, la juste victoire. Dans le texte 47, l'ouvrier qui est membre de la C.G.T., met en doute le caractère révolutionnaire du mouvement de Mai. Il fait ressortir les résultats positifs que les syndicats ont obtenus pour les travailleurs en poursuivant la stratégie des revendications et des négociations.

46

Chansons de Mai 68

1 Ecoutez-les, nos voix, qui montent des usines, nos voix de prolétaires qui disent 'y en a marre, marre de se lever tous les jours à cinq heures, pour prendre un car, un train, parqués comme du bétail,

5 marre de la machine qui nous soûle la tête,
marre du chefaillon(170), du chrono(171) qui nous crève,
marre de la vie d'esclaves, de la vie de misère,
écoutez-les, nos voix, elles annoncent la guerre.

10 Nous sommes les nouveaux partisans, franc-tireurs de la guerre de classes, le camp du peuple est notre camp, nous sommes les nouveaux partisans.(172)

Regardez l'exploité quand il rentre le soir
et regardez les femmes qui triment toute leur vie,
vous qui bavez sur nous, qui dites qu'on s'embourgeoise(173)

15 descendez dans les mines à six cent mètres de fonds,
c'est pas sur vos tapis qu'on meurt de silicose,
vous comptez vos profits, en compte nos mutilés.
Regardez-nous vieillir au rythme des cadences,
patrons, regardez-nous, c'est la guerre qui commence.

20 Nous sommes les nouveaux partisans, ...

Et vous, les gardes chiourmes(174) de la classe ouvrière,
vous sucrez sur nos dos, ça ne vous gêne pas,
vos permanents larbins(175) nous conseillent la belote(176)
et parlent en notre nom au bureau du patron.

```
25  Voter, manipuler, recommencer Grenelle, vous ne nous
    tromperez pas, maintenant ça ne marche plus,
    il n'y a que deux camps, vous n'êtes plus du nôtre,
    à tous les collabos, nous y ferons la guerre.

    Nous sommes les nouveaux partisans, ...

30  Balladez-vous un peu dans les foyers putrides
    où on dort par roulement quand on fait les trois huit(177),
    la révolte qui gronde au foyer noir d'Ivry annonce
    la vengeance des morts d'Aubervilliers.(178)
    C'est la révolte aussi au coeur des bidonvilles
35  où la misère s'entasse avec la maladie,
    mais tous les travailleurs immigrés sont nos frères,
    tous unis avec eux, on vous déclare la guerre.

    Nous sommes les nouveaux partisans, ...

    La violence est partout, vous nous l'avez apprise,
40  patrons qui exploitez et flics qui matraquez,
    mais expulsez Kader, Mohammed se dresse.
    Car on n'expulse pas la révolte du peuple,
    peuple qui se prépare à reprendre les armes,
45  que des traîtres lui ont volées en 45,(179)
    oui, bourgeois, contre vous, le peuple veut la guerre.

    Nous sommes les nouveaux partisans, ...
```

Caricature de Maurice Siné dans le premier numéro du journal satirique "L'Enragé", paru le vendredi 24 mai 1968.

Jugement d'un ouvrier sur le rôle de la C.G.T.

En somme, ce n'était pas la nation française en entier qui était dans la grève. Ou plus exactement, dans ce mouvement de masse. Et si le P.C.F. avait été à la tête de ce mouvement, ça n'aurait rien changé. C'est pour ça qu'il ne fallait pas croire que le mouvement de mai pouvait avoir une fin révolutionnaire. C'était impossible. C'est pour ça aussi que je ne suis pas d'accord avec ce qu'ils disent de la C.G.T. Il ne faut pas tout abandonner, tout attaquer comme ça. Les types, à la C.G.T., ont fait des revendications sur le plan de l'entreprise; par exemple chez Renault, c'était toujours sur le plan de l'entreprise que les types ont mené le combat; avant, Renault avait des conditions de salaire spécifiques. Et là, en mai, ça s'est lancé sur une plus grande échelle. Et ça a débouché sur des conventions concernant non plus simplement cette entreprise, mais toute l'automobile. Ils ont essayé de faire ça, quoi, concernant l'automobile. Ce n'est pas si mal.

Un ouvrier parle, enquête de Juliette Minces, Paris 1969, p.78 s.
(C) Editions du Seuil.

D : La résonance du mouvement

TEXTES 48 et 49

48

Lettre d'un père à sa fille, étudiante à Paris

La lettre d'un surveillant général d'un lycée parisien traduit fort bien le sentiment de solidarité qui régnait après la nuit des barricades du 10 mai, et qui aidait à répandre la révolte. La population fut à peu près unanime à condamner la répression policière et à accuser les responsables politiques.

Paris, dimanche 12 mai 1968

Ma petite fille,

Comme tu le sais, j'ai été témoin, habitant au Quartier Latin, de la sauvagerie et de la brutalité de la police, en particulier des mercenaires bestiaux à la solde du pouvoir autoritaire que vous avez justement assimilés aux S.S., dont nous avons eu à souffrir sous l'occupation. Comme tu le sais, je suis intervenu violemment boulevard Saint-Michel pour essayer de calmer quelques brutes en uniforme et j'ai offert mon témoignage au service de la Croix-Rouge. (...)

Comme Pompidou, il m'arrive d'avoir des idées, et comme lui, je me permets de te les soumettre. Si j'étais représentant mandaté d'un syndicat ou d'une association, voilà les lettres que j'adresserais :

à M. le Premier ministre Pompidou

Monsieur Pompidou,

Si vous voulez garder votre place, ne partez plus en voyage et ne laissez plus seul un vieillard aussi gâteux que le fût le Maréchal Pétain, mais combien moins respectable que lui. Puisque vous semblez être le seul à avoir sa confiance, conseillez au plus vite à M. de Gaulle d'abandonner son trône et d'aller finir ses jours à Colombey, ce sera moins pénible pour lui que de subir le sort qu'il a infligé à celui qui fut son chef, le maréchal Pétain. Ceci fait, constituez au plus vite un gouvernement avec des hommes nouveaux choisis à droite et à gauche, mais avec de vrais républicains opposés au pouvoir personnel, les seuls capables de faire l'unanimité en France.

à Monsieur Fouchet,

Vous avez montré votre incapacité partout où vous avez servi non pas le pays mais votre maître. Alors, M. Fouchet, allez-vous-en, essayez de trouver une situation, avec votre licence en droit, si possible dans le privé ou à l'étranger !

à Monsieur Joxe, garde des Sceaux,

Si vous êtes un vrai démocrate, supprimez les tribunaux d'exception, rendez aux magistrats, qui en sont dignes, et ils ne le sont malheureusement pas tous, leur indépendance. Ainsi vous éviterez des condamnations aussi injustes et aussi stupides que celles qui ont été prononcées dans un climat de désordre peu propice à rendre la justice librement.

Comment un tribunal a-t-il pu condamner un lycéen de 19 ans pour infraction à la législation sur les armes parce que trouvé porteur d'une grenade lacrymogène lancée par la police et non éclatée et qu'il avait ramassée sur le boulevard Saint-Germain? Ou bien cette grenade est une arme, et alors la police a utilisé des armes contre des étudiants, contre des lycéens et contre tous les passants, et alors il fallait faire comparaître votre collègue Fouchet et M. Grimaud et les condamner. Ou bien cette grenade n'est pas une arme, et alors quelle infraction a commis ce jeune homme pour avoir ramassé ce qui lui a été envoyé si généreusement par une police pacifiste, patiente et presque bienveillante?

Allons, M. Joxe, dites à vos magistrats d'être sérieux et de faire honnêtement leur métier, et prenez des sanctions contre ceux qui jugent avec partialité pour vous faire plaisir et pour soigner leur avancement!

> Le père s'adresse ensuite au **préfet Grimaud** dont il apprécie l'attitude libérale et raisonnable.(180) Il lui demande de laisser agir ses gardiens de la paix au lieu des C.R.S. connus pour leur brutalité. Il lui recommande de démissionner dans le cas où le pouvoir politique ne lui permettrait pas de remplir sa mission de protéger la paix intérieure. La lettre au "ministricule" de l'Education, **M. Peyrefitte**, est plus sévère. Il lui attribue la responsabilité de la "guerre civile" déclenchée dans le Quartier Latin. Au **recteur Roche**, il reproche son manque de courage. Il aurait dû calmer lui-même les étudiants sans faire appel à la police.(181)
>
> Il apprécie ensuite la déclaration de **Mgr. Marty** tout en critiquant le fait qu'il ne se soit pas adressé aux responsables politiques.
>
> "Prier, c'est bien pour un chrétien", dit-il, "mais agir, c'est mieux."
>
> Au nom de tous les parents, il remercie le professeur Monod pour l'engagement des Prix Nobel en faveur des étudiants. Ils avaient offert leur démission au cas où le gouvernement ne prendrait pas de mesures réconciliatrices. Voici la fin de sa lettre:

Ma petite fille, maintenant c'est à toi que je m'adresse: beaucoup de "vieux" pensent comme moi et sont bouleversés par les événements qui viennent de se produire, ils admirent le courage des jeunes pour faire triompher leurs idées, ils déplorent avec une infinie tristesse qu'un mouvement de jeunes si généreux et si enthousiastes se soit terminé, par la faute d'un pouvoir à la fois dictatorial et lâche et qui a fait la preuve non pas de son autorité mais de sa faiblesse, se soit terminé dans le sang. Nous sommes avec vous pour protester contre la violence policière et contre les lois d'exception. (...) Que le pouvoir policier sache que nous saurons, nous les vieux, descendre dans la rue à côté de nos enfants et d'empêcher que la nuit de vendredi se renouvelle! Vous, les jeunes, faites votre révolution, qui est celle des ouvriers mais aussi des bourgeois (dont vous faites partie), faites un effort pour que votre mouvement soit le plus pacifiste possible et qu'il soit dirigé contre la dictature, mais non pas contre une société qui ne vous est pas forcément hostile et qui, bien que réagissant plus lentement que vous, ne demande pas mieux que de vous comprendre et de vous aider dans un mouvement que, pour ma part, je considère comme noble et généreux! Comme Pompidou, je pourrai te dire: puisses-tu entendre mon appel;(182) je te dis: je suis avec toi et tous tes camarades!

Collection privée, Paris.

49

Appel aux soldats

Ce tract dit du 153e Régiment d'infanterie mécanisée de Mutzig, a été écrit par les étudiants en lettres de l'Université de Strasbourg, qui l'ont distribué ensuite aux soldats stationnés dans la région(183). Ils revendiquent une nouvelle forme d'éducation militaire vraiment démocratique, sans hiérarchie et sans l'encasernement de 14 à 16 mois.

"On te donne un fusil, prends-le."

Nous faisons nôtre ce mot d'ordre parce que nous pensons qu'une société authentiquement démocratique n'a pas besoin de corps spéciaux armés. Le droit de tous à être instruits dans l'armement et les techniques de combat n'existe pas et pour cause.

La bureaucratie militaire, avec ses traditions surannées, est recrutée selon un mode sélectif socialement pour le maintien des couches sociales possédantes. L'instruction des armes extrêmement rudimentaire donnée au contingent exprime la volonté selon laquelle les couches populaires ne seraient que des troupes de manoeuvres dociles dans un conflit éventuel. Les rapports hiérarchiques et les pressions ultra-autoritaires auxquels sont soumis les appelés, perpétuent les méthodes actuelles d'enseignement et tous les interdits contre lesquels la jeunesse commence à lutter. Ils sont en même temps la garantie de la séparation entre décisions et exécutions dans une société où la gestion de la production sociale est le privilège de quelques-uns.

Le droit égal pour tous à recevoir une instruction des armes ne justifie nullement un encasernement de 14 à 16 mois. Ce chômage voilé scandaleux est peut-être justifié par de pseudoraisons économiques, mais ce n'est pas notre affaire puisque nous n'avons aucune part réelle dans la gestion de la société française. Des centaines de milliers de jeunes sont ainsi légalement réduits chaque année à une semi-détention dégradante. Celle-ci ne saurait être justifiée par le fait que le service militaire actuellement conçu représente une promotion réelle, mais extrêmement parcellaire et combien coûteuse sur le plan du développement de la personnalité, pour quelques couches socialement retardées de la jeunesse, ni par l'entraînement physique, qui d'ailleurs ne fait que combler, dans des conditions assez irrationnelles, les insuffisances de l'Education nationale et de l'environnement social.

Il faut démystifier l'opinion très répandue dans les couches populaires selon laquelle le service militaire et sa discipline obsessionnelle sont une phase nécessaire d'entrée dans la vie adulte. Cette opinion n'est que l'expression d'un sado-masochisme culpabilisé produit de l'éducation et ciment des rapports sociaux actuels.

L'instruction militaire doit être un droit égal pour tous.

L'instruction militaire et l'éducation sexuelle doivent être intégrées administrativement, géographiquement et chronologiquement, dès le plus jeune âge, à l'ensemble de l'Education nationale et régies selon les mêmes principes actuellement revendiqués par les étudiants et les lycéens: dialogue et cogestion.

A bas l'encasernement. (...)

Nous, comités d'action des soldats du 153e RIMECA(184), stationné à Mutzig, avons voté à l'unanimité cet appel et souhaitons que toutes les organisations ouvrières de la jeunesse, sans sectarisme, le diffusent largement parmi les travailleurs, étudiants et soldats.

Comme tous les appelés, nous somme consignés dans nos casernes. On nous prépare à intervenir en tant que forces répressives. Il faut que les travailleurs et la jeunesse sachent que les soldats du contingent **ne tireront jamais sur les ouvriers.**

Nous, comités d'action, nous opposerons à tout prix à l'investissement d'usines par les militaires. (...)

Nous fraterniserons.

Soldats du contingent, formez vos comités!

Nos revendications immédiates sont:

- service militaire réduit à 8 mois avec instruction militaire effective;
- abolition de la discipline obsessionnelle non nécessaire au contenu de l'instruction militaire;
- liberté d'organisation politique et syndicale du contingent;
- réforme pédagogique basée sur le dialogue de l'instruction militaire et cogestion de toutes les activités avec les instructeurs.

Vive la solidarité des travailleurs,
soldats, étudiants et lycéens!
Vive la Démocratie ouvrière!
Vive la joie, l'amour et le travail créatur!

Le 22 mai 1968

... et d'autres répercussions de Mai 68

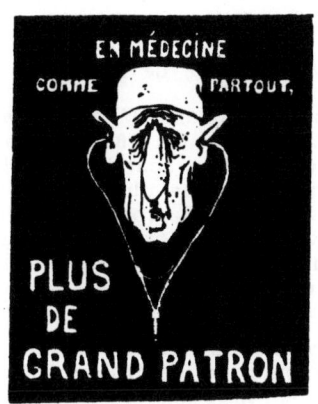

E: **Mai 68 dans l'Eglise**

TEXTES 50 - 53

> Un vrai Carême serait une grève générale qui paralyserait les mécanismes de la société de profit. La grève générale de protestation contre l'injustice structurelle du monde est bien la liturgie contemporaine de la Pâque.
> Le Père Jean Cardonnel(185)

Le mouvement contestataire dans l'Eglise catholique avait commencé longtemps avant Mai 68.(186) Un premier symptôme en avait été, en octobre 1962, le scandale de Rome, lors de la réunion de 2540 évêques, venus du monde entier. Le cardinal français Liénart avait osé interrompre les élections solennelles des commissions prévues par l'ordre du jour. Il avait proposé de les reporter à une heure ultérieure afin de donner d'abord à tout le monde l'occasion de mieux se connaître. Ce fut un éclat qui suscita des discussions fort controverses.

Tous les actes de révolte à l'intérieur de l'Eglise avaient un point commun: la volonté de se libérer d'une structure hiérarchique et autoritaire et d'ouvrir l'Eglise au dialogue avec tous ses membres. La déclaration des cent prêtres de Paris (texte 51) exprime clairement le refus d'une "conception paternaliste" et exige que l'Eglise s'occupe des problèmes sociaux concrets. Dans beaucoup de paroisses à Paris et en province, des groupes se formèrent spontanément où des chrétiens de toutes les confessions discutaient ensemble. Le Centre Saint-Yves, siège des étudiants catholiques en droit, situé rue Gay-Lussac, après avoir été transformé en poste de secours pendant la première nuit des barricades, devint ensuite un lieu toujours ouvert aux débats publiques des étudiants chrétiens et d'autres interlocuteurs.

Les représentants importants de l'Eglise furent actifs, eux aussi, dans le mouvement de Mai: l'archevêque de Paris, Mgr. Marty, lança le mot célèbre "Dieu n'est pas conservateur" dans une lettre à tous les prêtres de son diocèse, et les pria de prendre cette devise comme point de départ pour leur sermon, le jour de l'Ascension. Tout en s'abstenant de s'associer à une fraction politique, Mgr Marty se rendit auprès des étudiants de même qu'auprès des agents de police blessés dans les combats. Son appel radiodiffusé du 25 mai, au lendemain d'une autre nuit de barricades, montre le souci de comprendre la révolte des jeunes tout en cherchant à mettre fin aux excès (texte 53).

Dans notre choix de textes, nous n'avons pas tenu compte des forces conservatrices de l'Eglise catholique qui se prononçaient contre le mouvement de Mai. C'est pour cela que nous renvoyons à l'article du cardinal Daniélou, reproduit dans notre chapitre des "Jugements". Sans condamner les jeunes, il fait allusion au côté destructeur et nihiliste de l'insurrection.(187) L'Eglise, en général, cherchait à garder une difficile neutralité politique. Devant les mesures sévères, prises par le gouvernement pour restaurer l'ordre, les responsables de l'Eglise ne se taisaient pourtant pas. L'archevêque de Nantes, Mgr Vial, critiquait la tentative gouvernementale d'utiliser les "réflexes de peur et de panique qui cachent souvent un égoïsme individuel ou collectif" (texte 53). L'expulsion des étrangers en juin 1968 suscita la protestation du prêtre catholique Mgr Colin, du pasteur protestant Charles Westphal et du grand rabbin Kaplan. Le 26 juin, ils firent une déclaration commune dans laquelle ils critiquaient le côté injuste et inhumain de cette mesure. Le 18 juillet, lors d'une cérémonie de commémoration de la deuxième bataille de la Marne(188), le cardinal Liénart prononça une homélie très contestée en milieu catholique. En présence du général de Gaulle, il évoquait le malaise "réel et profond" des jeunes étudiants et ouvriers, malaise qui n'aurait pas été effacé par des "arrangements immédiats"(189) effectués par le gouvernement. Le Pape lui-même, dans son discours du 25 septembre 1968, reconnut l'idéalisme et la générosité des jeunes, "leurs aptitudes au sacrifice, au courage, à l'amour" et "l'héroïsme qu'ils ont dans le coeur".(190) La crise de Mai 68 a donc trouvé un écho dans l'Eglise où se multiplieront dès lors les tentatives de changer les cérémonies et certaines formes de la vie religieuse.

50

Tract chrétien de Mai 68

Voici un tract distribué en Mai montrant combien la révolte se double d'une pensée chrétienne. Cette union d'une éthique religieuse et sociale remonte au début du socialisme français comme le prouve l'oeuvre d'un élève de Saint-Simon, Philippe Buchez (1796-1865). Ce fut un des fondateurs du socialisme chrétien qui a voulu "réaliser socialement les commandements de la morale chrétienne" (Maxime Leroy, **Précurseurs français du socialisme**, Paris 1948, p.352).

Eh bien, maintenant!

Vous qui dites: "Aujourd'hui ou demain nous allons faire du commerce et gagner de l'argent!"

Vous qui ne savez pas ce que vous deviendrez demain: vous êtes une fumée que paraît un instant, puis disparaît.

Que ne dites-vous au contraire: "Nous vivrons et nous agirons au gré du Seigneur" (qui est Amour). Mais voici que vous vous glorifiez de votre impudence! Et voilà le Mal! Qui sait bien agir et se dérobe, pèche.

Eh bien, maintenant, les riches!

Pleurez, hurlez sur les malheurs qui vont vous arriver: votre richesse est pourrie, vos vêtements rongés aux vers. Votre or et votre argent sont corrompus, et leur corruption témoignera contre vous: elle dévorera vos chairs:

c'est un feu que vous avez thésaurisé dans les derniers jours! Voyez: le salaire crie, dont vous avez frustré les ouvriers et les clameurs des moissonneurs sont parvenues aux oreilles du Seigneur de l'Univers (qui est Amour).

Jacques IV, 13-17; V,1-5

51

Déclaration
de 100 prêtres, curés et vicaires de Paris et de la
région parisienne, signée le 24 mai

A la suite de l'appel de Mgr Marty, le 22 mai, les prêtres de la région parisienne soutiennent les contestataires contre les défenseurs du "monde de consommation individualiste". Selon les hommes de l'Eglise, c'est un monde qui n'est pas conforme à l'éthique de l'Evangile.

Nombreux sont les prêtres qui voudraient partager avec les hommes leurs préoccupations quotidiennes et exprimer au milieu d'eux tous les liens qu'ils découvrent entre la vie et l'Evangile. Cela existait avant le Concile mais, depuis lors, cette recherche s'est encore accentuée. Les événements actuels conduisent les prêtres signataires (qui n'engagent qu'eux-mêmes) à manifester publiquement l'essentiel de leurs réflexions. Ils pensent rejoindre ce qu'exprimait le Père Marty dans sa lettre au clergé du 22 mai.

Solidaires de la population de nos quartiers, et acceptant d'être remis en question par elle, nous estimons, nous, prêtres, qu'à une heure où un souffle nouveau passe sur notre pays, nous ne pouvons pas nous taire.

C'est toute une conception paternaliste et autoritaire de la politique, de l'économie, de l'Université, qui est remise en cause. Nous savons que l'Eglise n'échappe pas à cette critique. Nous contestons aujourd'hui, dans tous les domaines, la façon dont on pense et décide pour nous.

Au contact des familles ouvrières, des étudiants, des militants de tous horizons, croyants ou non, qui nous paraissent être la conscience du monde, s'est peu à peu forgée en nous cette conviction profonde que nous ne pouvions être prêtres d'un peuple en dehors d'un partage réel de ses espoirs, de ses échecs, de sa soif de justice, de son désir de liberté et de responsabilité.

Nous ne pouvons plus employer un langage qui ménage à la fois les uns et les autres, et qui permette aux uns et aux autres des s'y reconnaître et de se justifier.

Aussi, devant la crise présente, et quelles que soient les issues politiques provisoires trouvées demain, nous déclarons sans ambiguité, que nous nous voulons pleinement solidaires de la contestation d'un monde où l'homme est sacrifié au profit et à l'argent dans un système capitaliste. Cette contestation n'est pas une demande de quelques réformes apaisantes, mais la remise en cause radicale d'une manière de vivre entre les hommes.

Nous déclarons:
- Qu'une société où l'homme n'est considéré que comme force de production ou de consommation, et où l'on peut parler de lui en employant les mots de "déchet", de "volant de main-d'oeuvre", de "pourcentage acceptable", est en contradiction absolue avec le message de Jesus-Christ,
- Que nous ne nous sentons liés à aucun pouvoir établi et que nous voulons garder vis-à-vis de lui notre liberté,
- Qu'il ne saurait y avoir de solution qui ne soit "politique" et que nous reconnaissons que, sur ce point, notre mode de vie nous a souvent empêché d'apprecier la réalité,
- Que nous n'avons à défendre aucune institution, ni position de force ou de puissance,
- Que nous tenons à défendre la dignité de chaque personne humaine et donc à prendre position dans des situations concrètes.

Bref, au moment même où notre pays est troublé, nous prenons parti pour ce grand mouvement de solidarité qui se déploie, et qui nous paraît plus en conformité avec l'Evangile qu'un monde de consommation individualiste.

Nous souhaitons vivement que cette prise de position soit un rappel au dialogue et à la participation.

Collection privée, Paris.

Le message de la Pentecôte

Textes 52 et 53

La position favorable de l'Eglise vis-à-vis du mouvement de Mai a suscité bien des critiques. Le quotidien gaulliste "La Nation" reprochait aux "chrétiens progressistes" de s'être laissés déborder par les extrémistes (Serrou, p.40). Mais les déclarations et sermons faits par les prêtres et cardinaux montrent plutôt le souci de l'Eglise d'appeler au calme, à la réconciliation et à la compréhension mutuelle. La déclaration de Mgr Marty, diffusée au lendemain des graves désordres du 24/25 mai, en est un exemple (reproduit chez. C. Fohlen, Mai 1968, Paris 1973, p.44 ss.) et, surtout, le sermon de Pierre Biard (texte 52). Enoncé après la reprise du pouvoir par les gaullistes, il est un témoignage subtil de la sympathie d'une partie de l'Eglise envers la révolte. Le texte est riche en allusions à la nécessité d'un changement social et culturel qui, selon son auteur, serait plus conforme aux idées de la Bible que la sauvegarde des anciens modes de vie. La prise de position de l'archevêque de Nantes (texte 53) est d'un intérêt particulier car il critique ouvertement le rétablissement d'un ordre inhumain appuyé par la panique des citoyens. Mgr Vial évoque l'inspiration altruiste de la révolte de Mai et appelle à tous les Français de ne pas étouffer ce mouvement. Pourquoi cette quasi-condamnation du retour à l'ordre? Sans doute, le contexte nantais y a été pour quelque chose. Les habitants de Nantes avaient eu l'expérience, unique en France, d'une prise de pouvoir populaire (voir p.160).

52
Journées chargées d'inquiétude. Journées chargées d'espérance.

"Viens, Esprit Saint,
Fais-nous parvenir un rayon de la lumière
Fortifie-nous de ton éternelle force"

C'est l'appel de tout notre être. Pour chacun de nous. Pour le monde entier.

La face de la terre ne cesse de se renouveler. A peine les hommes ont-ils formé le projet de travailler ensemble, de construire leur monde, que le durcissement des intérêts, des pensées ou des volontés, les sépare les uns des autres, les divise en sociétés fermées. C'est Babel. La communication devient impossible. On étouffe. Il faut un ouragan pour que les fenêtres et les portes cèdent, pour que les hommes réalisent qu'au-delà de leurs séparations ils peuvent se retrouver, se rencontrer sous le feu d'un même Esprit. Et c'est la Pentecôte.

Des murs viennent d'être abattus. Des bastions sont rasés. Il ne faudrait pas que se dressent de nouvelles barrières. Il faut que la rencontre s'opère, que la communication entre tous s'établisse fermement.

A nous de faire que ce soit sous le signe de l'Esprit.

Nous avons besoin de l'Esprit. Nul ne peut penser seul, juger seul, décider seul. Nous ne pouvons voir clair que si nous sommes assistés par quelqu'un qui nous éclaire: L'Esprit qui, Lui, nous conduira à la plénitude de la vérité.

Comment briserons-nous la carapace de notre indifférence ou de notre péché pour laisser pénétrer en nous la lumière de l'Esprit? Sur quel point nous convertirons-nous, pour que la force de cet Esprit fasse irruption en nous et nous rende aussi audacieux que les Apôtres sortant de la salle du Cénacle où ils étaient enfermés par peur?

Depuis quelques années, animée par l'Esprit Saint, l'Eglise a entrepris un grand mouvement de rénovation. Des structures périmées ont craqué. Un mode nouveau de relations, plus humain, plus fraternel, commence à s'établir entre ses membres.

Cette véritable communauté chrétienne, où chacun s'efforce de connaître, d'aimer et de respecter l'autre, ne devrait-elle pas servir de modèle dans la recherche de ce nouveau type de relations auquel chacun aspire?

A nous de faire, en accueillant l'Esprit, que cette espérance devienne maintenant réalité.

Viens, Esprit Créateur et aujourd'hui encore, renouvelle la face de la terre.

> Pierre Biard, Paroisse Saint-Jacques du Haut-Pas, Paris, dimanche 2 juin 1968. Collection privée, Paris.

53

A l'heure où des hommes voient certaines de leurs espérances menacées, où d'autres pensent avoir retrouvé la sécurité, et où tous aspirent à la paix, l'évêque et les responsables des secteurs pastoraux de Nantes et de Saint-Nazaire voudraient, en ce dimanche de Pentecôte, faire oeuvre de vérité à la lumière de l'Evangile.

S'il n'est pas dans la mission de l'Eglise de dicter aux hommes des choix politiques, il est des convictions que nous ne pouvons pas taire:

- Nous reconnaissons la valeur des aspirations à la responsabilité et à la justice qui se sont exprimées dans la vie de nombreux jeunes et adultes, durant ces dernières semaines.
- Nous ne pouvons pas accepter que soient utilisés des réflexes de peur et de panique qui cachent souvent un égoïsme individuel ou collectif.
- Nous refusons avec autant de vigueur et la violence érigée en système - et un ordre ne respectant pas l'homme et ne faisant pas droit aux plus déshérités.
- Nous savons que la paix n'exclut pas de légitimes divergences. Mais ce n'est pas servir la paix que de discréditer des personnes ou des organisations.
- Nous sommes pleins d'espérance à la pensée de tous ceux qui, dans tous les milieux, paient de leur personne pour construire un monde plus humain. Nous nous sentons solidaires de tous leurs efforts, aujourd'hui et demain. Nous les portons dans notre prière.

En cette Pentecôte 1968, l'Esprit-Saint fait irruption dans l'histoire des hommes pour renouveler la face de la terre. Il nous provoque tous à la conversion: la paix est à ce prix.

> le 1er juin 1968
> Mgr Vial, et les prêtres responsables de Nantes et de Saint-Nazaire

(Reproduit aussi dans J.-R. Tournoux, **Le Mois de mai du Général**, Livre blanc des événements, Paris 1969, p.206 s.)

F: La Campagne contre la police

TEXTES 54 et 55

Les reproches faits à la police d'avoir matraqué les manifestants(191) ont été une des causes de la contagion de la révolte. C'est au nom des jeunes, considérés comme des victimes d'un régime tyrannique, qu'une grande partie des Français exprimèrent leur indignation au lendemain de la première nuit des barricades. La presse quotidienne déborde de témoignages sur des excès policiers observés par des passants, des riverains, des médecins. L'U.N.E.F. et le S.N.E. sup. créèrent une commission **Témoignages et Assistance** juridique et firent paraître un livre noir **Ils accusent**, contenant 150 dépositions, non-signées, comme le fait remarquer le chroniqueur de Mai, Adrien Dansette (**Mai 1968**, p.142). Pourtant, certains excès furent reconnus par les responsables de la police: interpellations injustifiées en dehors des manifestations, recherches à domicile sans mandat de perquisition, brutalités commises par des agents de police dans des cars et des commissariats vis-à-vis des étudiants, des étrangers et, surtout, des gens de couleur.(192) Le préfet de police de Paris, M. Maurice Grimaud, se défendit de tous les côtés: il devait garder la discipline et le sang-froid de ses troupes qui se sentaient calomniées par la presse et désavouées par le Premier ministre Pompidou qui, dans sa déclaration télévisée du 11 mai, avait montré une trop grande indulgence envers les manifestations. D'autre part, Grimaud voulait se justifier aux yeux du grand public et rétablir la réputation de la police. La lettre ouverte qu'il adresse, le 29 mai, à chacun de ses hommes (texte 55), fait preuve de sa volonté de comprendre - et de faire comprendre - l'état d'esprit de ses subordonnés tout en appelant à leur modération. Dans son ouvrage **En Mai fais ce qu'il te plaît**, paru en 1977, Grimaud décrit les discussions qu'il avait eues alors avec les responsables politiques et expose ses propositions et stratégies. Il y critique le gouvernement qui, pour remédier à la crise sociale provoquée par ses propres faiblesses, fait appel à la police pour mieux désavouer, plus tard, les mesures que celle-ci a été forcée de prendre: "La police ne doit pas être le seul moyen de rétablir l'ordre, et si les autres moyens ayant échoué l'on doit finalement recourir à la force, il faut que ce soit après que chacun eut pris bien clairement ses responsabilités." (p.216)

Les étudiants ont été rudes vis-à-vis des forces de l'Etat en scandant souvent des slogans C.R.S.-S.S. et en représentant les policiers comme des monstres abominables sur les affiches. Ils parlent des "jambes, des bras, des mains arrachés", d'"un étudiants égorgé par un flic sur un carreau de fenêtre", "des morts ... soigneusement censurés par le pouvoir et "la presse". (193) Mais leurs appels aux policiers (texte 54) montrent qu'ils ont bien compris la situation paradoxale des hommes chargés de restaurer l'ordre social en luttant, parfois, contre leurs propres fils: Un commissaire de police se plaint: "Comment peuvent-ils généraliser et nous accuser en bloc de tant de brutalités? J'ai mon fils sur les barricades ..."(194)

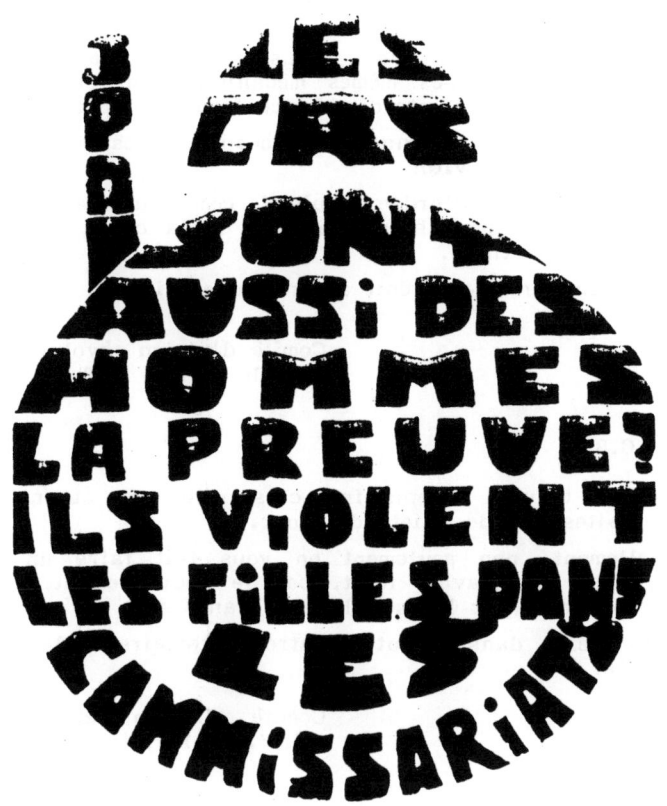

54

Appels à la police

Lettre ouverte aux membres du service d'ordre

A force de malentendus on finit par perdre de vue la signification d'un terme: "Gardiens de la paix".

Cette appellation dit bien ce qu'elle veut dire: c'est une appellation administrative rigoureuse.

Puisque maintenir l'ordre c'est maintenir la paix, l'appellation "Gardiens de la paix" devrait définir tous les services d'ordre.

Dans le fait d'être amenés à maintenir la paix par l'affrontement physique, il y a donc un paradoxe intenable, une situation insupportable pour les membres du service d'ordre, autant et au même titre que pour les personnes qui n'en font pas partie.

La confrontation permanente empêche l'affrontement brutal.

Les violences que comporte cet affrontement brutal sont un phénomène imposé simultanément aux membres du service d'ordre et à ceux qu'on leur oppose.

En somme, aucun individu n'est accusable. Nous ne faisons que contester des mécanismes. Ces mêmes mécanismes ont suscité cette crise et cependant continuent d'interdire la confrontation permanente.

Un gouvernement qui cautionne ces mécanismes est lui-même un mécanisme à contester. Et vite!

Les membres du service d'ordre assujettis comme tous à ces mécanismes, ne sont pas plus responsables que nous de la crise, mais en seront, comme nous tous, victimes.

La confrontation permanente doit avoir lieu et vite!

Comité d'action révolutionnaire,
vers le 24 mai 1968.

Camarades C.R.S.

Vous faites un travail impopulaire, c'est d'accord, et on imagine que vous ne le faites pas de gaieté de coeur.

Mais actuellement, non seulement on vous fait faire un travail dégueulasse, mais un travail idiot, car le gouvernement que vous défendez est condamné par l'ensemble des Français.

Devenez nos frères dans la lutte contre l'arbitraire et la stupidité institutionalisée.

Comité liaison étudiants-ouvriers,
C.L.E.O., 16 juin 1968

55

Lettre du préfet M. Grimaud
25 mai 1968

Je m'adresse aujourd'hui à toute la Maison: aux gardiens comme aux gradés, aux officiers comme aux patrons, et je veux leur parler d'un sujet que nous n'avons pas le droit de passer sous silence: celui des excès dans l'emploi de la force.

Si nous ne nous expliquons pas très clairement et très franchement sur ce point, nous gagnerons peut-être la bataille dans la rue mais nous perdrons quelque chose de beaucoup plus précieux et à quoi vous tenez comme moi: c'est notre réputation.

Je sais pour en avoir parlé avec beaucoup d'entre vous que, dans votre immense majorité, vous condamnez certaines méthodes. Je sais aussi, et vous le savez avec moi, que des faits se sont produits que personne ne peut accepter.

Bien entendu, il est déplorable que, trop souvent, la presse fasse le procès de la police en citant ces faits séparés de leur contexte et ne dise pas, dans le même temps, tout ce que la police a subi d'outrages et de coups en gardant son calme et en faisant simplement son devoir.

Je suis allé toutes les fois que je l'ai pu au chevet de nos blessés et c'est en témoin que je pourrais dire la sauvagerie de certaines agressions qui vont du pavé lancé de plein fouet sur une troupe immobile jusqu'au jet de produits chimiques destinés à aveugler ou à brûler gravement.

Tout cela est tristement vrai, et chacun de nous en a eu connaissance.

C'est pour cela que je comprends que lorsque des hommes ainsi assaillis pendant de longs moments reçoivent l'ordre de dégager la rue, leur action soit souvent violente. Mais là où nous devons bien être tous d'accord, c'est que, passé le choc inévitable du contact avec des manifestants agressifs qu'il s'agit de repousser, les hommes d'ordre que vous êtes doivent aussitôt reprendre toute leur maîtrise.

Je sais que ce que je dis là sera mal interprété par certains, mais je sais que j'ai raison et qu'au fond de vous-même vous le reconnaissez.

Si je parle ainsi c'est parce que je suis solidaire de tous. Je l'ai dit déjà et je le répéterai: tout ce que fait la police parisienne me concerne et je ne me séparerai pas d'elle dans les moments difficiles.

C'est pour cela qu'il faut que nous soyons également tous solidaires dans l'application des directives que je rappelle aujourd'hui et dont dépend, j'en suis convaincu, l'avenir de la Préfecture de police.

Dites-vous bien et répétez-le autour de vous: Toutes les fois qu'une violence illégitime est commise contre un manifestant, ce sont des dizaines de ses camarades qui souhaitent le venger. Cette escalade n'a pas de limites.

Dites-vous aussi que lorsque vous donnez la preuve de votre sang-froid et de votre courage, ceux qui sont en face de vous sont obligés de vous admirer même s'ils ne le disent pas.

Nous nous souviendrons, pour terminer, qu'être policier n'est pas un métier comme les autres; quand on l'a choisi, on en a accepté les dures exigences mais aussi la grandeur.

Je sais les épreuves que connaissent beaucoup d'entre vous. Je sais votre amertume devant les réflexions désobligeantes ou les brimades qui s'adressent à vous ou à votre famille, mais la seule façon de redresser cet état d'esprit déplorable d'une partie de la population, c'est de vous montrer constamment sous votre vrai visage et de faire une guerre impitoyable à tous ceux, heureusement très peu nombreux, qui par leurs actes inconsidérés accréditeraient précisément cette image déplaisante que l'on cherche à donner de nous.

Je vous redis toute ma confiance et toute mon admiration pour vous avoir vus à l'oeuvre pendant vingt-cinq journées exceptionnelles et je sais que les hommes de coeur que vous êtes me soutiendront totalement dans ce que j'entreprends et qui n'a d'autre but que de défendre la police dans son honneur et devant la Nation.

G: Révolte politique contre le régime gaulliste

TEXTES 56 - 58

Déjà depuis 1949, le fondateur du mouvement avant-gardiste des Lettristes, Isidore Isou, parlait en faveur de la créativité et d'un nouvel ordre social amené par le soulèvement de la jeunesse.(195) Dans leurs questions proposées pour la conférence de presse du président de Gaulle, en novembre 1967, les membres du groupe lui reprochaient d'être à l'origine d'un régime sclérosé causé par son idée de la France et par son autorité. Ils exigeaient l'avènement au pouvoir de la jeune génération pour renouveler les affaires économiques et culturelles du pays. Les événements de Mai leur paraissaient une preuve de la vérité de leurs idées qu'ils répétaient une nouvelle fois dans le tract de Nanterre (texte 56). Il s'agit de réaliser la "société paradisiaque" par trois révolutions. La première détruirait le régime "néoféodal" du président de Gaulle, la deuxième remplacerait la bureaucratie par une nouvelle planification créatrice et la troisième abolirait la culture traditionnelle. Les idées des Lettristes traduisent le besoin ressenti par beaucoup de Français de sortir d'une **société bloquée**, terme que le sociologue nanterrois Michel Crozier a employé comme titre de son livre paru en 1970.

Une conversation dans un bar illustre d'une façon parfois comique ce verdict "Sois jeune et tais-toi" imposé par la génération des adultes (texte 57, fig.). La véhémence avec laquelle la jeunesse réclame la parole s'explique encore mieux quand on regarde l'évolution démographique: en 1968, un tiers du nombre total de la population, donc environ 16 millions de Français, avaient moins de 20 ans.(196) Mais ce tiers était exclu de la participation politique, l'âge de la majorité étant encore fixé à 21 ans. Les jeunes, sans aucune responsabilité, souffraient des problèmes de leur grand nombre, auxquels les hommes politiques n'avaient pas su remédier à temps.

Mai 68 a été la prise de parole des tendances et opinions les plus divergeantes. Le document du **Comité de la Démocratie combattante** en est une preuve. Au lieu de regarder de Gaulle comme le père d'une société sclérosée, cet appel lui demande de sauver la révolution. Le casque du militant révolutionnaire est décoré de la croix lorraine (texte 58).

56
Pour la société sans classes,
pour la société paradisiaque des créateurs
LA STRATEGIE DES TROIS REVOLUTIONS DE LA JEUNESSE

I

Selon la théorie de l'économie nucléaire, selon la théorie du soulèvement de la jeunesse, qui a prévu mathématiquement pour cette année la révolte des étudiants et des jeunes des Facultés, nous pouvons, nous devons, arriver maintenant à la société sans classes, à la société des cadres et des créateurs, ou les hommes travailleront infiniment moins et auront un niveau de vie infiniment plus élevé, de "milliardaires".

Mais pour cela, nous devons avoir une vision précise de la situation économique de la France, du rapport des forces sociales, pour appliquer une stratégie sans faille, sans perte d'énergies, et sans pertes d'hommes.

Trop de mouvements de jeunes, bien intentionnés, mais dirigés par des ignorants de l'économie politique, lancent des mots d'ordre idéalistes et "petits bourgeois", dépassés, qui ne peuvent conduire comme, pendant la Commune, en Grèce ou en Indonésie, qu'à l'écrasement des merveilleuses forces progressistes et à la victoire des forces de répression réactionnaires.

II

Notre stratégie progressiste doit être celle-ci:

PREMIERE REVOLUTION: En France, nous nous trouvons actuellement sous un régime néo-féodal dirigé par le Tzar de Gaulle, aidé par quelques cliques monopolistiques, qui écrasent par leur ignorance théorique et pratique l'ensemble de la population, plongée dans une crise économique croissante, le chômage, la révolte. Nous nous trouvons actuellement dans la situation de la Russie d'avant Février 1917, où l'ensemble de la population interne, du circuit, les petits bourgeois, les paysans, les artisans, les travailleurs, et toute la masse externe, à savoir la jeunesse, dépourvue totalement de pouvoir d'achat personnel et de libre disposition sur les biens, toute la population, disons-nous, souffre de l'incurie du régime actuel. Les mots d'ordre des étudiants doivent s'adresser non seulement à une seule partie du circuit – les travailleurs – (abrutie actuellement par une bureaucratie ignorante), mais à l'ensemble de la population.

Pour ne pas être isolés et écrasés par la réaction, nous devons nous unir avec tous les partis, avec tous les groupements qui se révoltent contre le régime d'incurie actuel et exactement comme l'ont fait en Russie, les progressistes d'avant Février 1917, nous devons créer la division justifiée, car le régime actuel contient des nullités qui ignorent tout de l'économie politique moderne, de la culture moderne, de l'éducation moderne, des problèmes de la planification modernes, des nullités, disons-nous, auxquelles le Tsar de Gaulle ne demande que d'applaudir son ignorance de la Création présente dans tous les domaines du Savoir et de la vie.

Nos buts premiers actuels: 1) Nous devons d'abord réunir les étudiants, les lycéens et les professeurs, et pour cela dénoncer le système scolaire ignoble présent, dont le contenant et le contenu aboutissent à la société de crise économique, de chômage, de misère et d'inculture d'aujourd'hui. Seule l'école créatrice peut nous permettre de former des cadres progressistes, aptes à combattre pour une société sans classes, une société de créateurs jouissant du plus haut niveau de vie possible, un niveau de "milliardaires" actuels.

2) Nous devons ensuite réunir une grande partie de la population et pour cela combattre la planification bureaucratique actuelle, qui donne l'argent aux sociétés d'affaires monopolistiques et ruine les petites entreprises, les artisans et les paysans et qui plonge les travailleurs et les cadres dans le chômage. Seule la planification nucléaire créatrice, faite avec toute la population interne, avec les jeunes et les mouvements de créateurs, peut conduire à une société sans classes, à une société de créateurs, pourvus d'un haut niveau de vie.

3) Enfin, nous devons réunir toute la population en lui demandant de faire la grève des impôts, de ne pas payer les sommes d'argent qui vont engraisser les incapables du pouvoir, les parasites du Général de Gaulle, qui dilapident l'argent de la population, sans nous offrir l'école des créateurs, sans nous offrir la planification intégrale, sans nous offrir l'administration politique rotative, aptes à sauver la France de la misère, de la crise, et de nous conduire à une société meilleure.

Au moment où, unis avec toute la population, nous aurions isolé la clique d'incapables au pouvoir, qui tomberont comme les partisans du Tsar en Février 1917, la première révolution "anti-féodale", anti-monopolistique de la Jeunesse, sera finie. DEUXIEME ET TROISIEME REVOLUTION DE LA JEUNESSE: Tous les économistes modernes savent qu'un pays peut traverser en très peu de temps plusieurs phases de développement historique à la fois; par exemple: du féodalisme à la société planifiée à technicité supérieure, en sautant le régime libéraliste à récessions aiguës. Nous pouvons traverser très vite les révolutions suivantes de la jeunesse, dont nous développerons mieux les composants caractéristiques dans des tracts prochains, au moment venu. Mais pour nous résumer, ces phases révolutionnaires consistent en:

2. - La révolution de la Planification intégrale et créatrice - et non bureaucratique - faite par l'ensemble de la population des jeunes et des créateurs pour la constitution d'une société sans classes et novatrice, pourvue du plus haut niveau de vie possible.

3. - La révolution de la Reconstruction culturelle et politique de la France, pour la reconversion économique des politiciens de métier, parasites politiques; pour l'interdiction de représentation des mêmes individus aux postes de direction du pays; pour la rotation aux tâches du pouvoir; pour la participation intégrale et réelle de la population active, des jeunes et des créateurs à la direction du pays.

III

De Gaulle n'est qu'un homme comme les autres qui s'est attribué des vertus divines et des pouvoirs démagogiques comme le Tsar Nicolas, comme Mussolini, comme Hitler. Entouré d'imbéciles notoires et de sorciers incultes qui l'encouragent dans sa conception fausse, de Gaulle peut avoir le sort du dernier empereur de Chine, qui est devenu un bon citoyen dans une société nouvelle, ou le sort du Tsar Nicolas II. Pour son propre bien tant qu'il a encore le temps devant le déroulement mathématique des faits, nous lui conseillons de reprendre sa place parmi les autres hommes pour aider les créateurs de l'économie politique d'aujourd'hui, à forger la société sans classes et d'abondance.

VIVE LA REVOLUTION DE LA JEUNESSE!
POUR UNE SOCIETE SANS CLASSES ET UNE SOCIETE D'ABONDANCE!

Le Groupe lettriste et Soulèvement
de la Jeunesse de Nanterre

Tract reproduit aussi par Maurice Lemaître, **Le Mouvement lettriste, le Général de Gaulle et Mai 68**, Paris 1981, p.115 ss.

Affiche de Mai 68, cf. texte 57.

57
Conversations politiques dans un café
le 4 juin 1968

Plus tard, dans un café de la rue d'Odessa.

- Ça fait dix ans, dit un jeune garçon que de Gaulle fait des promesses. Aussitôt, on reprend tous le boulot. Et ça recommence.
- Quel âge as-tu? demande brusquement le barman derrière son comptoir.
- Dix-neuf ans.
- En somme tu avais neuf ans il y a dix ans.
- Oui.
- Bon, j'ai compris, je m'arrête là, dit le barman, d'un ton sec et définitif.
- Les femmes du défilé gaulliste ne sont pas allés plus loin que Duroc, tout à l'heure, reprend le jeune garçon sans se laisser démonter. Dès qu'elles ont vu la pluie tomber, elles ont eu peur pour leur mise en plis.

Le jeune garçon mime la dame qui se cache la tête de ses mains pour protéger sa mise on plis. Il pousse des petits cris: "Oh, ma mise en plis! Oh, ma mise en plis!" Alors, la patronne, forte femme au verbe dru et autoritaire explose:

- Tu as encore du lait, derrière les oreilles, espèce de gamin. Alors tais-toi, tais-toi, tais-toi! Ce sont des jeunes imbéciles comme toi qui nous ont mis dans le pétrin. Apprends donc à travailler avant de parler, ça vaudra mieux.
- Moi, je suis cuisinier au Raincy, réplique le jeune garçon, et je vais à mon boulot en stop!
- Ah! tais-toi, tais-toi, tais-toi, tais-toi, répète la patronne, comme un roulement de tambour.
- Moi, je ne m'occupe pas de politique, dit une fille. Mais je m'aperçois que ce n'est pas ceux qui parlent le plus qui en font le plus. Beaucoup de mots, peu de gestes. En tout cas, moi, il faudrait me payer cher pour entrer dans vos combines.
- Apprends d'abord les nécessités de la vie, dit la patronne qui n'a pas lâché le jeune cuistot. Et si on ne travaillait plus non plus, nous, les commerçants, qui va payer les fonctionnaires, tous ces employés des P.T.T. qui n'en fichaient déjà pas lourd et qui depuis trois semaines, se tournent les pouces? La vie est collective, mon vieux. Tout se tient. De haut en bas. En long, en large, et en travers.
- Et la vignette(197) qui était faite pour les vieux, qu'est-ce qu'on en a fait? dit le jeune cuistot, obstiné.
- Quoi, eh bien quoi, la vignette? rugit la patronne interloquée.
- La vignette, dit le jeune cuistot, elle devait aller aux vieux. Eh bien elle n'y va pas. Et puis, il n'y a pas beaucoup d'ouvriers

qui gagnent plus de 80.000 F par mois.
- Ah! tais-toi, tais-toi, tais-toi, tais-toi, tais-toi! s'écrie la patronne, d'une voix de plus en plus énorme et tumultueuse, et en essuyant une brassée de verres. Tu n'es qu'un gamin, tu n'y connais rien. Raymond, qui était là, tout à l'heure, et qui n'a pourtant pas inventé le spoutnik, gagne plus de 80.000 F par mois. Alors, qu'est-ce que tu me racontes? Evidemment quand on est obtus comme toi, on n'a rien.

- Le peuple, dit un autre, profitant d'une accalmie après l'orage, c'est un mouton. Un peu de cinéma. Un peu de pastis. Un peu de tiercé. Et beaucoup de sommeil. On critique de Gaulle. Mais qu'est-ce qu'il peut faire avec des cons pareils?
- C'est vrai, ça, dit un employé du métro. On veut du changement, et, dès qu'on a un peu d'essence, on va s'allonger dans la forêt de Fontainebleau. C'est contradictoire, tu as raison.

Jean-Claude Kerbourc'h, **Le Piéton de mai**, Paris 1968, pp.138-140.

COMITÉ de la DÉMOCRATIE COMBATTANTE

" DE GAULLE EST UN REBELLE COMME MOI " (CASTRO)

:-:-:-:-:-:

- CONTRE LA REPRESSION POLICIERE .
- CONTRE LE GOUVERNEMENT DE LA DEMAGOGIE
- CONTRE LES PARTIS, QUI DE LA MAJORITE A L'OPPOSITION, N'AGISSENT QU'EN FONCTION D'INTERETS PARTICULIERS .
- POUR LA TRANSFORMATION FONDAMENTALE DE LA SOCIETE
- POUR UNE UNIVERSITE LIBRE ET DEMOCRATIQUE
- POUR LA SOLIDARITE AVEC LES PEUPLES DU TIERS-MONDE.

<u>FAISONS APPEL A DE GAULLE POUR ASSURER
LA VICTOIRE DE LA REVOLUTION .</u>

:-:-:-:-:-:

C.D.C. QUARTIER LATIN, 21 rue Cujas .

Collection privée, Paris.

Pour ou contre les élections

TEXTES 59 et 60

Les élections parlementaires annoncées par De Gaulle dans son discours du 30 mai, ont été vivement discutées parmi les militants. A part les tracts qui appellent au boycottage (texte 60) et diffament les élections comme étant une arme de la bourgeoisie pour défendre son système, il y eut aussi des manifestations culturelles: La pièce jouée dans le Quartier Latin prend pour cible l'attitude apolitique et le je-m'en-fichisme de certains citoyens dont l'activité politique se borne au vote (texte 59).

59

Monsieur Dimanche se promène; des personnages faisant partie de la foule l'interpellent au cours de sa promenade.

Personnage 1	Où allez-vous Monsieur Dimanche? L'Université est envahie par les C.R.S.
Monsieur D.	Oh, vous savez, ça m'est égal. Mes enfants sont encore dans le secondaire. Ce sont de bons enfants bien sages. Ils ont toujours les premières places à leurs compositions. (il marche)
Personnage 2	Où allez-vous Monsieur Dimanche? Les taxis sont en grève!
Monsieur D.	Oh, vous savez, ça m'est égal. Je peux aussi bien faire mon chemin à pied. (il marche)
Personnage 3	Où allez-vous Monsieur Dimanche? L'O.R.T.F. ne diffuse plus les programmes qui vous plaisaient!
Monsieur D.	Oh, vous savez, ça m'est égal. Finalement, je crois que je préfère un bon roman policier. (il marche)
Personnage 4	Où allez-vous Monsieur Dimanche? Des barricades s'élèvent dans toutes les rues, la violence se déchaîne!
Monsieur D.	Oh, vous savez, ça m'est égal. Je vais vite me réfugier dans ma résidence secondaire sur les bords de la Marne. (il marche)
Personnage 5	Où allez-vous Monsieur Dimanche? Les usines sont en grève. Des millions d'ouvriers occupent leurs lieux de travail!
Monsieur D.	Oh, vous savez, ça m'est égal. J'ai eu la sagesse d'enlever mes actions de la métallurgie pour les placer dans l'alimentation! (il marche)
Personnage 6	Où allez-vous Monsieur Dimanche? La Chambre des Députés est fermée. Les représentants du peuple sont renvoyés dans leurs foyers.

Monsieur D.	Oh, vous savez, ça m'est égal. Je n'ai jamais fait de politique. Toutes leurs histoires ne m'intéressent guère. (il marche)
Personnage 7	Où allez-vous Monsieur Dimanche? Les paysans barrent les routes. Des tonnes de Pommes de Terre sont gaspillées.
Monsieur D.	Oh, vous savez, ça m'est égal. A cette époque de l'année je n'achète jamais de légumes car j'ai mon jardin potager. (il marche)
Personnage 8	Où allez-vous Monsieur Dimanche? La répression s'abat sur les étudiants et les ouvriers!
Monsieur D.	Oh, vous savez, ça m'est égal. Après tout, ils l'ont bien cherché. Ils auraient dû prévoir ce qui pourrait leur arriver. (il marche)
Personnage 9	Où allez-vous Monsieur Dimanche? Un commissaire de Police est tué à Lyon, un étudiant à Flins, un ouvrier à Sochaux.
Monsieur D.	Oh, vous savez, ça m'est égal. Ce sont tous des Excités. Qu'on les enterre au plus vite et qu'on n'en parle plus. Je ne veux surtout pas me mêler de ce qui ne me regarde pas. (il marche)
Personnage 10	Où allez-vous Monsieur Dimanche?
Tous	Où allez-vous? Où allez-vous? Où allez-vous?
Monsieur D.	Où je vais? Mais enfin réfléchissez! Laissez-moi passer! Je vais voter.

Cité d'après le dossier inédit de "l'Institut des études théâtrales de Paris", séminaire de Françoise Kourilsky 1968-1970; reproduit aussi dans Klaus Robra, **Théâtre et politique en Mai-Juin 1968,** Frankfurt/M. (M. Diesterweg) 1979, p.5 ss.

Elections-Trahison!

C'est par ce slogan que, spontanément, s'est manifestée la première forme de résistance aux élections imposées par de Gaulle.

Pourquoi des élections?

Le mouvement ayant rendu impossible le référendum, le Gouvernement, pour briser la grève, a eu recours à cette vieille duperie des élections, comptant que le Parti Communiste Français tomberait, une fois de plus, dans le piège du parlementarisme. Cela n'a pas manqué. Les manoeuvres électorales battent leur plein: au niveau des états-majors "ces élections sont devenues la préoccupation essentielle". C'est ainsi que l'on compte isoler étudiants et travailleurs qui, à la voie réformiste et au mythe de la conquête pacifique du pouvoir, opposent le fait révolutionnaire.

Non aux élections.

Si nous refusons les élections ce n'est évidemment pas parce que le P.C.F., par exemple, prête main-forte à la manoeuvre gouvernementale. Ce n'est pas non plus parce que nous refusons, de toute façon, les résultats de ces élections: nous nous en moquons. Pour nous elles ne signifient rien. Il ne s'agit même pas de les boycotter par bulletins blancs ou nuls, c'est-à-dire d'entrer dans le jeu parlementaire. C'est la démocratie parlementaire, elle-même, que nous refusons, dénoncée depuis plus d'un siècle. Le suffrage universel est la plus belle arme de la bourgeoisie, celle-ci ayant entre ses mains tous les moyens d'information et de pression économique: continuer à respecter cette légalité-là, c'est se prêter à toutes les manoeuvres. C'est se refuser à penser la révolution, à la faire. La démocratie que nous voulons, c'est la démocratie prolétarienne.

Saboter les élections.

Dénoncer les élections, les refuser, c'est le premier pas.

Le second pas, et c'est une idée encore diffuse dans le mouvement, mais qui a déjà été exprimée, c'est le sabotage des élections.

Les modalités de ce sabotage naîtront d'elles-mêmes.

Pourquoi saboter?

Parce que ces élections ne feront que perpétuer, à quelques nuances près, le système capitaliste. Il faut que les choses soient claires: le Mouvement ne peut exister qu'en se liant de plus en plus à la classe ouvrière avec comme objectif la destruction des structures actuelles. C'est dans cette mesure que le sabotage des élections n'est pas un geste gratuit.

Ce qu'il faut, c'est que les élections ne se déroulent pas dans l'habituelle atmosphère de kermesse à laquelle nous sommes habitués. Notre contestation, sa violence, son ampleur doivent être visibles: et le gouvernement et ceux qui l'aident se démasqueront d'être obligés de faire voter sous la protection de la police, des C.R.S.

Tract étudiant de Censier, reproduit aussi par Jacques Baynac, **Mai retrouvé**, Paris 1978, p.222 s. L'auteur, un des animateurs du mouvement contestataire à la faculté de Censier, raconte l'excitation que ce tract avait provoquée dans le nouveau gouvernement: le ministre de l'Intérieur, Raymond Marcellin, avait cité ce tract à l'Assemblée nationale et même à Radio-Télévision-Luxembourg (p.223).

H: Racisme de l'âge?

TEXTES 61 - 63

André Piettre a reproché au mouvement de Mai d'avoir engendré ce qu'il nomme un véritable "racisme de l'âge" (**La Culture en question**, Paris 1968, p.112). Cette impression paraît justifiée quand on examine les graffiti (texte 61) qui veulent choquer les passants. Il existe pourtant d'autres tendances que l'on ne doit pas passer sous silence. Bien loin de mériter le reproche de mépriser les vieux, le C.R.A.C. les invite à prendre la parole et leur promet de les aider dans leur lutte contre les conditions misérables de leur vie (texte 62). Jacques Prévert, de son côté, accuse la génération des adultes d'avoir bâillonné les jeunes qu'il félicite d'être enfin sortis de leur esclavage (texte 63).

61

Professeurs vous êtes aussi vieux que votre culture, votre modernisme n'est que la modernisation de la police. La culture est en miettes (les enragés).

(Hall Grand Amphi, Sorbonne)

Le respect se perd, n'allez pas le rechercher.

(Lycée Condorcet)

Suppression du droit de vote avec la retraite.

(Arcades, rue Corneille, Odéon)

Si les vieux ne sont pas contents de la société que nous leur préparons, ils n'ont qu'à se suicider.
Enoncé d'un jeune contestataire rapporté par André Stéphane, **L'Univers contestationnaire ou les nouveaux chrétiens**, Paris 1969, p.108.

La Jeunesse est Esprit des Vieux. (Mao)

(Lycée Condorcet)

Caricature de Wolinski dans "L'Action" no.3, 21 mai 1968.

Retraités? Personnes seules? Agées? On vous a menti!

La presse au service des intérêts capitalistes essaie de vous faire croire que vous assistez à une lutte de générations. C'est faux!

Notre combat est aussi le vôtre; c'est celui du droit de vivre. Droit pour les ouvriers de maîtriser les moyens de production, pour les mettre au service de tous.

Droit pour vous d'exiger les logements décents.

Droit pour vous à une place dans la société nouvelle.

Droit au respect et à la dignité.

Non vous n'êtes plus seuls. Vous avez avec vous des millions de travailleurs de tous âges; ils sont prêts à vous aider mais surtout à accepter votre aide.

Vous avez votre place aussi dans la Révolution.

Constituez des Comités de quartiers;

Exposez librement vos problèmes; vous avez maintenant le droit à la parole.

Occupez ces appartements de luxe qui restent vides alors que vous êtes condamné à survivre dans des conditions misérables. Vous êtes une force. Prenez en conscience.

Nul n'osera vous empêcher de vivre; nous saurons vous défendre, car nous sommes vos fils et nous sommes fiers de vous. Nous vous soutiendrons; nous vous aiderons par nos moyens financiers et notre aide physique.

Appelez nous

                                    Comité Révolutionnaire d'Agitation Culturelle C.R.A.C., Sorbonne.
                                    Collection privée, Paris.

On ferme!
Cri du coeur des gardiens du musée homme usé
Cri du coeur à greffer
à rafistoler
Cri d'un coeur exténué
On ferme!
On ferme la Cinémathèque et la Sorbonne avec
On ferme!
On verrouille l'espoir
On cloître les idées
On ferme!
O.R.T.F. bouclée
Vérités séquestrées
Jeunesse bâillonnée
On ferme!
Et si la jeunesse ouvre la bouche
par la force des choses
par la force de l'ordre
on la lui fait fermer
On ferme!
Mais la jeunesse à terre
matraquée piétinée
gazée et aveuglée
se relève pour forcer les grandes portes ouvertes
les portes d'un passé mensonger
périmé
On ouvre!
On ouvre sur la vie
la solidarité
et sur la liberté de la lucidité.

Poème de Jacques Prévert, paru dans le journal de Mai "L'Action" no. 3, 21 mai 1968, p.7; le poème a été reproduit dans Jacques Prévert, **Choses et autres**, Paris 1983
(C) Editions Gallimard

I. Vive l'Internationale étudiante!

TEXTES 64 et 65

"Le drapeau français est fait pour être déchiré et transformé en drapeau rouge."
Cohn-Bendit, mai 1968, à Amsterdam. (198)

Un trait caractéristique de la révolte étudiante française a été son cosmopolitisme. Les étudiants refusent tout nationalisme et s'engagent pour les opprimés du monde entier, pour le Tiers Monde en lutte contre l'esclavage et l'impérialisme (voir p.39), pour les étrangers en France qui exigent des conditions de vie humaines (texte 41). Le personnage de Daniel Cohn-Bendit, sans véritable identité nationale, comme il le dit lui-même(199), est une incarnation de ce cosmopolitisme. Nous reproduisons plusieurs tracts d'étudiants allemands et français qui expriment cette solidarité mutuelle.(200) L'appel à une manifestation pour Rudi Dutschke, leader étudiant allemand blessé dans un attentat, informe les Français sur l'arrière-fonds de ce crime: la campagne violente qu'une partie de la presse allemande a menée contre le mouvement étudiant allemand (texte 64). Un autre tract, composé en avril par un groupe d'Allemands à Besançon, s'adresse aux touristes allemands et leur explique le but du mouvement contestataire en Allemagne. Son nom **"Salzt die Suppe"** est une parodie des initiales de l'organisation des étudiants socialistes allemands S.D.S. Ce même groupe a publié encore un texte, le 7 mai, qui fait ressortir les parallèles dans les luttes étudiantes en France et en Allemagne (texte 65).

64
L'assassinat arme ultime de la bourgeoisie

Pendant la semaine de Pâques la radio, la télévision, la presse nous ont inondé d'images et de récits sur l'attentat contre Dutschke et les manifestations des étudiants socialistes (S.D.S.) ... mais il faut voir comment!!!

On nous appris d'abord, avec l'air grave et endeuillé qui est de circonstance, qu'un "désaxé" avait tenté de tuer Rudi Dutschke ce "croquemitaine romantique" dirigeant de la ligue des étudiants socialistes allemands.

Puis on nous montra des affrontements extrêmement violents entre étudiants et flics allemands, on vit brûler les camionettes de livraison du roi de la presse allemande Springer ... et en même temps on nous expliqua qu'en Allemagne (de l'ouest bien entendu!) il y a longtemps qu'il n'y a plus de mouvements sociaux, qu'il n'y a qu'une raison de "s'agiter" comme le font ces milliers d'étudiants ...! Alors on n'a plus rien compris.

Pourtant cette même presse, cette même télévision sont forts capables de nous expliquer les tortueux débats parlementaires ou ... comment il faudra payer ses impôts. En fait tout laisse à croire que cette confusion a été voulue.

Rétablissons les faits. Depuis un an déjà le S.D.S. a axé une partie de son action contre le trust de la Presse Springer (40 % de toute la presse publiée en R.F.A., 80 % de celle de Berlin ... 98 % des journaux du Dimanche ...)
Ces journaux vendus à des millions d'exemplaires diffusent le sensationnel, le courrier du coeur ... leur uniformité politique rigoureuse annihile toute pensée critique. Cette presse est un véritable opium pour le peuple allemand. C'est contre cela que les étudiants se sont mobilisés, ils ont réclamé une loi anti-trust. Alors Springer a lancé une véritable campagne d'intoxication et d'appel à la violence contre les étudiants socialistes.

Dans ces conditions peu importe de savoir si Bachmann l'assassin de Rudi Dutschke, appartenait à un groupe d'extrême droite où s'il était seul, s'il était fou ou s'il a agi en toute conscience ... Le responsable de la tentative de meurtre c'est Springer et toute la bourgeoisie allemande qui se sentait de plus en plus menacée par l'agitation que développait le S.D.S.

C'est elle qui a crée le climat par les informations fausses et outrancières par des menaces de la préparation de l'attentat. Le capitalisme allemand a eu peur, alors même qu'il connaissait les difficultés économiques très importantes (l'obligation dans laquelle il se trouve de faire passer des lois d'urgence "interdiction du droit de grève, contre la liberté de réunion, droit de l'armée à rentrer dans les usines" encore plus dures que les ordonnances pour assumer la concurrence européenne. Il a eu recours à son arme ultime: l'assassinat. C'est de cette façon qu'en 1919 le mouvement ouvrier allemand fut privé de son avantgarde: Rosa Luxembourg, Karl Liebknecht.

La bourgeoisie européenne solidaire a voulu éviter, par une campagne de presse appropriée, que tous les jeunes révolutionnaires qui luttent contre un système social qui les oppresse, ne se reconnaissent dans le leader allemand. Les manifestations de Paris, Rome, Milan, Londres, Bruxelles, Oslo, Vienne, montrent qu'elle n'y est pas arrivé.

Venez tous manifester - Jeudi 25 avril - 17h.30

Pont battant

Meeting - Amphithéâtre Donzelot - 20 h. 30 - Film et débat.

Collection privée, Bochum.

65
Manifestation, le 7 mai 1968 à Besançon

Camarades,

C'est la bourgeoisie elle-même qui vous a dit que d'ores et déjà les frontières entre les pays européens ne comptent plus. C'est elle qui vous a dit que le nationalisme est révolu, parce qu'elle veut vendre ses Peugeots en Allemagne et ses Mercedes en France. Mais le jour où la contestation de cette même bourgeoisie ne tient plus compte des frontières, le vocabulaire nationaliste d'hier doit servir de remède contre les forces progressistes. C'est ainsi que votre presse et votre radio voudraient vous faire croire que le mouvement de vos camarades parisiens est le fait des agitations d'un anarchiste allemand.

Camarades,

pour l'avant-garde des étudiants européens de tels arguments ne prêtent plus qu'à rire. Lorsque, hier, les étudiants allemands combattaient contre la répression brutale de leur gouvernement, leurs camarades français les ont spontanément soutenus. Aujourd'hui que nos camarades Parisiens subissent une pareille répression, les étudiants allemands manifestent pour eux avec la même spontanéité.

D'aucuns prétendent, notamment à la télévision, que les problèmes des étudiants ne se posent pas pareillement en France et ailleurs - comment se fait-il alors que leur argumentation semble exactement calquée sur celle de feu Monsieur Albertz, maire de Berlin, déchu depuis?

Nous connaissons ce vocabulaire: une poignée de troublions, une minorité d'enragés et d'agitateurs. Nous connaissons aussi les braves conseils donnés à la masse des étudiants: de travailler dans le calme et de ne pas suivre une bande d'extrémistes.

Les étudiants allemands ont riposté à cette manipulation en lançant leurs campagnes contre Springer, en combattant les armes de la bêtise avec celles de l'intelligence et en analysant scientifiquement le mécanisme de l'information bourgeoise.

Camarades,

Les étudiants allemands soutiennent entièrement votre juste revendication: que les universités soient ouvertes aux étudiants voulant exprimer leur opinion, et fermées à la police venant apporter la leçon des matraques.

(Salzt Die Suppe)

Collection privée, Bochum

Cinquième partie:
JUGEMENTS SUR MAI 68

JUGEMENTS SUR MAI 68

> C'est tout de même par la jeunesse que tout a commencé.
> André Malraux (201)

"Sur les pavés, la page ..." est la variante parodique du célèbre slogan de Mai que l'ancien rebelle de Censier, Jacques Baynac choisit comme titre pour l'introduction à sa rétrospective **Mai retrouvé**, publiée en 1978. "Sur les journées de mai-juin 1968, tout a été dit, raconté, étalé, répété et trituré - et puis aussi le contraire de tout -" lit-on chez Pierre Viansson-Ponté dans **L'Histoire de la République gaullienne de 1971/1972**.(202) Dans les écrits parus immédiatement après Mai, on distingue différentes intentions: Jacques Perret, professeur latiniste de la Sorbonne, se propose de mettre un peu d'ordre dans l'expérience tumultueuse des journées de Mai.(203) Le prêtre Jacques Durandeaux veut donner une documentation de la nouvelle parole libérée(204); les adversaires du mouvement contestataire, Maurice Druon et Raymond Aron, tentent de préciser et de justifier leur attitude négative.(205) On relève également la diversité des interprétations chez les auteurs: Certains - André Malraux, Adrien Dansette, les psychanalystes André Stéphane et Gérard Mendel(206) - jugent la révolte comme le symptôme d'une crise générale de la civilisation occidentale, de sa décadence et de l'écroulement de ses valeurs traditionnelles supplantées par les progrès de la technologie. D'autres - les sociologues Crozier, Hoffmann et Lefebvre(207), le régionaliste Lafont(208), le ministre de l'Education nationale de Mai, Peyrefitte(209) - voient dans le centralisme français le mal principal de la société bloquée, incapable de se régénérer sans explosions. Il y a encore une multitude d'opinions divergentes sur l'essence du mouvement, allant de l'affirmation d'une émeute dégénérée par la faute du gouvernement (Christian Fouchet(210)), à l'hypothèse d'un complot subversif organisé par des forces extérieures.(211) D'autre part - et c'est la thèse de tous les sympathisants et participants de Mai(212) - on croit à un véritable mouvement révolutionnaire qui introduirait une ère nouvelle. Tous les critiques sont d'accord en constatant la grande complexité de la crise et l'impossibilité de la réduire à une seule cause.(213) Très peu d'écrivains attaquent la jeunesse elle-même: "La jeunesse intimide. Quand elle gronde et s'insurge, personne n'ose lui donner tort. Et c'est bien ainsi" remarque Jean-Jacques Servan-Schreiber, fondateur de "L'Express" et membre dirigeant du Parti Radical Socialiste(214). Appréciant la volonté des jeunes de lutter pour de nouveaux idéaux, on attribue leur volonté destructive à d'autres coupables, particulièrement aux théoriciens académiques avec leur nihilisme et aux agitateurs venus de l'étranger(215). Régis Debray, ancien élève de l'Ecole normale supérieure qui avait lutté avec Ché Guévara pour la libération de l'Amérique latine, est un des plus rigoureux critiques de Mai; il va jusqu'à ridiculiser les jeunes rebelles. Pour lui, le modèle révolutionnaire par excellence est le combat du Tiers Monde contre les nations industrialisées qui l'exploitent. Il recommande à chaque révolutionnaire digne de ce nom, de soutenir cette lutte au lieu de faire des pseudo-révoltes dans son propre pays. Le seul succès de Mai, dit-il, est d'avoir servi le capitalisme dont la révolte elle-même, vendue dans des centaines de livres, est devenue la victime.(216)

Philippe Bénéton et Jean Touchard ont donné une vue synthétique des interprétations parues jusqu'en 1969/1970, à laquelle nous renvoyons nos lecteurs(217). Nous nous bornerons à un choix de textes qui mettent en lumière la situation spirituelle et psychique des jeunes. Le fait de l'éducation scolaire qui se prolonge toujours et implique une dépendance matérielle des adolescents, contraste avec le culte de la jeunesse dans la société moderne (texte 66, 67). Soulignant l'idéalisme des rebelles, le cardinal Daniélou demande à l'Eglise d'accueillir ces jeunes chercheurs d'absolu (texte 68). Un des partisans des plus enthousiastes de Mai, est le philosophe Maurice Clavel. Il félicite les jeunes d'avoir rendu possible le retour au spirituel (texte 69). Les étudiants eux-mêmes paraissent plus pragmatiques: ils se réjouissent d'avoir ouvert, par leur lutte, une brèche dans la façade apparemment inattaquable d'un Etat autoritaire et d'une société repue (textes 70, 71). Il y a aussi, parmi les jeunes, des voix sceptiques voire ennemies du mouvement révolutionnaire (textes 72-74). Les psychanalystes, de leur côté, interprètent les faits d'une façon divergente: André Stéphane accuse la démission des adultes et prêche la nécessité du retour à l'ancienne éducation avec une forte autorité familiale et culturelle (texte 75). Son collègue Gérard Mendel affirme la mort définitive du principe d'autorité, causée par l'évolution scientifique et technique de la société moderne (texte 76). Pour lui, la seule voie désormais possible est une résistance commune des jeunes et des adultes contre la dictature de la Machine et celle de l'Etat, voie qu'il faudrait chercher dans une révolution pédagogique. Il accepte l'exigence des jeunes révolutionnaires de Mai qui veulent participer, dès l'âge scolaire, à l'organisation de leur vie. Ainsi, la révolte prend l'aspect d'un point de départ pour une évolution qui ne semble pas près de s'achever. Avec les paroles de Mai 68 ... c'est "le début d'une lutte prolongée".

A: La situation paradoxale de la jeunesse

TEXTES 66 et 67

Les textes suivants relèvent la situation paradoxale des jeunes: d'une part, on les tient dans une dépendance matérielle et sociale, aggravée par la durée grandissante de la scolarité (texte 66); d'autre part, ils sont considérés comme objets de séduction par le marché capitaliste qui crée une sorte d'idolâtrie de la jeunesse. C'est le dernier point que souligne Frémincourt, personnage du roman de Robert Merle, professeur d'Anglais comme l'auteur, sympathisant avec le mouvement étudiant (texte 67).

66

La prolongation de la scolarité accentue dangereusement le décalage entre la maturation sociale et la maturation biologique; elle généralise le phénomène de l'adolescence qui autrefois n'était que le luxe d'une minorité. Sous prétexte qu'ils ne sont pas encore des producteurs, lycéens et étudiants sont considérés comme des enfants, comme des mineurs, dont on n'attend que docilité et passivité, et auxquels on refuse le droit organique d'expression, de contestation et d'organisation. Cette situation est contre nature et ne pourra durer. Si les responsables aux divers échelons n'en prennent pas conscience et se refusent à mettre en place les structures de dialogue, les jeunes n'auront d'autre issue que la violence, comme toutes les minorités opprimées.

J.-J. Natanson, **La Révolte des lycéens**, dans la revue "Esprit", no. 371, mai 1968, p.888 s. (extrait).

67

A mon avis, enchaîna Frémincourt, voilà ce qui s'est passé. On a tout d'un coup découvert que les jeunes représentaient un énorme marché pour le disque, les transistors, les électrophones, les accessoires de sport, le tourisme, alors, tout d'un coup, à la radio, à la télévision, dans la presse, on leur a fait une place énorme, il y a eu en France et en Europe une idolâtrie des jeunes à la manière américaine et pour les mêmes raisons commerciales. C'est de cette idolâtrie que tout est venu. On a constitué les jeunes en idoles, en pseudo-idoles, bien sûr, car le pouvoir réel restait dans la main des vieux. Et les étudiants, parce qu'ils bénéficient des moyens techniques de réflexion, ont été les premiers à comprendre qu'il y avait là une duperie. Un enseignement de masse, une compétition très sévère, très peu de débouchés, et à l'université, aucune influence sur les études, les programmes et les méthodes. Apparemment des idoles, en fait, des enfants tenus en lisière. L'aspiration au pouvoir étudiant est sortie, à mon sens, de cette contradiction.

Robert Merle, **Derrière la Vitre**, Paris 1970, p.212.
(C) Editions Gallimard

B: L'idéalisme des jeunes

TEXTES 68 et 69

68

La soif d'absolu chez la jeunesse
Cardinal Jean Daniélou 1968

Dans notre chapitre **La Révolte politique et sociale**, nous n'avons tenu compte que des réactions positives de l'Eglise catholique envers Mai 68. Voici la critique du cardinal Daniélou qui en souligne les côtés nihilistes. Sans maudire la jeunesse, il accuse ses maîtres, les philosophes, d'avoir créé, par leurs théories existentialistes, marxistes et structuralistes, le sentiment d'un vide et d'avoir négligé le besoin ardent des adolescents d'avoir des idéals. C'est là qu'il voit la tâche des hommes de l'Eglise qui doivent accepter le défi lancé par la révolte pour recommencer un dialogue avec les jeunes.

Il y eu dans les événements de mai des aspects divers. Il y a la mise en question d'une Université qui n'est plus adaptée dans ses cadres à la croissance démographique et ne prépare pas les étudiants aux débouchés qu'il faudrait. Il y a l'action de groupes politiques, pour qui le sabotage de l'Université est le moyen d'une action subversive qui vise à faire sauter toute la société actuelle. Mais il y a aussi autre chose. Il y a l'insatisfaction des jeunes devant une société technocratique qui les utilise à ses fins mais ne répond pas à leurs problèmes fondamentaux. Sur ce point les analyses de Marcuse sont exactes. Il ne s'agit pas d'abord d'une crise économique, mais d'une crise psychologique. La civilisation technique constitue un corps nouveau. Mais ce corps n'a pas encore trouvé son âme. Il y a un immense appel adressé à la création, à l'imagination, à l'invention pour décrire les voies du futur.

Or c'est là où nous sommes en présence d'un vide qu'aucune réforme de structure ne suffit à remplir. La crise précédente est une crise de la culture. Les dernières écoles philosophiques, le structuralisme de Foucault, le néo-marxisme d'Althusser, la psychanalyse de Lacan, le roman de Robbe-Grillet, n'étaient qu'un effort désespéré pour intégrer l'homme dans des structurations techniques, en faire un objet de savoir. Or c'est précisément cela contre quoi s'est révoltée la jeunesse, par une protestation jaillie, d'une part, des abîmes obscurs de l'instinct, mais aussi des profondeurs de l'homme intérieur. C'est contre la platitude de l'ennui d'un monde aseptisé par la science qu'elle s'est révoltée. Mais cela a été une joyeuse orgie sans lendemain.

Car cette aspiration ne trouve personne pour lui donner forme. Les seuls maîtres que trouve cette jeunesse sont des maîtres de révolte et de contestation, des professeurs de nihilisme. La perversion fondamentale de la pensée contemporaine, de Marx à Freud et de Sartre à Marcuse, c'est d'être avant tout l'expression d'un refus. Tout ce qui se présente comme susceptible de donner un sens, toute reconnaissance d'une transcendance, sont présentés comme une aliénation et une répression. L'équivoque fondamentale est de confondre sous le nom de société répressive la totalité des données qui constituent le monde actuel. (...)

L'heure aujourd'hui est à l'invention. Il y a autant de génialité latente, métaphysique, théologique, poétique chez l'homme d'aujourd'hui que chez celui d'hier. C'est cette recherche d'une expression totale qui est latente dans le meilleur du mouvement étudiant et qui cherche ceux qui la formuleront. Mais pour cela il faut que les chrétiens secouent les complexes de culpabilité masochistes, les terreurs devant les faux prestiges de l'intelligentsia du jour, le goût morbide de l'autocontestation. La civilisation technique réclame ses temples et ses fêtes. Elle a des techniciens et elle demande des prêtres. C'est un spectacle à la fois lamentable et dérisoire que ce soit le moment où les prêtres veulent devenir des techniciens et où l'on veut transformer les églises en lieux de réunion politique. La jeunesse a soif d'absolu. Le drame d'aujourd'hui serait la démission de ceux qui ont mission de répondre à cette soif.

Jean Daniélou, **La Révolte des jeunes**, dans "Le Monde" du 26 novembre 1968, p.11.
(C) "Le Monde"

69
Mai 68 - résurrection de l'Esprit
Maurice Clavel 1968

Maurice Clavel (1920-1979) fut professeur agrégé de philosophie, écrivain et journaliste. Il a salué en Mai l'arrivée d'une nouvelle spiritualité, étouffée jusqu'alors sous le matérialisme économique: "Mai me confirma Dieu. Depuis je n'ai plus douté. Et maintenant je témoigne", écrit-il dans son livre autobiographique **Ce que je crois**, paru en 1975. Les articles déjà publiés dans les journaux du "Nouvel Observateur" et du "Combat" en mai-juin 1968, sont rassemblés sous le titre programmatique de **Combat de franc-tireur pour une libération** (Paris 1968). Comme il affirma dans une interview de 1977 (**Aujourd'hui, la révolution culturelle**, dans "Le Magazine littéraire" no.127/128 de septembre 1977, p.57 ss.), Maurice Clavel voyait en Mai 68 la première expression violente d'une **révolution culturelle** qui devait s'accomplir, selon lui, dans les années soixante-dix. Son oeuvre littéraire d'après 1968 en reflète les étincelles: Le roman **La Perte et le fracas ou les murailles du monde** (1972) met en scène l'interruption produite par une jeunesse ardente dans la vie dénudée d'idéals de la riche bourgeoisie. En 1974, Maurice Clavel publie, dans son roman-reportage **Les Paroissiens de Palente**, l'éloge pathétique du combat d'autogestion mené par les ouvriers de LIP à Besançon (voir p. 126, note 167).

Enfin! ... Oui, enfin. Depuis des années, j'avais peur, non pas de cela(218) mais du contraire: que tous ces jeunes gens se laissent digérer par le boa que vous êtes. J'avais peur qu'ils ne restent ces veaux que vous paissiez. J'avais peur lorsque tel ou tel me confiait: je vais faire ceci, cela, me marier, gagner tant ... Foutu! me disais-je, à moins d'Absolu intime ... Un jeune homme est venu me trouver il y a trois mois: entré premier, sorti second d'une très grande école de sciences, il avait tout quitté, situation, relations, argent, parents, pour la recherche métaphysique ... j'ai vu soudain, m'a-t-il dit, j'ai vu ma carrière de grand "cadre", j'ai vu ma vie: pris d'horreur presque, j'ai chancelé, reculé ... Ce garçon fut pour moi comme une hirondelle. Je crus et n'osai croire au printemps. Ceux de Nanterre et de Sorbonne sont ses frères. ("Le Nouvel Observateur" 5 mai 68).

Le mouvement de notre jeunesse, et particulièrement de ceux qu'on appelle les enragés ou trublions, est spirituellement magnifique. Il rend l'espoir à notre pays, et à d'autres. Pour ma part j'y retrouve à peu près ce qu'avait rêvé la jeune résistante française - communiste comprise, en dehors de l'appareil stalinien. Et voici qu'aujourd'hui mes élèves de philosophie, les meilleurs, les plus pensifs, ont lutté sur les barricades. Voici que le désordre a quelque chose de constructif et de prometteur. Voilà pourquoi le mot chienlit, s'il est vrai que le général de Gaulle l'a prononcé, est un crime contre lui-même. Un crime et une sottise. Si de Gaulle fait tout pour briser l'hégémonie américaine, comment peut-il refuser que la jeunesse française se révolte de toute sa générosité contre la société américaine, source, substance et but de cette hégémonie? Comment a-t-il pu, lui, que l'on pouvait croire d'essence spirituelle, nous imposer ce monde et ce genre de vie matérialiste, aliénant, désespérant? Il y a là une sorte de péché contre l'esprit, que le sursaut de notre jeunesse rachète, aux yeux de notre histoire future. Et non seulement notre jeunesse étudiante. Les jeunes ouvriers, véritables initiateurs de la grande grève, ont bousculé leurs syndicats. Le mot d'ordre d'autogestion lancé par la C.F.D.T., mot d'ordre révolutionnaire et non point anarchiste mais libertaire, trouve en eux d'étranges échos. Il gêne, irrite, et parfois entraîne des éléments de la C.G.T. et du Parti communiste. L'hégémonie stalinienne et le réformisme alimentaire sont menacés ("Le Combat" 24 mai 1968).

L'irréversible, c'est l'Esprit. Refoulé depuis vingt ans par notre société, il a brisé les barrières et les censures et s'est répandu en désordre, à l'état sauvage. (...) La société de consommation a été marquée, comme on dit, d'un feu de Dieu! C'est cela, l'irréversible. (...) La suite de cet irréversible est imprévisible. Le politiser? Difficile. Le policer? Impossible. Le réprimer? Il ressurgira. C'est l'an zéro d'on ne sait quoi. ("Le Nouvel Observateur" 7 juin 1968).

Extraits de Maurice Clavel, **Combat de franc-tireur pour une libération**, recueil d'articles parus en 1967 et 1968, Paris 1968, pp.118-140.
(C) Editions Pauvert

C: Pour la lutte contre l'Etat
Daniel Cohn-Bendit 1968 et 1975

TEXTES 70 et 71

La conversation de Daniel Cohn-Bendit avec le philosophe Jean-Paul Sartre paraît être une leçon de pragmatisme d'un jeune rebelle à un vieux théoricien de la révolution. Quoique prononcés en pleine euphorie de l'élan victorieux, les mots de Cohn-Bendit sont loin d'exprimer des illusions. Ils disent l'apport essentiel de Mai: sans avoir pu renverser le régime, la révolte a ouvert des brèches dans tous les domaines politiques et sociaux. Dans son livre de 1975, **Le Grand Bazar, Der große Basar**, paru en France et en Allemagne, il répète ce jugement, en y ajoutant une autocritique de ce "Dany le Rouge", rôle qu'il s'est plu à jouer et que les médias lui ont imposé. Rentré en Allemagne, il a travaillé aux portes de l'usine automobile d'Opel-Russelsheim, avec des émigrés, dans un jardin d'enfants anti-autoritaire et, après 1974, dans la presse alternative. Il a fondé, avec d'autres, le magazine "Pflasterstrand", paraissant à Francfort depuis 1976 ("Die Zeit", 30 déc. 1983, p.38). Restant fidèle à son idée principale, il n'a pas cessé de lutter pour la libération des contraintes, pour la spontanéité, contre tous les dogmatismes de droite et de gauche et, surtout, contre la toute-puissance de l'Etat. Depuis 1968, il est interdit de séjour en France. "Dix ans après, je reste le symbole de la peur du pouvoir français. Sinon, son refus de me laisser revenir n'est pas explicable" dit-il, en mars 1978, dans une interview faite à l'occasion du dixième anniversaire de Mai 68 ("Le Monde" du 26 mars 1978, p.11).

70

Une brèche ouverte par les étudiants

Les ouvriers obtiendront satisfaction sur un certain nombre de revendications matérielles et des réformes importantes de l'université seront opérées par les tendances modérées du mouvement étudiant et par les professeurs. Ce ne seront pas les réformes radicales que nous souhaitons, mais nous aurons tout de même un certain poids: nous ferons des propositions précises et on en acceptera sans doute quelques-unes parce qu'on n'osera pas tout nous refuser. Ce sera un progrès, bien sûr, mais rien de fondamental ne sera changé et nous continuerons à contester le système dans son ensemble.

De toute manière, je ne crois pas que la révolution soit possible, comme ça, du jour au lendemain. Je crois qu'on ne peut obtenir que des aménagements successifs, plus ou moins importants mais ces aménagements ne pourront être imposés que par des actions révolutionnaires. C'est en cela que le mouvement étudiant, qui aura même abouti à une réforme importante de l'université, même s'il perd provisoirement de son énergie, prend une valeur d'exemple pour beaucoup de jeunes travailleurs. En utilisant les moyens d'action traditionnels du mouvement ouvrier - la grève, l'occupation de la rue et des lieux de travail -, nous avons fait sauter le premier obstacle: le mythe selon lequel "on ne peut rien contre ce régime". Nous avons prouvé que ce n'était pas vrai. Et les ouvriers se sont engouffrés dans la brèche. Peut-être n'iront-ils pas, cette fois-ci, jusqu'au bout. Mais il y aura d'autres explosions, plus tard. L'important, c'est que la démonstration a été faite de l'efficacité des méthodes révolutionnaires.

Daniel Cohn-Bendit dans son entretien avec Jean-Paul Sartre, publié dans "Le Nouvel Observateur" du 20 mai 1968.
(C) "Le Nouvel Observateur"

71
La lutte contre les institutions

Der Durchbruch der Bewegung des 22. März in Nanterre - und des vor ihr propagierten neuen Verhältnisses zur Praxis - liegt nicht in der Besetzung des Verwaltungsgebäudes, die am 22. März stattfand, sondern er geschah in den folgenden zwei Tagen voller Diskussionen und Auseinandersetzungen. (p.94) Es bestand zum ersten Mal die Gelegenheit, die eigenen Interessen offen auszusprechen, die eigene Spontaneität zu befreien - und das entsprach einem Bedürfnis der Studenten. Dieser herrlich sonnige Tag auf dem Rasen brachte auch eine Befreiung von den traditionellen Organisationen und ihrem Apparat. Bis jetzt war der Inhalt der Politik von den politischen Gruppen monopolisiert worden. (...) Die Bedeutung des Mai 68 - der für alle eine unglaubliche Überraschung war - lag gerade darin, daß diese ganzen verdrängten Bedürfnisse wieder aufbrachen. Die Kraft der Bewegung war vorhanden, ehe alles sichtbar anfing. Die Stärke der Bewegung des 22. März lag in der anti-institutionellen Organisierung. Diese ganzen einengenden Strukturen zum Tanzen zu bringen - die Universität, die Grüppchen - das war der Mai 68, die Befreiung von Zwängen. Und diese Befreiung geschieht nicht von einem Tag auf den anderen. Das ist ein Prozeß. (p.95) Mai 68 war eine Bewegung, die die bestehenden Zwänge aufgebrochen hat. Und er hat gezeigt, welche Bedeutung ihnen in unserer Gesellschaft zukommt. Alles wird möglich. Die Polit-Fiction wird zur aktuellen Realität! Die radikale, emanzipative Veränderung der westlichen Gesellschaften ist nicht mehr nur der Traum einer Handvoll Aktivisten. Sie kann einer Erwartung entsprechen, die von weiten Kreisen der Bevölkerung geteilt wird. Die Bewegung hat die wachsende Kluft zwischen der Gesellschaft und dem Staat aufgezeigt. Im Alltag scheint der allmächtige Staat die Gesellschaft wirkungsvoll im Griff zu haben. Schließlich beschrieb Viansson-Ponté noch im März 68 in einem berühmten Leitartikel ein Frankreich, das "sich langweilt" und in dem nichts mehr passiert. Auch den marxistischen Analysen haben die Ausbreitung dieser kolossalen Bewegung nicht mitbekommen. Angesichts einer Situation, in der der Staat für die Franzosen nur noch eine "radikale Minderheit" zu sein scheint, wird Mai 68 auch zur Niederlage für diese Theoretiker. Das Land ist gelähmt und die Minister verbrennen ihre Archive. Auf diesen Mai 68 gründe ich meinen Optimismus - wie auch immer der Alltag in unseren Gesellschaften aussehen mag. (p.97 s.)

Daniel Cohn-Bendit, **Der große Basar, Gespräche mit Michel Lévy, Jean-Marc Salmon, Maren Sell,** München 1975, S.94-98.

D: Contre une révolution sociale
Trois étudiants 1968

TEXTES 72 - 74

Dans son livre **Les Journées de Mai 68, Rencontres et dialogues**, publié en 1968, le prêtre Jacques Durandeaux a réuni huit conversations qu'il a eues, entre le 1er et le 10 juin, avec des étudiants et assistants dont les opinions politiques différaient beaucoup. Nous avons choisi l'entretien du prêtre avec trois étudiants qui avaient participé au défilé gaulliste du 30 mai et qui se disaient ennemis du mouvement révolutionnaire: Paul D., élève à l'Ecole supérieure de Commerce, 21 ans, Hubert D., étudiant de Droit à Nanterre, 19 ans, François R., étudiant de Droit à Nanterre, 18 ans. Convaincus de représenter la majorité silencieuse des étudiants et une grande partie de la population française, ils refusent le désordre et l'aventure politique, reprochant aux rebelles leurs vagues concepts et la violence de leurs actions. Le prêtre, poussé par leurs arguments, confesse un christianisme par définition contestataire; il avoue sa foi idéaliste en un monde utopique dont la révolte aurait montré la voie et dont il ne sait ni veut dire le contenu exact. Les questions pragmatiques des jeunes restent sans réponse.

72
Nulle adhésion à une cause qu'on ignore

François R. - Je voudrais que vous m'expliquiez ce qu'il y aura à la place de ce qu'il y a maintenant.

J.D. - Je n'en sais rien.

François R. - Voilà! Eh bien, pour moi, il est impossible de donner son adhésion à quelque chose qu'on ignore. Ils demandent de tout détruire (rien n'est relatif, il faudra tout détruire partout), et de recommencer sur des bases que l'on ignore. Je suis désolé, mais pour moi, c'est raté d'avance.

J.D. - N'exagerons pas le "tout détruire", cliché un peu rapide pour désigner le processus révolutionnaire dont certains admettent que ce puisse être un processus par étapes; Cohn-Bendit, dans l'article du Numéro spécial du **Nouvel Observateur**(219), envisage que cette révolution doive se faire par paliers successifs. Il y a peut-être une mutation d'un monde à un autre monde par des procédures autres que celles que tu viens de supposer.

Paul D. - C'est très facile de tout détruire. Ce qui est difficile, c'est d'être positif, de construire.

J.D. - Ce qui me frappe, c'est le besoin que vous avez de tout savoir d'avance, et, d'une certaine façon, le refus de courir certains risques.

François R. - Soyons réalistes: pour bouffer, il faut avoir de l'argent.

J.D. — Ne s'agit-il pas également d'être heureux?

Hubert D. — "Le malheur n'est souvent qu'une fausse interprétation de la vie." (Montherlant.)

J.D. — Vous allez vous trouver dans votre vie d'étudiants face à un certain nombre d'étudiants révolutionnaires, et qui ne l'étaient pas avant, pour lesquels l'évènement a été l'occasion d'une prise de conscience. Vous allez vous trouver devant une minorité révolutionnaire plus nombreuse et plus consciente, plus difficile et plus exigeante. Comment allez-vous faire?

François R. — S'il y a eu des réformes, je ne vois pas ce que cette minorité pourra demander d'autre.

J.D. — Elle pourra causer un désordre permanent par exemple. Ce qu'elle attend, ce n'est pas une réforme de l'Université, c'est un changement du monde.

Paul D. — Si on crée le désordre permanent sans savoir où on va, comment voulez-vous que des personnes qui se disent sensées puissent y adhérer? C'est là le schisme du mouvement.

Hubert D. — C'est là qu'ils vont se discréditer. Les sondages montrent d'ailleurs que les étudiants sont de moins en moins approuvés par l'opinion publique, et si carte blanche est donnée aux étudiants pour élaborer leur projet de réformes, et que ce projet est adopté, alors les revolutionnaires qui ne l'accepteront pas seront discrédités.
D'ailleurs, il y a fort à parier que l'obtention des diplômes sera plus difficile après la réforme, car qui dit autonomie dit concurrence. (p. 88 s.)

73
Pour la société capitaliste

J.D. — Ce qui vous sépare au fond, c'est que la société où vous vous trouvez, même si vous pensez qu'elle est imparfaite et requiert un certain nombre de réformes, vous trouvez qu'elle peut être satisfaisante pour tous ceux qui vivent dedans, et qu'elle peut le devenir. L'ennui, c'est que vous, vous êtes parmi les privilégiés. Vous avez eu de la chance.

François R. — Je défends la société capitaliste, pas tellement parce que j'ai de la chance, mais surtout parce que je n'en connais pas de meilleure, de plus juste.

Hubert D. — Peu importe de quel parti émane la critique ou l'affirmation de la société. Les critiques de la société formulées par les ouvriers n'ont pas de point communs avec celles formulées par les étudiants qui, eux, veulent tout détruire et non replâtrer.
Pour moi, tout est affaire de point de vue. La vie n'est rien en elle-même. C'est à l'homme de trouver le sens de son existence et de le faire advenir.
Enfin, je ne veux pas la destruction de la société capitaliste dans la mesure où chacun peut, en droit, progresser.

Paul D. - Si les révolutionnaires proposent une société satisfaisante, nous l'accepterons, mais comme ils ne proposent rien, et se contentent de critiquer ...

Hubert D. - La seule chose que je reproche à la société capitaliste, communiste, ou je ne sais quoi (et là les distinctions bourgeois-ouvriers n'ont plus aucun sens): c'est le racisme. Pas seulement le racisme "racial", mais toutes les formes de racismes. Par exemple, si un type est bête, qu'il soit rejeté par la société; si un type a des déviations sexuelles ou autres, qu'il soit rejeté par la société.

J.D. - Tu ne crois pas que les idées que tu développes supposent et entraînent une transformation radicale de la société de l'esprit de la société?

Hubert D. - Je dirai tout d'abord que ce n'est pas une transformation radicale de la société, mais une évolution de la société vers l'humain. Ensuite cette critique de la société n'a rien à voir avec celles qui ont été formulées par les révolutionnaires. (p.90 s.)

74
Accepter la violence?

François R. - Je ne pense pas que descendre dans la rue, et balancer des pavés sur des gens qui n'y sont pour rien, soit dans l'Evangile.

J.D. - Quand un homme est affamé, si son dernier recours, c'est le fusil, il faut qu'il prenne un fusil. Etre chrétien, cela consiste quelquefois à accepter la violence, malheureusement.

François R. - Il y a une différence entre les affamés et les étudiants.

J.D. - Il y en a qui sont affamés d'autre chose.

Paul D. - Ça me laisse tout à fait sceptique. Parmi les étudiants, dans la rue, combien y en avait-il qui étaient affamés "d'autre chose"? (...)

J.D. - (...) Vous devez une chose à tous ces types qui sont descendus dans la rue, c'est de vous avoir réveillés.

François R. - Je trouve facile, très facile d'être révolutionnaire en ce moment. Il y a des grandes phrases toutes faites; on peut dire des choses très jolies; on peut être beaucoup ensemble et faire beaucoup de bruit; on peut avoir de belles photos dans les journaux ...

J.D. - C'est vrai, pour le moment; mais les événements vont vite, et l'inverse peut arriver: les révolutionnaires sont de moins en moins nombreux; mais les grandes choses se font par des minorités agissantes. C'est pourquoi une majorité est susceptible de choix aberrants (cf. Hitler). Le nombre n'est pas une garantie.

François R. - Dans ce mouvement, il y a, à mon avis, trop d'impulsion, trop de contagion.

J.D. - Il y a des moments où la révolte est un signe de santé mentale. Et se révolter contre le monde dans lequel nous vivons est un signe de santé mentale.

François R. - Je pense que lancer des pavés contre des flics est un signe de débilité mentale ... (pp. 94-96).

Jacques Durandeaux, **Les Journées de Mai 68. Rencontres et dialogues,** Paris 1968.
(C) Desclée de Brouwer

E: **Mai 68 vu par les sociopsychologues**

TEXTES 75 et 76

André Stéphane - pseudonyme sous lequel se cachent deux psychanalystes français - décrit le phénomène de la régression psychique dans la contestation radicale. Dans son analyse très polémique, il attaque l'attitude démissionaire des adultes, en particulier des intellectuels de gauche qu'il qualifie comme infantiles ayant créé un mythe de la jeunesse. Suivant la théorie freudienne, il souligne l'importance du conflit oedipien pour la maturation des adolescents qui, selon lui, ont besoin de grandir avec une autorité familiale et sociale pour trouver un équilibre psychique. Le psychanalyste Gérard Mendel, de son côté, nie la possibilité d'un retour à l'ancienne éducation autoritaire dans cette société moderne régie par la technocratie. En dépit des éléments destructeurs et régressifs du mouvement contestataire, il croit y découvrir l'étincelle d'une révolte positive contre la dictature de la Machine. Il exige une co-éducation des adultes et des jeunes, un concept pédagogique qu'il s'efforce de concrétiser dans les ouvrages écrits après 1968: **La Crise de générations**, Paris 1969; **Pour: Décoloniser l'Enfant**, Paris 1971; **Le Manifeste éducatif**, Paris 1973. Il accepte que les jeunes revendiquent l'exercice d'un pouvoir collectif et social et qu'ils participent à l'organisation de leurs écoles et universités. C'est là, dit-il, la seule voie possible à une maturation psychique dans un temps où l'autorité patriarcale et culturelle lui paraît définitivement abolie.

75

Aspects régressifs de la révolte: intolérance et irrationalité
André Stéphane 1969

Ce qui nous semble plus significatif par rapport au plan qui nous intéresse ici - celui de la régression narcissique favorisée par l'existence du groupe - c'est l'intolérance manifestée par exemple à l'égard de Maurice Duverger dont les sympathies pour le mouvement furent pourtant assez vives mais qui en dénonça le caractère utopique, ou surtout à l'égard de Kastler (p.108)

Après avoir cité un journal étudiant qui attaque le professeur Kastler pour avoir défendu la sélection universitaire, l'auteur juge cette attitude rigide des jeunes:

Malgré l'apparente tolérance(220) des assemblées de contestataires à l'égard des opinions contraires aux leurs, nous avons pu constater que cette tolérance connaissait des limites bien précises. Il ne fallait pas que les propos tenus aillent à l'encontre du rêve commun au groupe: **"quiconque n'est pas moi est un agent de la répression qui s'exerce à mon égard"** (Nanterre, escalier conduisant au Dépt. de Philosophie). Ainsi à la Sorbonne, l'un des premiers soirs après l'occupation, l'employé d'une usine de la région parisienne est venu dire que la jonction entre étudiants et ouvriers était très difficile à réaliser. Il n'exprimait pas là une opinion mais tenta d'apporter des faits. Il se fit copieusement huer et ne put continuer. Une toute jeune étudiante vint alors, en pleurant presque, expliquer qu'apportant des tracts aux ouvriers de Sud-Aviation à Suresnes, ceux-ci s'étaient précipités sur elle et les avaient déchirés. On lui arracha alors le micro des mains.

Cette hostilité manifestée à l'égard de Kastler ou de l'employé de la Sorbonne nous semble liée au fait que l'un comme l'autre viennent rappeler les contestataires à la réalité. Or - et c'est là en effet la mésaventure du Professeur Kastler qui lui n'avait pas totalement "largué les amarres" et a tenu aux étudiants ce que l'on appelle justement "le langage de la raison" - ce rappel à la réalité constitue un véritable traumatisme analogue à celui infligé par le médecin au patient qui suit une cure de désintoxication lorsqu'il le prive de sa drogue. Il s'agit en effet d'une menace de rupture de l'univers narcissique élationnel dans lequel le sujet se trouve plongé, et qui, toutes proportions gardées, est un rappel de ce traumatisme fondamental qu'est non pas tant la naissance, phénomène physiologique, que la naissance du Moi, c'est-à-dire la défusion du Moi et de l'Objet à la faveur des frustrations qui obligent le sujet à reconnaître une réalité qui lui est extérieure. A la formule "Le Rêve est vrai" (Nanterre), viennent se substituer le doute et le cheminement lent et patient de la pensée cartésienne. C'est bien la "disparition du Paradis" (André Frossard, **Figaro** du 11 juillet). Du reste Kerbourc'h raconte l'un de ses "voyages dans la nuit": "Vers sept heures du matin, à la Sorbonne, quelqu'un critique violemment Descartes qui serait le principal responsable de la décadence française. Descartes est mort, c'est pourquoi nous ne pensons plus." D'autres conséquences découlent encore de cette plongée dans la dimension narcissique de la psyché au détriment de la logique et de la réalité. C'est la prévalence du verbe sur l'action, du dire sur le faire. "Tuez les bureaucrates, assez d'actes, des mots!" (Galerie des Sciences, Sorbonne), tel est ... le mot d'ordre. On a assez porté l'accent de toutes parts sur "les palabres sans fin", sur les "marathons de la parole", sur les "parleries", sur le verbiage et la "logomachie" pour que nous nous abstenions de fournir des exemples de cet état de choses. Il nous a été donné de vivre ce qu'il y a de profondément régressif et de vertigineux dans l'abandon incontrôlé à la parole. Nous avons été plusieurs fois à l'Odéon durant son occupation; si le sujet dont on y débattait était élevé - il s'agissait du destin du monde - les choses qui s'y disaient étaient généralement banales. A chaque fois que nous y retournions, nous avions l'impression hallucinante de n'avoir quitté la salle que pour un instant tant l'atmosphère était immuable, les propos toujours recommencés; et pourtant le temps passait sans que nous nous en apercevions et nous sortions de l'Odéon la tête bruissante et sans poids comme un ballon de baudruche au bout de sa ficelle que le moindre coup de vent emporterait jusqu'au ciel. "Parler pour qui? Comment passer du **dire** au **faire**?", la question ainsi posée dans le hall d'entrée à l'Odéon ne semble pas avoir reçu de vraie réponse. A cette incapacité s'oppose de façon radicale le titre du premier ouvrage de Lénine: "Que faire?" et la réponse qu'il apporte, ainsi que sa critique cruelle de la "phraséologie" des gauchistes; de même, comme nous allons le voir, l'idéologie bourgeoise se situe à l'opposé de cet amour des mots et de cette impuissance à agir. D'ores et déjà nous pouvons entrevoir les liens subtils qui vont se tisser entre les "bourgeois" et les communistes, indépendamment des motivations politiques qui amèneront le parti communiste à observer une tactique "conservatrice". En effet le domaine du verbe coïncide, en grande partie du moins, avec les aspects illimités de l'univers narcissique. La matière ne fait pas obstacle aux mots, la réalité reste malléable au niveau du langage. Le papier n'est pas chatouilleux, disait déjà Catherine de Russie, tandis que les hommes et les choses résistent. Contrairement à la célèbre formule, "prendre la parole" et "prendre la Bastille" ne sauraient se comparer.

On a beaucoup remarqué que les contestataires n'ont jamais proposé de projets pour une société nouvelle; lorsqu'on leur disait: "Bon! d'accord! notre société est mauvaise, vous voulez là détruire, mais qu'est-ce que vous voulez mettre à la place?", ils répondaient: "nous ne sommes pas cuisiniers, nous n'avons pas de recette à vous donner" (**Le Monde**) (pp. 109-112).

L'absence de prise de conscience du caractère contradictoire des revendications, si souvent relevée, nous apparaît intrinsèquement liée à la dimension psychique dans laquelle évoluent les contestataires. On a par exemple noté que les étudiants demandaient à la fois la suppression de la sélection et réclamaient des débouchés sûrs. De même ils refusent d'être "les chiens de garde du capitalisme", de recevoir une formation qui vise à en faire des cadres du système bourgeois et cependant là encore exigent des débouchés (...). De plus, comment imaginer un état socialiste n'exerçant pas une sélection rigoureuse telle qu'elle existe en fait dans les pays de l'Est, et une adaption absolue des études aux besoins du Plan? (p.126)

André Stéphane, **L'Univers contestationnaire ou les nouveaux chrétiens**, Paris 1969, pp.108-126
(C) Editions Payot

76

Pour une co-éducation des jeunes et des adultes
Gérard Mendel 1969 (221)

Si nous avons semblé critiquer bien des aspects de la révolte adolescente, c'est en raison du rôle irremplaçable qu'elle devrait être amenée à jouer. Et nous voudrions ainsi conclure cet Essai: l'énergie, l'élan, le dynamisme, la générosité nécessaires pour alimenter la seule contre-force capable de s'opposer à la technocratie, résident dans la jeunesse. Mais, aussi, il dépend des adultes que cette contre-force, capable du meilleur ou bien du pire, ce sera selon, soit dirigée vers le progrès et non vers la destruction. (...)

L'appui des adultes aux adolescents (et, par eux, à la société future) ne peut s'exercer, répétons-le encore une fois, que dans le cadre de la co-éducation et par la revendication d'une information libre. Ceux qui refuseront l'une et l'autre sont ceux qui hier refusaient la liberté de la Presse, le droit syndical d'association et le suffrage universel.

Gérard Mendel, **La Crise de générations**, Paris 1969, p.244 s.
(C) Editions Payot

- La co-éducation est le moyen de renforcer cet Idéal du Moi mis en forme vers l'âge de cinq ans.(222)

Mais prenons l'exemple des événements de Mai. C'est-à-dire, devant les interprétations fort divergentes avancées jusqu'à ce jour, précisons sans ambiguïté notre position.

Au cours des événements de Mai - et de tous ceux analogues survenus à l'étranger - deux conceptions de la société, et peut-être de la civilisation, se sont implicitement affrontées.

D'un côté, une conception fondée sur le principe d'Autorité sous ses diverses formes. En face, une conception non-autoritaire, non basée sur la soumission, de la naissance à la mort, aux pères, au Père: s'appuyant, disons-le en simplifiant, sur le fantasme d'une communauté d'enfants et d'adolescents, s'éduquant les uns les autres, et que prolongerait ultérieurement une communauté d'adultes libres.

S'il est nécessaire que la fonction des parents soit maintenue dans la famille pour le très jeune enfant afin de lui assurer un support identificatoire de base, on peut par contre estimer qu'à partir de 5, 6 ou 8 ans - nous essaierons d'étudier ce problème dans un ouvrage ultérieur - la maturation individuelle de l'enfant serait au mieux assurée, durant la journée, au sein d'une institution scolaire radicalement nouvelle dans son esprit, respectant l'existence d'une communauté d'enfants trouvant appui auprès d'enseignants "dépaternalisés", "déparentalisés".

Pourquoi un tel changement dans les moeurs - révolutionnaire s'il y eut jamais révolution?

D'abord, parce que, ainsi que nous l'avons vu longuement, dans notre civilisation les parents sont manifestement dépassés et que dans le vide éducatif ainsi créé tous les vestiges mystiques, toutes les tentations du désespoir peuvent s'installer. D'ailleurs, l'extension du travail des élèves en équipe, des classes de neige, des sorties en commun, des colonies de vacances, va dans le sens que nous indiquons. Tout dépendra pourtant de l'esprit qui présidera à ces transformations.

L'esprit de la co-éducation, à notre sens, a pour fonction d'aider l'individu dès son plus jeune âge à se fortifier afin de pouvoir lutter à armes égales contre les structures autoritaires qu'une civilisation technologique sécrète d'elle-même et imposera si une contre-force puissante ne s'oppose pas à elle. La génération montante souhaite tenir à distance cet idéal d'un Homme-Machine, plus ou moins tacitement accepté par ses aînés, malgré la misère psychologique qu'il entraîne. La crise actuelle, qui ne peut aller qu'en s'accentuant, répondrait en profondeur à une lutte de certains désirs humains spécifiques - disons pour simplifier du besoin de liberté et d'autonomie adulte - pour survivre face à l'Idéal technologique.

Les événements de Mai correspondent à l'ébauche d'une prise de conscience collective.

La Machine imposant toujours davantage une structure sociale autoritaire et aussi rigide que celle qui relie entre elles ses pièces, un réflexe d'auto-conversation a tendance à jouer, désordonné et périlleux et utopique certes, mais pourtant fondamentalement sain dans son élan, malgré diverses impostures qui tendent à le dénaturer, afin de développer des formes sociales et de groupe non-autoritaires, c'est-à-dire, en l'occurence, non soumises au seul principe d'efficacité - des formes qui prennent en considération les valeurs humaines.

Des enfants qui auront grandi dans de nouvelles formes d'institution scolaire, qui auront jour après jour, année après année, appris non à obéir et à se soumettre, mais à réfléchir librement, à raisonner, à critiquer, à prendre des décisions, à faire des choix, à être responsables, à comprendre les culpabilités qui les poussent à demeurer des enfants sur le plan social, qui auront "appris à vivre" car ayant fait l'apprentissage en même temps de la liberté et de la vie en société, c'est-à-dire du nécessaire respect de l'autre si l'on veut conserver sa propre indépendance, seront, on peut l'espérer, armés, une fois adultes, pour résister tout à la fois au nihilisme technologique et au mysticisme utopique et pour construire une société plus humaine dont il est bien difficile de prévoir quelle forme elle prendra. Les obstacles sur le chemin de la co-éducation sont immenses - elle doit commencer avec des adolescents qui n'y auront pas été préparés dès l'école primaire et avec des enseignants formés selon d'autres conceptions. Pour prendre un exemple dans un autre domaine, tant de siècles après Avicenne ou Hippocrate se sont écoulés et tant de progrès restent encore à faire dans la science médicale! Pourtant n'était-ce pas là le seul bon chemin?

Ainsi toute novation constructive passe d'abord par une réforme de l'école. C'est dire l'intérêt capital de la Loi d'Orientation, à la condition qu'elle soit intégralement appliquée et qu'elle se développe dans le sens de la co-éducation.

La co-éducation, c'est la croyance dans les capacités de grandissement humain et social de l'enfant au sein d'une institution scolaire débarrassée de son terrorisme social et culturel latent ou affirmé. Suffisamment d'exemples de réussite en ce domaine existent, après les réalisations de ce grand précurseur que fut Célestin Freinet, pour que l'on s'engage hardiment dans cette voie.

Sinon il est à craindre que l'Idéal Technologique, s'appuyant sur les diverses culpabilités humaines inconscientes, saura imposer une société a-humaine et autoritaire: pour l'appeler par son nom, une société fasciste, qu'elle soit de droite ou de gauche.

Gérard Mendel, **La Crise de générations**, Paris 1969, p.232-234.
(C) Editions Payot

TENTATIVE D'UN BILAN EN 1984

> "La richesse de mai c'est qu'il n'y a pas eu de solutions immédiates, mais que le mouvement s'est diffusé dans la société."
> Alain Geismar(223)

Le bilan de Mai 68 et des impulsions auxquelles il a donné naissance est difficile à établir. Certes, on ne doit pas vouloir "voir partout des traces des événements de 1968"(224) mais il n'en est pas moins vrai que l'impact des luttes de Mai est allé plus en profondeur que l'on a tendance à le croire. Car la révolte de Mai n'a pas été une explosion de la mauvaise humeur de quelques étudiants mais l'éclatement d'une insatisfaction longtemps retenue, non seulement à l'intérieur des universités et usines mais dans presque toutes les institutions de la vie politique et sociale. Le parallèle entre le système rigide de l'université française et l'Etat gouverné par le souverain De Gaulle s'imposa et provoqua une crise politique d'une envergure considérable. Mai 1968 ne fut donc pas le résultat de quelques faits disparates qui se combinaient d'une façon fortuite mais l'aboutissement qui paraît logique d'un malaise général.

Bien des soulèvements postérieurs s'insèrent dans le mouvement d'idées et d'émotions que Mai 68 a portés au jour. Les nouveaux concepts de l'amour et de la sexualité, du rôle de la famille et des femmes, les projets de réformes scolaires et universitaires, les idées d'autonomie, d'autogestion et de participation n'ont pas cessé de remuer et de transformer la vie sociale dans presque tous les domaines. Un grand nombre de problèmes n'ayant pas été résolus, l'insatisfaction et l'inquiétude ont contribué à conserver l'esprit de Mai. L'école en est un exemple. Elle est restée "en crise" et le "malaise lycéen"(225) a causé de nouvelles agitations. Encore de nos jours, l'expert pédagogique du "Monde", Frédéric Gaussen, se demande si les changements effectués ont vraiment porté les fruits désirés, "Le lycée rend-il idiot?"(226) Si Mai 68 n'a pas trouvé de solutions, il a du moins aiguisé la conscience des tares existant à l'intérieur des institutions sociales.

La révolte étudiante a trouvé un écho retentissant dans certaines disciplines, notamment dans les sciences humaines et la sociologie, et dans l'attitude des intellectuels vis-à-vis des problèmes sociaux. Michel Crozier de l'université de Nanterre souligne l'obligation du sociologue de se pencher sur les mouvements actuels de la société.(227) Son collègue Alain Touraine a élaboré les principes d'une "sociologie permanente" au service des luttes sociales.(228) Michel Foucault, Pierre Vidal-Naquet et d'autres savants ont soutenu la contestation des prisonniers luttant pour une humanisation dans l'exécution pénale.(229) Claude Mauriac, ancien secrétaire de Charles de Gaulle et fils du romancier François Mauriac, formulait le credo de l'intellectuel qui s'engage pour les minorités sociales.(230) Au nouveau centre de l'université expérimentale de Paris-Vincennes, on cherchait à mettre en pratique des idées de Mai: un enseignement plus ouvert et des recherches scientifiques orientées vers les besoins de la vie contemporaine. Ainsi, une équipe de géographes y a soutenu la lutte des paysans du Larzac (voir ci-dessous) en élaborant une étude détaillée sur les données géographiques et économiques de la région.(231)

Une "nouvelle philosophie" fut vivement discutée entre 1977 et 1978 dont les représentants se référaient à leurs expériences de Mai 68. Issus de l'école marxiste de Louis Althusser, membres de groupuscules maoïstes, ces "nouveaux philosophes" demandaient aux penseurs de lutter contre le pouvoir, de dénoncer l'histoire en tant qu'histoire de la maîtrise croissante des institutions sur les hommes et d'accuser ouvertement les actes inhumains commis au nom des idéologies.(232)

La lutte ouvrière continuait dans l'après-Mai. Elle fut animée surtout par les étudiants maoïstes qui, suivant leur but de faire avancer une révolution prolétarienne selon le modèle chinois, avaient quitté l'université pour travailler dans les entreprises mêmes. Robert Linhart, étudiant en sciences économiques et auteur d'un roman-document sur son travail chez Citroën, avait organisé la grève des ouvriers immigrés contre l'exigence du patronat de faire des heures supplémentaires, en partie non-payées, afin de récupérer les pertes de production en mai-juin 1968(733). Jean-Pierre Le Dantec, un autre militant, raconte un épisode - anecdotique, il est vrai, mais bien révélateur de la lutte maoïste pour prolonger Mai 68: une vingtaine de maos avaient pillé un magasin de luxe parisien et distribué les produits les plus chers - caviar, truffes, foie gras - aux immigrés des bidonvilles. La presse entière discuta l'affaire et l'opinion publique amena une libération des condamnés ...(234)

Deux luttes locales sont devenues les "vitrines de la contestation"(235) de l'après-Mai: la lutte des paysans du Larzac contre l'extension d'un camp militaire, de 1970 à 1981, et celle que les ouvriers de LIP, usine de montres à Besançon, ont menée dès 1973 contre la fermeture de leur entreprise. Les deux combats ont mobilisé beaucoup d'anciens militants de Mai; l'Eglise catholique et l'opinion publique en France, et même à l'étranger, les ont soutenus. Il y a eu, comme en Mai, l'invention de nouvelles formes de contestation, des fêtes et représentations culturelles, des marches de solidarité, la cultivation illégale des terres vendues à l'Armée - et un grand nombre de publications parues en France et dans d'autres pays.(236) Les ouvriers de LIP ayant occupé leur usine, sont allés un pas plus loin dans leur combat que les rebelles de Mai: ils ont organisé eux-mêmes la production et la vente des montres pour protéger la firme de la banqueroute qui la menaçait après sa vente à un trust suisse. Le syndicat de la C.F.D.T. a pris leur exemple comme point de départ pour des stratégies et exigences nouvelles, leur lutte a servi de modèle à d'autres combats ouvriers contre la fermeture de leurs entreprises. Les deux affaires se sont terminées par une victoire des militants: le Larzac a été réglé par l'abandon officiel du projet d'extension prononcé par le président Mitterand, en juin 1981. La firme LIP a pu être maintenue, malgré d'incessantes difficultés financières, par l'aide de l'Etat et des mutuelles créées pour son soutien.(237)

(Dessin de BONNAFFÉ)

Dessin publié dans "Le Monde", 28 août 1973, dans un article sur la lutte du Larzac.
(C) "Le Monde"

Le champ de manœuvre du Larzac passe de 3 000 à 17 000 ha

AIDEZ-NOUS A SAUVER LE SUD-AVEYRON !

« La première des choses à faire, c'est de sauver ce qui existe encore de nature et de paysage français. »
Conférence de presse de M. Georges Pompidou (21 janvier 1971).

« On assiste à un déferlement d'initiatives malencontreuses pour les paysages français ; les projets déraisonnables et inacceptables se multiplient... Un jour, les plus avides, sinon les cyniques, s'apercevront qu'ils ont tué la poule aux œufs d'or. »
Discours de M. Robert Poujade, ministre chargé de la protection de la nature et de l'environnement.
(Le Monde, 18-19 avril 1971).

« Je ne vois pas le profit que l'économie aveyronnaise pourrait tirer de l'extension du camp du Larzac. »
Conférence de presse de M. René Tomasini à Rodez (10 juin 1971).

ÉCRIVEZ-NOUS :

ASSOCIATION DE SAUVEGARDE DU LARZAC ET DE SON ENVIRONNEMENT : B.P. 96 MILLAU - 12

Annonce parue dans "Le Monde", 5 nov. 1971, p.27, cf. p.335 s.
(C) "Le Monde"

Le président Mitterand et son nouveau gouvernement socialiste se sont vus fêter, avec plaisir, en 1981, comme les réalisateurs des idées de Mai. Déjà en 1968, Mitterand avait parlé du devoir de "s'attaquer aux structures mêmes" de la société(238). En 1973, il défendit le programme commun des socialistes et communistes comme une tentative d'"apprendre un nouveau langage", comme un moyen de "préparer la réconciliation du socialisme historique avec la génération montante" (239), leçons qu'il aurait retenues de Mai. "Quelle fête! Et quelle délivrance! Comme le pays en avait besoin" jubilait Jean Daniel dans son éditorial du "Nouvel Observateur", le 12 mai 1981. "DESORMAIS, LE POUVOIR S'EMPLOIERA, LUI AUSSI, A RETROUVER SOUS LES PAVES LA PLAGE ..." promit le nouveau ministre de la Culture, Jack Lang, en variant le slogan le plus célèbre de 1968.(240) La diversité et l'étendu des projets culturels qu'il aborda, grâce à son budget doublé, de 3 à 6 milliards de francs, semblaient réaliser beaucoup d'utopies des révolutionnaires de Mai: création de centres régionaux de la chanson - par exemple le centre Georges-Brassens à Nanterre -, construction d'un nouvel opéra à Paris sur la place de la Bastille, subventions du cinéma et de la vie littéraire.(241) Aujourd'hui, l'euphorie des premiers mois a disparu devant les problèmes économiques et sociaux de plus en plus graves. Pour parler comme Alain Peyrefitte, la rose commence à se faner.(242)

La secousse politique et culturelle de 1968 a relancé les mouvements d'autonomie régionale. Ces minorités, se disant depuis toujours défavorisées et "colonisées" par l'Etat centraliste, ont mis leur espoir en la brèche ouverte par Mai dans la culture "nationale-bourgeoise", qui leur semblait promettre l'acheminement vers le fédéralisme à travers une France socialiste.(243) La contestation éclata dès 1970, surtout dans le Midi de la France et en Bretagne. Multiforme et violente, elle fut nourrie de la colère des paysans et viticulteurs contre les importations du Marché Commun, des protestations contre le tourisme (voir fig.), des grèves ouvrières et des efforts des militants régionalistes à redécouvrir leur ancienne histoire et culture. Dans ce domaine aussi, le nouveau gouvernement a voulu réaliser quelques-uns des espoirs. Il a abordé un vaste projet de décentralisation concédant aux régions une plus grande autonomie politique.(244) Selon la promesse du ministre de la Culture de faire la "réparation historique" des torts envers les régions, on discute actuellement une loi de protection et de propagation des cultures et langues régionales.(245)

Affiche du mouvement régionaliste basque de 1976; collection privée I. Eichelberg.

Le mouvement des femmes s'est voulu une suite féminine à la révolte masculine de Mai 68. Les militantes du Mouvement de Libération des Femmes reprochaient aux révolutionnaires de Mai 68 de ne pas avoir laissé la parole aux femmes et à leurs problèmes spécifiques.(246) Cela peut paraître paradoxal car un nombre considérable de jeunes filles avaient participé aux manifestations. Les revendications de Mai, la révolution sexuelle, les discussions sur une nouvelle fonction du couple, sur les nouveaux rapports entre les parents et l'enfant, concernaient tout particulièrement la femme et son rôle dans la société (247). L'inspiration que les femmes tiraient de ces idées de Mai et leur nouvel élan révolutionnaire s'exprima dans la multitude de manifestations spectaculaires qui éclatèrent dès 1970: en août, la gerbe déposée en l'honneur de la femme du soldat inconnu, à l'Arc de Triomphe, en mars/avril 1971 la déclaration publique de 343 femmes d'avoir avorté, marquent quelques points culminants. Cette contestation a eu des répercussions culturelles et politiques importantes: une culture féminine-féministe est née dans les divers domaines de la vie intellectuelle et sociale, littérature, philosophie, films, théâtre, institutions d'aide sociale portée aux femmes comme les maisons de femmes. Un secrétariat d'Etat à la Condition féminine fut créé sous Giscard d'Estaing, un ministère des Droits de la Femme sous Mitterand.(248) Après des discussions publiques parfois bien vives, de différentes lois ont été adoptées en faveur des femmes: punition plus sévère des crimes commis contre les femmes (le viol) en 1980, reconnaissance de l'égalité professionnelle des femmes en 1983, droit à l'avortement en 1975.

La France a eu Mai 68 et elle n'a pas eu de terrorisme étudiant. L'Allemagne a vécu sa révolte étudiante en 1967, mais sans l'envergure comparable à Mai 68. En revanche, dès 1971, et surtout en 1977, avec les assassinats de Jürgen Ponto et Hans-Martin Schleyer, elle fut secouée par un grand nombre d'actes terroristes commis par des groupes d'anciens étudiants comme Andreas Baader, Ulrike Meinhof et d'autres. Les événements de 1977 ont suscité en France de vives controverses. Tout en condamnant le terrorisme, beaucoup de Français reprochaient aux institutions allemandes la trop rigide répression des suspects et coupables.(249) Que pourrait-on conclure d'une comparaison entre les deux pays dans cette question? S'agit-il d'une différence de caractère national qui pousse certains de nos compatriotes vers un radicalisme, étranger aux jeunes français, qui, peut-être, ont pu se sentir moins isolés dans leurs aspirations utopiques vers une nouvelle société parce que les intellectuels français avaient, en grande partie, recueilli leurs idées de Mai?(250) Nous n'oserons pas donner de réponse valable. La complexité de la question se révèle dans le témoignage d'Alain Geismar. Dans son livre L'Engrenage terroriste, de 1981, l'ancien combattant de Mai semble avoir renoncé à la contestation de certaines normes jadis tant attaquées "oui, la morale est souvent répressive," écrit-il, "mais s'agissant de réprimer des désirs de lynchage ou de génocide, vive la morale!"(251)

Pour bien des Français, Mai 68 a une valeur comparable aux révolutions de 1789, 1830, 1848 et 1871. Tel est le résultat d'un sondage effectué par Gallup en 1983.(252) Les textes de notre anthologie, les quelques remarques sur les événements de l'après-Mai, peuvent-ils justifier une telle évaluation? La révolution sexuelle, étayée par des facteurs d'ordre pharmaceutique, sera difficilement réversible, même si une réaction n'est pas à exclure. La vie artistique, comme par exemple le théâtre, a gardé quelque chose de la vitalité jaillissante de Mai, avec un dédain profond des conventions, avec la recherche du neuf et le désir d'établir des contacts plus immédiats avec le public. Les mots magiques de spontanéité et de créativité - en dépit de leur caractère vague - n'ont pas cessé de fasciner les nouvelles générations. Si la révolte politique paraît avoir abouti à des résultats moins éclatants, c'est en partie parce que la crise de l'économie mondiale a amené les gouvernements à faire face à de nouveaux problèmes. Après le miracle économique qui avait rendu possible l'affluence des masses aux lycées et universités et qui a, partant créé la situation dont est né Mai 68, le chômage guette les jeunes de nos jours dans une mesure bien plus inquiétante. Ces difficultés sont, sans doute, à l'origine des tendances rétrogrades dont on découvre, par-ci par-là, les symptômes.(253)

Mais un retour à l'avant-Mai paraît impossible. Le soulèvement a marqué trop profondément une génération entière et a trop enthousiasmé une partie considérable des "vieux". Ainsi s'explique la conviction répandue en France que Mai 68 se range à côté des révolutions précédantes. Mai 68 n'a pas non plus perdu sa puissance suggestive sur la jeunesse d'aujourd'hui.(254) La rébellion a répondu à un instinct enraciné dans l'homme déformé par les exigences de la vie professionelle et les pressions de la société de masses. C'est donc un élan qu'il faut apprécier en dépit de toutes les exagérations. Car à l'origine des gestes tapageurs des jeunes et de leurs revendications utopiques, il y a un idéalisme profond. Ils veulent empêcher notre société de se figer dans un bureaucratisme et une technocratie qui ne tiennent plus compte de ce qui doit rester le bien le plus précieux qu'il faut conserver intact et vivant: le besoin naturel de rester humain.

Le souvenir de Mai dans les caricatures de Wolinski
(C) Editions Albin Michel

Choix de rétrospectives sur Mai 68 et l'après-Mai

M.-A. Burnier, B. Kouchner et alii, **La France sauvage**, Paris 1970; ce livre donne un vivant aperçu sur l'immédiat après-Mai; la teneur en est: "La France entière grince des dents" (p.330);

Mai cinq ans après, dans "Le Monde", 3 mai 1973;

Le Mouvement des idées — le début de quoi? Dossier du "Magazine littéraire" no. 112/113, mai 1976, p.10 ss. Divers articles sur les évolutions qui ont eu lieu depuis Mai 68 dans les différents domaines sociaux, culturels et politiques;

Les Dieux dans la cuisine, vingt ans de philosophie en France, Dossier du "Magazine littéraire" no.127/128, septembre 1977; sur l'évolution des sciences humaines en France avant et après Mai 68;

Le dixième anniversaire de Mai 68 fêté dans une suite d'articles dans "Le Monde", à partir du 23 mars 1978 jusqu'à la fin de mai 1978; sur les évolutions dans tous les domaines, les livres, films, émissions parus lors du dixième anniversaire;

Les Lauriers de Mai ou les chemins du pouvoir 1968-1978, numéro spécial des "Révoltes logiques", Paris 1978, donnant une rétrospective de tendance pessimiste, plaignant la récupération et dénigration des idées de Mai;

1968 /1978, numéro 5/6 de "Politique aujourd'hui", Paris. Plusieurs prises de position d'anciens militants sur l'évolution des groupuscules, des luttes ouvrières, étudiantes et féministes, des sciences humaines et des idéologies;

Dix ans de sacrilège, rétrospective de la revue "Autrement", no.12, février 1978; divers articles qui traitent surtout des changements dans le domaine culturel;

Mai 68 — Mai 78, "Le Monde de l'Education", mai 1978. Diverses prises de position quant aux changements dans le domaine de l'enseignement L'éditorial de Frédéric Gaussen **A gauche toute ...!** se réfère à un sondage de la SOFRES selon lequel 70 % des enseignants voteraient à gauche par rapport à 50 % dans l'ensemble de la population.

J.-M. Domenach, **Enquête sur les idées contemporaines**, Paris 1981. Sur les évolutions culturelles depuis Mai 68 que l'auteur, rédacteur de la revue "Esprit" en Mai, et fort optimiste en ce temps-là, juge plutôt négatives: Mai n'aurait rien pu changer parce que ses idées auraient déjà vieilli au moment de l'explosion;

15 ans après Mai 68. Qui tient le haut du pavé? no.93 du "Magazine Lire", mai 1983. Une commémoration de Mai 68 faite dans la perspective de nouvelles manifestations étudiantes contre la loi Savary; huit intellectuels expliquent leur position en 1968 et l'évolution qu'il y a eue après;

Pascal Ory, **L'Entre-deux-Mai. Histoire culturelle de la France, Mai 1968-Mai 1981**, Paris 1983. Une étude détaillée sur l'évolution dans tous les domaines culturels, y compris les bandes dessinées.

Patrick Combes, **La Littérature et le mouvement de mai 68**, Paris 1984; le bilan de Mai 68 comme événement littéraire.

ABREVIATIONS

ACTION	Journal de la révolution de mai, fondé par les étudiants, premier numéro le 15-5-68.
A.G.	L'Assemblée Générale commune aux étudiants et enseignants d'une même discipline
AVANTGARDE	Mensuel de la JCR, depuis le printemps 1966
C.A.	Comité d'Action crée pour organiser la révolution à la base (suivant l'exemple de la Commune en 1871)
C.A.L.	Comité d'Action Lycéen, en coopération étroite avec les CA des étudiants
C.D.R.	Comité de Défense de la République (gaulliste), après le second discours de de Gaulle (30 mai) et la grande manifestation gaulliste, des comités d'action civiques se forment partout en France pour défendre la République
C.F.D.T.	Confédération Démocratique du Travail, mouvement syndical d'orientation chrétienne à l'origine (Confédération Française de Travailleurs Chrétiens), devenu de plus en plus révolutionnaire, lié avec la CGT depuis février 1967 par un accord d'unité d'action
C.G.C.	Confédération Générale des Cadres
C.G.T.	Confédération Générale du Travail, fondée en 1920, plus d'un million de membres, sous l'influence du PCF
C.L.E.O.	Comité de Liaison Etudiants, Ouvriers, chargé d'établir les contacts des étudiants de la Sorbonne avec les ouvriers en grève
C.L.E.O.P.	Comité de Liaison Etudiants-Ouvriers-Paysans
C.L.E.R.	Comité de Liaison des Etudiants Révolutionnaires lié avec l'OCI, organisation étudiante trotzkyste, antistalinienne, en opposition radicale avec le PCF
C.L.I.F.	Comité de Liaison Inter-Faculté, chargé de coordonner les initiatives étudiantes dans les diverses disciplines
C.N.P.F.	Conseil National du Patronat Français
C.N.R.S.	Centre National de la Recherche Scientifique, fondé en 1945
COMBAT	Journal socialiste de Paris, datant de la Résistance, sympathisant avec Mitterand et l'Union de la Gauche, un des journalistes: Maurice Clavel
C.R.S.	Compagnie(s) Républicaine(s) de Sécurité, troupe policière spécialement entraînée et équipée (casques et boucliers) pour lutter contre les révoltes dans la rue

C.V.B.	**Comité Vietnam de Base**
C.V.N.	**Comité Vietnam national**
E.N.S.	**Ecole Normale Supérieure**, école d'élite pour les meilleurs élèves des lycées; une formation plus spécialisée, indépendante de la formation universitaire
E.S.U.	**Etudiants Socialistes Unifiés**, l'organisation étudiante du PSU
F.E.N.	**Fédération de l'Education Nationale**, syndicat des enseignants, fondé en 1906, proche du PCF, avec une opposition de la gauche de plus en plus forte (s'appelant "L'Ecole Emancipée")
F.E.N., aussi pour:	**Fédération des Etudiants Nationalistes**, mouvement de droite d'où est issu le Mouvement Occident
F.E.R.	**Fédération des Etudiants Révolutionnaires**, organisation trotzkyste, voir CLER, OCI, fondée le 27-28 avril 1968
F.G.D.S.	**Fédération de la Gauche Démocratique et Sociale**, fusion du Parti Socialiste/SFIO, des radicaux et de divers clubs politiques, réalisée en 1966
F.N.E.F.	**Fédération Nationale des Etudiants de France**
F.O.	**Force Ouvrière**, syndicat fondé en 1948 par des anciens membres de la C.G.T.
G.P.	**Gauche Prolétarienne**, groupement maoïste, fondé en 1969, Journal: LA CAUSE DU PEUPLE
H.L.M.	**Habitation(s) à Loyer Modéré**
L'HUMANITE	Journal quotidien à grand tirage, organe central du PCF
INTERNATIONALE SITUATIONNISTE	Mouvement d'avant-garde, fondé en 1957
I.U.T.	**Institut Universitaire Technologique** (comparable aux "deutsche Ingenieurschulen")
J.C.R.	**Jeunesse Communiste Révolutionnaire**, organisation étudiante trotzkyste, née après l'exclusion des gauchistes de L'UEC, antistalinienne, léniniste, en opposition avec le PCF; actions pour la révolution vietnamienne et la guerre en Amérique latine; défendue le 12-6-1968; noms: Henri Weber (théoricien), Alain Krivine; publication: AVANTGARDE-jeunesse
M.A.U.	**Mouvement d'Action Universitaire**, créé en mars/avril 1968 à la Sorbonne pour élaborer une réforme universitaire dans le cadre d'une nouvelle société socialiste
M.L.F.	**Mouvement de Libération des femmes**, association de gauche, créée en 1968, relancée en 1970
MOUVEMENT DU 22 MARS	Mouvement étudiant anarchiste, né pendant l'occupation

des bâtiments administratifs de l'Université de Nanterre; le groupe se définit comme n'étant pas un groupe politique mais un mouvement pour l'action, ouvert aux militants de diverses tendances; appelé aussi "Les Enragés de Nanterre"; très actif en mai 68, interdit le 12-6-68

M.U.R.	**Mouvement Universitaire pour la Réforme**, créé en juin 1968 pour élaborer une réforme universitaire dans le système actuel de la société
O.A.S.	**Organisation de l'Armée Secrète**, à tendance fasciste, responsable d'actions terroristes pendant la guerre d'Algérie
O.C.I.	**Organisation Communiste Internationaliste**, organisation trotzkyste, fondée par Pierre Lambert, antistalinienne, avec beaucoup d'influence sur la jeunesse par ses organisations: REVOLTE, FER; interdite le 12.6.68
OCCIDENT	**Mouvement Occident**, organisation de jeunes de l'extrême droite, née en 1964, issue de la FEN; responsable de nombreux actes de violence, probablement de l'incendie mis à la Sorbonne le 2 mai. Elle ne fut pas interdite le 12-6-68 mais dissolute le 1er novembre 1968 après un attentat au RELAIS ODEON
O.R.A.	**Organisation Révolutionnaire Anarchiste**, créée en 1967
O.R.T.F.	**Office de Radiodiffusion et Télévision Française**
P.C.F.	**Parti Communiste Français**, fondé en 1920
P.C.M.L.F.	**Parti communiste marxiste-léniniste de France**, fondé en 1967, issu du Mouvement Communiste Français Marxiste-Léniniste qui avait été créé pendant la révolution culturelle en Chine en 1966 et qui propage des idées de Mao Tsé Toung
P.C.I.	**Parti Communiste Internationaliste**, parti trotzkyste, défendu le 12-6-68; le leader: Pierre Frank
P.S.U.	**Parti Socialiste Unifié**, président: P. Mendès-France, candidat prés. en 1969: Michel Rocard
P.T.T.	**Poste, Télégraphe, Téléphone**, Ministère des Postes et Télécommunications
S.D.S.	**Sozialistischer Deutscher Studentenbund**, groupe d'étudiants allemands, très actif dans la révolte de 1967; noms: Rudi Dutschke, Karl-Dietrich Wolf
S.F.I.O.	**Section Française de L'Internationale Ouvrière**, parti socialiste, en fusion avec les radicaux et les clubs depuis 1966
S.G.E.N.	**Syndicat Général de L'Education Nationale**, adhérent à la CFDT
S.M.I.G.	**Salaire Minimum Interprofessionnel Garanti**, fixé par l'Etat, à 2 francs par heure jusqu'en mai 68, augmenté à 3 francs par les "accords de Grenelle" fin mai 1968

S.N.C.F.	Société Nationale des Chemins de Fer Français
S.N.E.Sup.	**Syndicat National de L'Enseignement Supérieur**, syndicat des enseignants à l'école et à l'université (plus de 200 membres à la Sorbonne à la veille des événements de mai 68), très actif en mai 68; secrétaire général: Alain Geismar
U.D.R.	Union pour la Défense de la République
U.E.C.(F.)	**Union des Etudiants Communistes** (Français), avec environ 3000 membres l'organisation étudiante la plus grande, sous l'influence du PCF; en 1965/66 exclusion des gauchistes qui mène à la fondation de la JCR et d'autres "groupuscules", organe: LE NOUVEAU CLARTE
U.G.E.	Union des Grandes Ecoles, liée à l'UNEF
U.J.C.M.-L.	**Union des Jeunesses Communistes Marxistes-Léninistes**, ou "Prochinois", fondée en 1966 pendant la révolution culturelle en Chine; maoïste mais – en opposition aux trotzkystes – stalinienne; lutte contre l'impérialisme dans le Comité Vietnam de Base, interdite le 12-6-68
U.N.E.F.	**Union Nationale des Etudiants de France**, syndicat étudiant, déjà actif pendant la guerre d'Algérie (appels, manifestations pour l'indépendance de l'Algérie), depuis 1966: lutte contre le plan Fouchet; le syndicat cherche le contact avec les syndicats ouvriers (CGT, CFDT), très actif en mai 68; 2. président: Jacques Sauvageot
U.V.	**Unité de Valeur**
V.O.	**Voix Ouvrière**, organisation trotzkyste ouvrière, très répandue dans les usines; interdite le 12-6-68

BIBLIOGRAPHIE

Cette liste contient seulement les livres mentionnés à plusieurs reprises dans notre anthologie.
Nous attirons l'attention du lecteur sur notre édition scolaire **Ecriture de Mai 68**, parue en 1986 à Paderborn, chez Ferdinand Schöningh.

ALEXANDRE, Philippe: **L'Elysée en péril**, Paris, Fayard, 1969

ARON, Raymond: **La Révolution introuvable**, Paris, Fayard, 1968

AYACHE, Alain: **Les Citations de la révolution de mai**, Paris, J. J. Pauvert, 1968

BARJONET, André: **La Révolution trahie de 1968**, Paris, J. Didier, 1968

BAYNAC, Jacques: **Mai retrouvé**, Paris, Laffont, 1978

BENSAÏD, Daniel; WEBER, Henri: **Mai 1968: Une répétition générale**, Paris, Maspero, 1968

BERTOLINO, Jean: **Les Trublions**, Paris, Stock, 1969

BESANÇON, Julien: **Les Murs ont la parole**, Paris, Tchou, 1968

BRAU, Jean-Louis: **Cours camarade, le vieux monde est derrière toi! Histoire du mouvement révolutionnaire étudiant en Europe**, Paris, A. Michel, 1968

BUCHLOH, Ingrid: **La Justice contestée. L'affaire Gabrielle Russier et les débuts de la réforme de justice**, Berlin, Cornelsen, Velhagen und Klasing, 1971

BUHLER, Alain: **Petit Dictionnaire de la révolution étudiante**, Paris, J. Didier, 1968

BURNIER, Michel-Antoine: KOUCHNER, Bernard et alii: **La France sauvage**, Paris, Lattès, 1970

Centre de regroupement des informations universitaires: **Quelle Université? Quelle Société?** Paris, Seuil, 1968

CHAFFARD, Georges: **Les Orages de Mai: Histoire exemplaire d'une élection**, Paris, Calmann-Lévy, 1968

CHAPSAL, Jacques: **La vie politique sous la Ve République**, Paris, P.U.F., 1981

CHAPSAL Madeleine; MANCEAUX Michèle: **Les Professeurs pour quoi faire?** Paris, Seuil, 1970

CLAASSEN, Emil-Maria; PETERS, Louis Ferdinand: **Rebellion in Frankreich. Die Manifestation der europäischen Kulturrevolution 1968**, München, dtv, 1968

CLAVEL, Maurice: **Combat de franc-tireur pour une libération**, Paris, J. J. Pauvert, 1968

COHN-BENDIT, Daniel; GEISMAR, Alain; SAUVAGEOT, Jacques: **La Révolte étudiante**, Paris, Seuil, 1968

COHN-BENDIT, Daniel et Gabriel: **Le Gauchisme, remède à la maladie sénile du communisme**, Paris, Seuil, 1968

COHN-BENDIT, Daniel: **Le grand Bazar**, Paris, Gonthier, 1975
Der große Basar, München, 1975

Comités d'Action LYCEENS: **Les Lycéens gardent la parole**, Paris, Seuil, 1968

COPFERMANN, Emile (Mouvement du 22 mars): **Ce n'est qu'un début, continuons le combat**, Paris, Maspero, 1968

CROZIER, Michel: **La Société bloquée**, Paris, Seuil, 1970

DANSETTE, Adrien: **Mai 1968**, Paris, Plon, 1971

DEBRAY, Régis: **Modeste Contribution aux discours et cérémonies officielles du dixième anniversaire**, Paris, Maspero, 1978

DELALE, Alain; RAGACHE, Gilles: **La France de 1968: Soyons réalistes, demandons l'impossible**, Paris, Seuil, 1978

DANIELOU, Jean: **La Révolte des jeunes**, dans "Le Monde", 26 novembre 1968, p.11

DELEDICQ, A.: **Un Mois de mai orageux, 113 étudiants parisiens expliquent les raisons du soulèvement universitaire**, Paris, Privat, 1968

DROIT, Michel: **Les Feux du crépuscule**, Journal 1968-1969-1970, Paris, Plon, 1977

DRUON, Maurice: **L'Avenir en désarroi**, Paris, Plon, 1968

DUCHESNE, Pierre: **Mourir d'aimer**, Paris, Presses Pocket, 1971

DUPRAT, François: **Les Journées de Mai 68, les dessous d'une révolution**, Paris, Nouvelles Editions Latines (N.E.L.), 1968

- L'Internationale étudiante révolutionnaire, Paris, N.E.L., 1968

DURANDEAUX, Jacques: **Les Journées de Mai 68. Rencontres et dialogues**, Paris, D. de Brouwer, 1968

EPISTEMON (pseudonyme de Didier Anzieu): **Ces Idées qui ont ébranlé la France, Nanterre novembre 1967-juin 1968**, Paris, Fayard, 1968

FEUERSTEIN, Pierre: **Printemps de Révolte à Strasbourg. Les événements de mai-juin 1968 à l'Université de Strasbourg**, Strasbourg, Saisons d'Alsace, 1968

FOHLEN, Claude: **Mai 1968. Révolution ou psychodrame?**, Paris, P.U.F., 1973

FOUCHET, Christian: **Mémoires d'hier et de demain, tome 1, Au service du Général de Gaulle**, Paris, Plon, 1971

GALLO, Max: **Gauchisme, Réformisme et révolution**, Paris, Laffont, 1968

GASQUET, Vasco: **Les 500 Affiches de Mai 68**, Paris, Balland, 1978

GAVEAU, André: **De l'autre côté des barricades**, Paris, J.-Cl. Simoën, 1978

GEISMAR, Alain; JULY, Serge; MORANE, Erlyn: **Vers la Guerre civile**, Paris, Edition et Publications Premières, 1969

GRIMAUD, Maurice: **En Mai, fais ce qu'il te plaît**, Paris, Stock, 1977

GUADILLA, Naty Garcia: **Libération des femmes, le M.L.F.**, Paris, P.U.F., 1981

JOUSSELIN, Jean: **Les Révoltes des jeunes**, Paris, Ed. Ouvrières, 1968

KERBOURC'H, Jean-Claude: **Le Piéton de mai**, Paris, Julliard, 1968

LABRO, Philippe et alii: **Mai/Juin 1968, Ce n'est qu'un début**, Paris, Lattès, 1968

LAFONT, Robert: **Décoloniser en France. Les régions face à l'Europe**, Paris, Gallimard, 1971

LEFEBVRE, Henri: **La Proclamation de la Commune 26 mars 1871**, Paris, Gallimard, 1965

- **La Vie quotidienne dans le monde moderne**, Paris, Arche, 1968

- **L'Irruption, de Nanterre au sommet**, Paris, Ed. Anthropos, 1968

LEMAITRE, Maurice: **Le Mouvement Lettriste, le Général de Gaulle et Mai 68**, Paris, Lettriste, 1981

LINHART, Robert: **L'Etabli**, Paris, Minuit, 1978

MAIRE, Edmond et alii: **Pour un Socialisme démocratique. Contribution de la C.F.D.T.**, Paris, Ed. de l'Epi, 1972

MARCELLIN, Raymond: **L'Importune vérité**, Paris, Plon, 1978

McCONVILLE, Maureen; SEALE, Patrick: **Red Flag - Black Flag, French Revolution 1968**, New York, Putnam's sons, 1968

MENDEL, Gérard: **La Crise de générations**, Paris, Payot, 1969

- **Pour décoloniser l'Enfant**, Paris, Payot, 1971

- **Le Manifeste éducatif**, Paris, Payot, 1973

MERLE, Robert: **Derrière la Vitre**, Paris, Gallimard, 1970

MINCES, Juliette: **Un Ouvrier parle**, Paris, Seuil, 1969

Mouvement du 22 mars: voir sous COPFERMANN, Emile

PERRET, Jacques: **Inquiète Sorbonne**, Paris, Classiques Hachette, 1968

PETERS, Louis-Ferdinand: **Kunst und Revolte. Das politische Plakat und der Aufstand der französischen Studenten**, Köln, Dumont, 1968

PIETTRE, André: **La Culture en question, sens et non-sens d'une révolte**, Paris, D. de Brouwer, 1969

PISAN, Annie de; TRISTAN, Anne: **Histoires du M.L.F.**, préface de Simone de Beauvoir, Paris, Calmann-Lévy, 1977

Quelle Université? Quelle Société? Voir Centre de regroupement

RAVIGNANT, Patrick: **L'Odéon est ouvert**, Paris, Stock, 1968

RUSSIER, Gabrielle: **Lettres de prison**, précédé de **Pour Gabrielle de RAYMOND**, Jean, Paris, Seuil, 1970

SARRASIN, Michel et alii: **Histoires de mai**, Choisy-le-Roi, Presses du Temps présent, 1978

SARTRE, Jean-Paul: **Situations VIII, Autour de 68**, Paris, Gallimard, 1972

SCHNAPP, Alain; VIDAL-NAQUET, Pierre: **Journal de la Commune étudiante**, Paris, Seuil, 1969

SEGUY, Georges: **Le Mai de la C.G.T.**, Paris, Julliard, 1972

SERROU, Robert: **Dieu n'est pas conservateur. Les Chrétiens dans les événements de mai**, Paris, Laffont, 1968

SIMON, Jean-Pierre: **La Révolution par elle-même. Tracts révolutionnaires de la crise de Mai à l'affaire tchécoslovaque**, Paris, Albin Michel, 1968

SINE, Maurice: **La Chienlit c'est moi**, Paris, Balland, 1978

STEPHANE, André (pseudonyme): **L'Univers contestationnaire ou les nouveaux chrétiens**, Paris, Payot, 1969

TOURAINE, Alain: **Le Mouvement de mai ou le communisme utopique**, Paris, Seuil, 1968

TOURNOUX, Jean-Raymond: **Le Mois de mai du Général. Livre blanc des événements**, Paris, Plon, 1969

VANEIGEM, Raoul: **Traité de savoir-vivre à l'usage de la jeune génération**, Paris, Gallimard, 1967

VIANSSON-PONTE, Pierre: **Histoire de la République gaulliste, tome 2, Le Temps des orphelins, août 62 - avril 69**, Paris, Fayard, 1971/72

VIENET, René: **Enragés et Situationnistes dans le mouvement des occupations**, Paris, Gallimard, 1968

VILLENEUVE, Paquerette: **Une Canadienne dans les rues de Paris pendant la révolte de Mai 1968**, Montreal, Ed. du Jour, 1968

VINCENT, Gérard: **Les Lycéens. Contribution à l'étude du milieu scolaire**, Paris, Colin, 1971

Journaux et revues consultés

"Le Monde", Paris
"L'Action", journal de Mai, Paris
"L'Enragé", journal de Mai, Paris
"L'Express", Paris
"Le Nouvel Observateur", Paris
"Esprit", Paris
"Les Temps Modernes", Paris
"Revue française de pédagogie", Paris
"Revue française de science politique", Paris
"Revue politique et parlementaire, économique, financière", Paris
"Mouvement social", no.64, **La Sorbonne par elle-même,** juillet-septembre 1968
"Partisans", no.42, mai - juin 1968
"L'Homme et la Société", Paris
"Autogestion", Paris
"Les Révoltes logiques", no. spécial, **Les Lauriers de mai ou les chemins du pouvoir 1968 - 1978,** Paris 1978

NOTES

1 Les chiffres selon Adrien Dansette, **Mai 1968**, Paris 1971, p.58.
2 Pour les détails, voir première partie.
3 Le M.O. a mis le feu dans un local de la Sorbonne près de la bibliothèque.
4 Maurice Grimaud, **En Mai, fais ce qu'il te plaît**, Paris 1977.
5 Cf. l'article de M. Georges Marchais dans "L'Humanité" du 3 mai 1968, "De faux révolutionnaires à démasquer", dans A. Dansette, op.cit., pp.383-385.
6 Les chiffres varient beaucoup. A. Dansette parle de 200.000 grévistes et manifestants qui auraient défilé à Paris; ces chiffres lui ont été fournis par la préfecture de police (op.cit., p.137).
7 Salaire minimum interprofessionnel garanti; voir la liste des abréviations à la fin du volume.
8 Dans son livre **La Forteresse ouvrière: Renault** (Paris 1971, trad. allemande **Renault - die Arbeiterfestung**, München 1975, S.423 ff). Jacques Frémontier conteste les rapports selon lesquels M. Séguy aurait été sifflé par les ouvriers de Renault.
9 F. Mitterand: "En France, depuis le 3 mai 1968, il n'y a plus d'Etat". Cf. son discours chez A. Dansette, op.cit., p.427 s.
10 Cette manifestation fut décidée par les gaullistes le lundi 27 mai (Dansette, p.294). L'opinion publique avait commencé à se détourner du mouvement après les graves désordres survenus dans la nuit du 24 au 25 mai. Le ministre de l'Intérieur M. Christian Fouchet dénonce les actions irréfléchies de la pègre: "je demande à Paris de 'vomir' cette pègre qui la déshonore" écrit-il dans "Le Monde" du 26-27 mai 1968 (p.6).
11 Le Mouvement du 22 mars, la J.C.R., le P.C.I., L'O.C.I., la F.E.R., la V.O., l'U.J.C.m.-l.; voir la liste des abréviations à la fin du volume.
12 Cf. la lettre de Siné du 7 mai 1968 à la rédaction du "Point", revue étudiante belge à laquelle Siné a collaboré, op.cit., p.30.
13 Voir la lettre du 19 mai et le journal de Michel Droit du 19 mai 1968.
14 Lettre à la rédaction du "Point", 7 mai 1968, op.cit., p.31.
15 Voir la chronologie des événements, p.4.
16 L'expression correcte est: les marchands des quatre saisons (Obst- und Gemüsehändler).
17 "Reprendre du poil de la bête", se ressaisir, reprendre le dessus (Dictionnaire Robert). Cette façon de parler constitue l'héritage d'une ancienne croyance qui remonte aux Romains, selon laquelle il fallait poser sur la plaie un poil du chien qui vous avait

mordu. Autrement dit, guérir le mal par le mal. (cf. Claude Duneton, "La puce à l'oreille", anthologie des expressions populaires avec leur origine, Paris 1978).

18   Cf. la chronologie, p.15.

19   Siné se réfère probablement aux commentaires parus dans "Le Monde" après les heurts violents entre les manifestants et la police à Flins (11 juin) resp. aux critiques d'Hubert Beuve-Méry **Oui ou Non** dans "Le Monde" du 12 juin, p.1 et de B. Girod de l'Ain, **Le Bateau ivre**, ibid. p.8.

20   Les "idoles": **Jacques Dutronc**, né en 1943 à Paris, compositeur et interprète de "Paris s'éveille"; **Johnny Hallyday**, pseudonyme de Jean-Philippe Smet, né en 1943 à Paris, artiste lyrique très connu mais aussi coéquipier du coureur Henri Chemin au rallye de Monte Carlo; sa femme (entretemps divorcée) est **Sylvie Vartan**, fille d'un attaché d'ambassade, née en Bulgarie en 1944, vedette du Music-Hall de l'Olympia, interprète de chansons très "féminines" comme "Garde-moi dans ta poche" etc.

21   Les chansonniers rebelles: **Leo Ferré**, compositeur et artiste lyrique, né en 1916 à Monte Carlo, fils du directeur du personnel du casino de Monaco; il chante "Les Anarchistes", les poèmes des poètes "maudits" comme Villon, Baudelaire, Apollinaire et Aragon. **Jean Ferrat**, pseudonyme de Jean Tenenbaum, né en 1930, est compositeur et interprète de beaucoup de poèmes d'Aragon; **Jacques Brel**, né en 1929 à Bruxelles, a fait beaucoup de tournées internationales, même en Afrique du Nord (1955) et en U.R.S.S. (1965); en 1968, on joue à New York la pièce consacrée à son oeuvre et sa personne: "Jacques Brel is alive and well and living in Paris". Cette pièce sera joué en France en 1970; **Georges Brassens**, né à Sète en 1921, compositeur de "La Mauvaise Réputation", du "Fossoyeur" et de la "Plainte des filles de joie" est le plus célèbre des chansonniers rebelles, couronné de plusieurs prix: en 1964 le grand prix du Disque de l'Académie Charles-Cros, en 1967 le grand prix de poésie de l'Académie française.

22   Artiste dramatique, né en 1920.

23   Tome II du roman-cycle de Michel Droit, **Le Temps des hommes**, paru en 1969.

24   Auteur du recueil des graffiti **Les Murs ont la parole**, Paris 1968 (voir les citations, texte 11).

25   Ecrivain et académicien comme l'auteur, né en 1918. Lui aussi, il porte un jugement négatif sur Mai 68 dans son livre **L'Avenir en désarroi**, Paris 1968.

26   Association des écrivains, constituée en 1838 pour défendre la situation matérielle et morale des écrivains. Un de ses premiers présidents fut Honoré de Balzac. Son siège social se trouve dans l'ancien hôtel de Massa, dans la rue du Faubourg Saint-Jacques. Le comité de la société, présidé par Jean Albert Sorel, s'était mis d'accord avec les occupants et leur avait réservé deux pièces de l'hôtel pour les activités du nouveau groupement (A. Dansette, **Mai 1968**, Paris 1971, p.214).

27 Né en 1926, l'écrivain Michel Butor est un des créateurs du nouveau roman français. En tant que professeur de lettres (non-agrégé), Butor avait longtemps enseigné à l'étranger. Après Mai 68, il enseigna dans le nouveau centre universitaire de Vincennes.

28 Né en 1925, Jean-Pierre Faye est un poète lyrique d'avantgarde, mais aussi romancier et théoricien linguistique et littéraire. En 1968, il fonda la revue "Change". Après la création du Collège international de philosophie, en 1982, avec le soutien du président socialiste Mitterand, il est devenu le secrétaire général du Haut Conseil de ce collège.

29 Femme écrivain, créatrice d'une importante oeuvre littéraire et cinématographique. Née en 1914 en Indochine, Marguerite Duras n'avait commencé sa carrière littéraire qu'en 1943, après avoir fait des études de mathématiques et de droit, et après avoir travaillé comme secrétaire au ministère des Colonies, de 1935 à 1941.

30 Née en 1900, en Russie, Nathalie Sarraute est une des créatrices du nouveau roman français; elle a obtenu plusieurs prix littéraires.

31 Sur les activités de ce groupement cf. Patrick Combes, **La Littérature et le mouvement de Mai 68**, Paris (Seghers) 1984, pp.54 ss, 191, 270 ss, 279. Début 1969, l'U.E. comptait 200 membres; selon le jugement de M. Combes, elle est le premier exemple d'un groupement professionnel "non étroitement corporatiste, d'écrivains progressistes" (p.56).

32 Ecrivain, membre de la Résistance, tué par les Allemands en 1944.

33 Cité d'après Robert Merle, **Derrière la Vitre**, Paris 1970, p.19.

34 Paris 1968, p.101 ss.

35 Cf. J. Bertolino, **Les Trublions**, Paris 1969, p.230 ss.

36 Cf. A. Dansette, Mai 1968, Paris 1971, p.61 ss. et le dossier **Enseignement: 25 ans de reformes** de Pierre-Bernard Marquet, dans: Revue politique et parlementaire, Paris no.791, septembre 1968, p.47 ss.

37 Unités de valeur.

38 R. Merle, **Derrière la Vitre**, op.cit., p.65. Merle, lui-même professeur d'Anglais à Nanterre, fait juger ainsi un de ses personnages, l'assistant Delmont.

39 Cf. A. Dansette, **Mai 1968**, Paris 1971, pp.68-70.

40 A la veille de mai 68, il y avait 40 comités Vietnam dans l'agglomération parisienne et environ 25 à 30 en province (cf. Dansette, **Mai 1968**, op.cit., p.48 s.)

41 Cf. Dansette, op.cit., p.71.

42 Dans son roman déjà cité, Robert Merle fait revivre l'atmosphère et les étapes principaux de cette journée du matin jusque dans la nuit.

43 Cf. J.-R. Tournoux, **Le Mois de mai du Général, Livre blanc des événements**, Paris 1969, p.33 s.

44 Il s'agit d'une conférence sur "la solution communiste au problème de l'Université" que les étudiants de l'U.E.C. ont organisée le 25 avril à Nanterre.

45 Cf. Dansette, op.cit., p.83 s., **Le Monde** du 4 mai 1968, pp.1 et 10 sur la fermeture de Nanterre et ses précédents. Voir aussi le rapport du **Mouvement du 22 mars, Ce n'est qu'un début, continuons le combat,** Paris 1968, p.20 s. et la documentation d'Alain Schnapp et de Pierre Vidal-Naquet, **Journal de la Commune étudiante,** Paris 1969, p.163.

46 Cf. **Le Monde** du 5/6 mai 1968, p.24, l'article sur la prise de position des "enseignants libéraux". Le doyen Grappin démissionnera en septembre 1968.

47 Epistémon (pseudonyme de Didier Anzieu), **Ces Idées qui ont ébranlé la France, Nanterre novembre 1967-juin 1968,** Paris 1968, p.19.
Il existe un intéressant rapport de six pages serrées, tapées à la machine, apparemment d'Anne Querrien, assistante du professeur Lefebvre. Elle constate que la révolte de Nanterre a fait sortir le mouvement étudiant français de l'inactivité dans laquelle il était tombé après son engagement contre la guerre d'Algérie (collection privée, Bochum).

48 Cf. J. Bertolino, **Les Trublions,** op.cit., p.230 ss.

49 Cf. les jugements de Touraine, **Le mouvement de mai,** op.cit., p. 114, Bertolino, **Les Trublions,** op.cit., p.60 ss.

50 Cité d'après Tournoux, **Le Mois de mai du Général,** op.cit., p.238 note.

51 Henri Lefebvre, **La Proclamation de la Commune 26 mars 1871,** Paris 1965; **La Vie quotidienne dans le monde moderne,** Paris 1968, **L'Irruption de Nanterre au sommet,** Paris 1968.

52 Dans le supplément du **Monde** du 11 mai 1968, P. Viansson-Ponté présente un interview de Herbert Marcuse, "maître à penser des étudiants en colère"; Marcuse vient de passer quelques jours à Paris, en mai 1968, pour participer à un colloque de l'U.N.E.S.C.O. à l'occasion du 150e anniversaire de Karl Marx.

53 Cf. l'article d'Alain Touraine **Pour le mouvement** dans **Le Monde** du 11 mai 1968, p.9. Alain Touraine, Paul Ricoeur et Henri Lefebvre parlent en faveur des étudiants lors de la convocation des leaders nanterrois devant le Conseil disciplinaire de l'Université de Paris, le 6 mai 1968, cf. Dansette, **Mai 1968,** op.cit., p.95 s.

54 Epistémon (pseudonyme de Didier Anzieu), **Ces Idées qui ont ébranlé la France, Nanterre novembre 1967 - juin 1968,** Paris 1968, p.16.

55 Henri Lefebvre, **L'Irruption, de Nanterre au sommet,** Paris 1968, p.115.

56 La bibliothèque ne fut construit qu'en 1968; jusque-là, on avait mis à la disposition des étudiants quatre salles de lecture de 700 places avec des éditions classiques et des manuels (cf. Dansette, op.cit., p.57).

57 Le verbe "draguer" (lang.pop.) signifie: vagabonder, traîner les

lieux publics, les rues, les cafés etc. en abordant systématiquement les femmes pour une invite galante (cf. **Dictionnaire du Français nonconventionnel**, Paris 1980).

58 Jean-François Godchau appartient au groupe gauchiste de la Jeunesse Communiste Révolutionnaire et il est un des dirigeants de l'Association des Résidents de la Cité Universitaire de Nanterre (A.R.C.U.N.), voir ci-dessus, p.29 ss.

59 Dansette (op.cit., p.80) décrit la situation dans la Faculté de Nanterre: la majorité des assistants se solidarisent avec les étudiants, un quart des professeurs sont progressistes, un quart conservateurs, les deux tiers réformistes; des 11000 étudiants de Nanterre, 1500 participent activement au mouvement. Par rapport à une présence quotidienne d'environ 4000 étudiants, le chiffre des révolutionnaires est assez important.

60 Ils ont même acquis une renommée révolutionnaire internationale: Karl Dietrich Wolf du S.D.S. allemand a parlé à Nanterre (voir ci-dessus, p.31), Daniel Cohn-Bendit et Alain Krivine parlent devant l'ambassade d'Allemagne de Paris lors de la manifestation en l'honneur de Rudi Dutschke, leader étudiant allemand, blessé le 11 avril 1968 dans un attentat à Berlin.

61 Cf. J.-R. Tournoux sur les négociations entre le doyen Grappin le ministère et le préfet de police Grimaud pendant la soirée du 22 mars; une intervention policière était prévue pour 2 heures du matin (**Le Mois de mai du Général**, op.cit., p.347 ss.)

62 Cf. le rapport sur les événements du 22 mars devant l'Assemblée de la Faculté de Nanterre, Schnapp, Vidal-Naquet, **Journal**, op. cit., pp.133-137.

63 Affiche à la Sorbonne, citée d'après Alain Ayache, **Les Citations de la révolution de mai**, Paris 1968, p.106.

64 Cf. A. Dansette, **Mai 1968**, op.cit., p.60; Patrick Seale, Maureen McConville, **Red-Flag-Black Flag, French Revolution 1968**, New York 1968, p.25. Les auteurs racontent aussi le "wildfire" des prises d'assaut des résidences du 14 février 1968 (p.26).

65 Texte publié à Strasbourg par les membres de l'Internationale Situationniste et des étudiants de Strasbourg, cité intégralement dans René Viénet, **Enragés et Situationniste dans le mouvement des occupations**, Paris 1968, pp.219-243.

66 Raoul Vaneigem avait écrit en 1963-1965: "La passion de l'amour offre le modèle le plus pur et le plus répandu de la communication authentique. En s'accentuant, la crise de communication risque bien de la corrompre. La réification la menace. Il faut veiller à ce que la PRAXIS amoureuse ne devienne une rencontre d'objet, il faut éviter que la séduction n'entre dans les conduites spectaculaires. Hors de la voie révolutionnaire, il n'y a pas d'amour heureux." **Traité de savoir-vivre à l'usage de la jeune génération**, Paris 1967, p.258.

67 Selon Adrien Dansette, ce problème serait "accessoire" mais non sans importance pour l'étude de la révolte de Mai 68. Dansette écrit que la jeunesse n'était pas obsédée par le sexe mais qu'elle

avait attaqué à juste titre une morale ambiguë et souvent hypocrite (**Mai 1968**, op.cit., p.60 s.).

68 La vraie renaissance du mouvement féministe en France a commencé en août 1970 avec la manifestation des femmes à l'Arc de Triomphe en l'honneur de "la femme du soldat inconnu". C'est à partir de cette date que la presse a parlé du Mouvement de la Libération des Femmes (M.L.F.). En Mai 68, les porte-parole de la révolte sont des hommes plutôt que des femmes (Anne Tristan, Annie de Pisan, **Histoires du M.L.F.**, Préface de Simone de Beauvoir, Paris 1977; Naty Garcia Guadilla, **Libération des Femmes, le M.L.F.**, Paris 1981).

69 C'est le jugement d'auteurs psychanalystes qui ont observé la scène: "Ces manifestations sexuelles étaient plutôt des démonstrations, la TRANSGRESSION COMPTANT PLUS QUE LES ACTES" (André Stéphane, **L'Univers contestationnaire ou les nouveaux chrétiens**, Paris 1969, p.239).

70 **Non au Sexe Roi**, propos recueillis par B.-H. Lévy, dans "Le Nouvel Observateur", no.644, mars 1977, p.92 ss.

71 **Konterrevolution und Revolte**, Frankfurt 1973, p.151.

72 En 1932, sa brochure **La Lutte sexuelle des jeunes**, éditée par l'Internationale de la Jeunesse Communiste est retirée de la diffusion par le Parti Communiste Allemand qui l'exclura de ses rangs en 1934; en 1936, L'Association Psychanalytique Internationale prononcera, elle aussi, son exclusion: à la veille de la Seconde guerre mondiale, W. Reich émigre aux Etats-Unis; (cf. **Une Résistance culturelle 1968-1978**, revue "Parapluie", Paris 1978, p.86 ss.)

73 **Die sexuelle Revolution. Zur charakterlichen Selbststeuerung des Menschen**; écrite en 1927, publiée en partie dès 1929, l'oeuvre parut dans la première édition complète en 1936 à Copenhague. Le passage cité se trouve dans la préface de la troisième édition parue à New York en 1945; nous l'avons tiré de l'édition allemande de Frankfurt 1966.

74 Inscription de Mai 68, citée dans Epistémon, **Ces idées qui ont ébranlé la France**, op.cit., p.104.

75 Cf. Werner Helmich, **Maueraphoristik. Einige kommunikationstheoretische Überlegungen zu den Graffiti des Mai 68**, dans: "Romanistische Zeitschrift für Literaturgeschichte - Cahiers d'Histoire des Littératures Romanes", tome 5, Heidelberg 1981, pp.281-295.

76 Michel Sarrasin et allii, donnent des exemples de journaux muraux en France dans leurs **Histoires de Mai**, Paris 1978, p.21 ss.

77 L'aversion contre ces inscriptions n'a pas cessé: A Strasbourg, la parole de "Révolution" peinte en rouge sur le socle du Monument aux Morts à déclenché, dans la population, une vague de protestations et d'hostilité envers les étudiants (cf. Pierre Feuerstein, **Printemps de Révolte à Strasbourg, Les événements de mai-juin 1968 à l'Université de Strasbourg**, Strasbourg 1968, p.40 ss.).

78 Louis F. Peters, **Kunst und Revolte, Das politische Plakat und der**

Aufstand der französischen Studenten, Köln 1968, p.75. Voir aussi François Duprat, **Les Journées de Mai 68, Les dessous d'une révolution**, Paris 1968, p.98 s. Dans sa Lettre ouverte aux étudiants, l'écrivain Jacques Laurent dit qu'il s'agissait d'un show plutôt que d'un acte révolutionnaire mais que les étudiants avaient bien fait de monter ce spectacle d'une contre-culture (Paris 1969, p.33 s.).

79 Ce groupe avait formé le "service de sécurité" dans les mains duquel l'organisation de l'ex-théâtre se trouvait pendant les derniers quinze jours de son occupation (Ravignant, **l'Odéon**, op.cit., p.181).

80 Comité d'action révolutionnaire, voir la liste des abréviations à la fin du livre.

81 Le morpion est l'expression populaire pour le pou du pubis, un parasite de l'homme qui provoque des maladies de la peau (Dictionnaire Robert).

82 Les **beatniks** des années cinquante, les **hippies** des années soixante, sont des groupes de jeunes gens aux Etats-Unis, mais de plus en plus répandus en Europe, qui critiquent et refusent la société sans procéder à des actes de violence (Pierre Gilbert, **Dictionnaire des Mots nouveaux**, Paris Hachette-Tchou, 1971).

83 Les **blousons noirs** sont des jeunes garçons appartenant à une bande plus ou moins organisée qui commet des méfaits (Pierre Gilbert, **Dictionnaire des Mots nouveaux**, Paris, Hachette-Tchou, 1971).

84 Citation tirée du roman de P. Duchesne, **Mourir d'aimer**, Paris 1971, p.11. C'est la phrase avec laquelle une jeune femme, Danièle Guénot (Gabrielle Russier) commence sa première leçon devant une nouvelle classe de lycée (voir aussi ci-dessous p.65).

85 L'affaire Gabrielle Russier et d'autres affaires judiciaires survenues plus tôt, ont déclenché une vague de réformes juridiques dont le ministre de la Justice a esquissé les grandes lignes en octobre 1969, cf. I. Buchloh, **La Justice contestée, L'affaire Gabrielle Russier et les débuts de réforme de la justice**, Berlin (Cornelsen-Velhagen + Klasing) 1971.

86 Cf. une lettre au "Nouvel Observateur" du 6 oct. 1969, citée dans I. Buchloh, **La Justice contestée**, op.cit., p.15.

87 Raymond Jean est lui-même auteur d'un livre sur Mai 68 en France et le printemps de Prague 1967-1968; **Les Deux Printemps**, Paris 1971.

88 Paris 1970.

89 Cf. la récension de l'Express du 15 février 1971, "**Ce qui fait pleurer la France.**"

90 Max Gallo, **Gauchisme, Réformisme et révolution**, Paris 1968, p.40; voir aussi Fr. Gaussen, **Les Etudiants entre l'apathie et la violence**, dans "Le Monde" du 8 mai 1968, p.7.

91 Le nombre de diplômes en Lettres par exemple (niveau de la licence et au-dessus), est monté de 7.920 en 1966 à 11.400 en 1969,

c.-à-d. de 44 %; par contre les besoins annuels en cadres, taxés de 12.900 dans les années de 1962 à 1969, ne sont montés que de 14 % à 14.600 selon J.-L. Brau, **Cours camarade, le vieux monde est derrière toi! Histoire du mouvement révolutionnaire étudiant en Europe**, Paris 1968, p.41.

92   A. Deledicq, **Un Mois de mai orageux, 113 étudiants parisiens expliquent les raisons du soulèvement universitaire**, Paris 1968; l'auteur, assistant de la Faculté des Sciences, avait transformé un examen partiel pour 113 étudiants de première année en réflexion écrite sur la révolte étudiante.

93   Ibid. p.51.

94   Dans son analyse sociologique du mouvement universitaire, R. Boudon dit qu'"il était même, jusqu'à un certain point, mal vu d'évoquer le problème des débouchés." **La Crise universitaire, essai de diagnostic sociologique**, dans "Les Annales", Paris, mai-juin 1969, p.744 s. De là la difficulté d'estimer la valeur représentative des tracts: sont-ils l'expression de l'opinion politique de quelques groupes seulement ou correspondent-ils vraiment aux problèmes tels qu'ils sont ressentis par la majorité des étudiants? De toute façon, l'université fonctionnait si mal que la masse des étudiants est descendue dans les rues.

95   P. Bourdieu/J.-Cl. Passeron, **Les Etudiants et la Culture**, Paris 1964, et **Les Héritiers**, Paris 1964, L'analyse de R. Boudon, mentionnée ci-dessus, note 94, différencie leurs résultats: tandis que le pourcentage d'étudiants sortant du milieu ouvrier serait resté minime, le pourcentage d'étudiants sortant du milieu des artisans et des petits commerçants aurait augmenté entre 1950 et 1960. En revanche, le pourcentage des étudiants issus des professions libérales et d'entrepreneurs aurait diminué. Boudon parle d'une université dominée par des classes moyennes plutôt que d'une université "bourgeoise".

96   **Mai 1968: Une répétition générale**, Paris 1968, p.12.

97   J. Bertolino. **Les Trublions**, op.cit., p.57.

98   Une "joyeuse orgie sans lendemain", avec, comme seuls maîtres, les "professeurs de nihilisme", se plaint le cardinal Jean Daniélou dans son article **La Révolte des jeunes**, dans "Le Monde" du 26 nov.1968 cf.p.182s.: Maurice Druon va jusqu'à parler d'une pulsion de mort qui se manifeste dans la volonté de détruire le système social et culturel et de dire "Merde au bonheur" comme on a pu lire dans un graffiti (**L'Avenir en désarroi**, Paris 1968, p.14ss. et 50 ss.). Le professeur de droit, André Piettre a découvert dans la jeunesse d'alors un profond nihilisme mêlé paradoxalement à un idéalisme et il en analyse les causes culturelles (**La Culture en question, sens et non-sens d'une révolte**, Paris 1969, p.58 ss. et p.113). Didier Anzieu, professeur nanterrois et partisan du mouvement, parle d'une "tentation nihiliste" qui aurait gâché les meilleures chances du mouvement et l'explique par un niveau intellectuel insuffisant et le manque d'entraînement de lutter pour des buts concrets (Epistémon, **Ces Idées qui ont ébranlé la France**, op.cit., p.116 s.).

99 **Quelle Université? Quelle Société?** op.cit., p.18.

100 Raymond Aron, **La Crise de l'Université, Contre l'institution du terrorisme**, dans "Le Figaro" du 14 juin 1968, reproduit dans R. Aron, **La Révolution introuvable**, Paris 1968, p.175 ss.

101 J.-P. Sartre, **Les Bastilles de Raymond Aron**, dans "Le Nouvel Observateur" du 19 juin 1968, reproduit dans **Situations VIII, Autour de 68**, Paris 1972, pp.175-192, ici p.186 s.

102 Dans une émission télévisée, le recteur de l'Académie d'Orléans, M. Gérard Antoine, se dresse, lui aussi, contre l'orgueil et l'égoïsme de beaucoup de ses collègues de l'université française ("Le Monde" du 19/20 mai 1968, p.7).

103 Le mercredi, 8 mai 1968, cinq professeurs, tous des Prix Nobel, avaient fait une démarche auprès du gouvernement pour demander l'amnistie des étudiants arrêtés et condamnés le 3 mai. Il s'agit des professeurs François Jacob, A. Lwoff, Fr. Mauriac, J. Monod et A. Kastler (Patrick Seale, Maureen McConville, **Red Flag/Black Flag, French Revolution 1968**, New York 1968, p.77.

104 Le témoignage de Kastler se lit dans Philippe Labro et alii, **Mai/Juin 1968, Ce n'est qu'un début**, Paris 1968, p.80 ss.; son appel aux étudiants du 14 mai se trouve dans "Le Monde" du 16 mai 1968, p.7.

105 Selon A. Schnapp et P. Vidal-Naquet, l'application des réformes les plus "raisonnables" aurait déjà supposé "quelque chose comme le doublement des crédits de l'Education nationale" (**Journal de la Commune étudiante**, op.cit., p.644).

106 Les ouvrages principaux de documentation sur **Mai 68** en contiennent divers textes: A. Dansette, **Mai 1968**, pp.204-213; A. Schnapp/P. Vidal-Naquet, **Journal de la Commune étudiante**, pp.659-663 et pp.681-689; dans le même ouvrage se trouve une petite bibliographie sur les premiers bilans parus dans d'autres publications à la page 739 note 5. La revue "Esprit" - de tendance libérale et se disant partisan de Mai - présente en octobre 1968 (no.374) le bilan des projets de réformes élaborées par les étudiants et les élèves en architecture, en médecine, dans les Beaux-Arts, les grandes écoles et les lycées. Elle voulait montrer par là que "les 'contestataires' étaient capables de propositions concrètes" (préface, p.257).

107 Dans leur rétrospective de Mai, A. Delale et G. Ragache nomment le projet de réforme élaboré et présenté par le Comité d'action étudiant pour une Université démocratique à Besançon, le 13 juin 1968. Ses principales dispositions sont contenues dans la loi d'Edgar Faure: le mode des élections des diverses assemblées de département et de faculté avec la participation paritaire des étudiants, la reconnaissance des libertés syndicales et politiques au sein des universités, les modifications dans le système des notations et des examens (**La France de 1968**, op.cit., p.177).

108 Voir le texte et l'interprétation de la loi dans les articles de Girod de l'Ain, dans "Le Monde" à partir du 17 sept. 1968. Voici

d'autres commentaires: A. de Laubadère dans les cahiers de "L'Actualité juridique" de décembre 1968, pp.611-616 et de janvier 1969, pp.3-13; un bref aperçu donné par M. de Certeau, **La Loi Faure ou le statut de l'enseignement dans la Nation**, dans "Etudes", déc. 1968, pp.682-689. La Loi Faure a été critiquée de toutes parts: les révolutionnaires lui reprochent de trahir le mouvement, les conservateurs déplorent le vague de la réforme et la dégradation universitaire qui s'ensuit à leur avis (Ponocrates, **Le Baccalauréat et les examens des facultés des Lettres de 1968**, dans "Revue des deux mondes", avril 1969, pp.86-94). Dans leurs prises de position ultérieures, beaucoup de professeurs dénoncent la dislocation des universités à la suite de la création des Unités d'Enseignement et de Recherche (U.E.R.). La coopération de ces divers U.E.R. dans des conseils régionaux et nationaux prévus par la loi, était restée ineffective (voir le témoignage de Paul Ricoeur dans Madeleine Chapsal et Michèle Manceaux, **Les Professeurs pour quoi faire?**, Paris 1970, p.131 s.).

109 Cf. Henri Lefebvre, **L'Irruption, de Nanterre au sommet**, Paris 1968, p.157 ss. et, du même auteur, **La Vie quotidienne dans le monde moderne**, Paris 1968, p.364 ss. Voir aussi Michel Crozier, **La Société bloquée**, Paris 1970, p.170, André Piettre, **La Culture en question, sens et non-sens d'une révolte**, Paris 1969, Maurice Clavel, **Aujourd'hui, la révolution culturelle**, interview dans "Le Magazine littéraire" de septembre 1977, p.110 ss. Michel de Certeau, **Pour une nouvelle culture: prendre la parole**, dans "Etudes", 329, juin-juillet 1968, pp.29-42. Toutes les monographies et documentations sur Mai 68 citées dans notre anthologie se servent de cette notion (A. Dansette, A. Schnapp/P. Vidal-Naquet, A. Delale/G. Ragache, A. Buhler etc.).

110 Voir surtout les thèses du sociologue nanterrois Henri Lefebvre dans son livre cité de **La Vie quotidienne dans le monde moderne**. Le dernier chapitre s'intitule: **Vers la Révolution culturelle permanente**, p.364 ss.

111 Affiche et textes 20-22.

112 Cf. A. Delale/G. Ragache, **La France de 1968**, pp.158-161, A. Dansette, **Mai 1968**, pp.214-216, le témoignage du directeur général adjoint André Astoux, **Ondes de choc. De mai 1968 à l'O.R.T.F. aux radios pirates de 1978**, Paris 1978, Roger Louis, **L'O.R.T.F. - un combat**, Paris 1969 et Georges Dupuis, **L'O.R.T.F.**, Paris 1970.

113 Voir 2e partie.

114 La caricature de Cabu, p.142 montre un des portraits; le recueil des graffiti **Les Murs ont la parole**, Paris 1968, contient plusieurs citations de Mao; sur les comparaisons de Mai 68 avec les événements chinois, on peut consulter l'article de R. Guillain dans "Le Monde" du 6 juin 1968: **La Révolution culturelle chinoise a préfiguré sur certains points les événements français**, pp.1 et 12 et les passages du dernier chapitre de **La Vie quotidienne dans le monde moderne** d'Henri Lefebvre, p.370 ss.

115 Cité d'après J. Besançon, **Les Murs ont la parole**, p.50 s.

116 Cf. A. Delale/G. Ragache, **La France de 1968**, p.166.

117 Voir p.138 sur la Sorbonne occupée et le texte 27. Nous renvoyons à l'article sur le **Folklore** dans le **Petit Dictionnaire de la révolution étudiante** d'Alain Buhler, Paris 1968, p.21 s. et à l'exposé d'Henri Lefebvre sur la fête dans le chapitre déjà cité de **La Vie quotidienne**, p.375 ss.

118 Nom d'origine ancienne choisi par les militants du mouvement régionaliste du Sud de la France pour désigner l'unité historique et culturelle des pays de la Provence, du Languedoc et de l'Aquitaine.

119 Robert Lafont, écrivain, professeur à l'Université de Montpellier et militant pour une Occitanie indépendante, tire le bilan du mouvement de Mai dans son livre **Décoloniser en France. Les régions face à l'Europe**, Paris 1971. Il y formule les perspectives et buts qu'il croit réalisables après la révolte de Mai.

120 Reproduite chez José Pierre, **Tracts surréalistes et déclarations collectives**, tome 1, 1922-1939, Paris 1980, p.35 s.

121 Ibid., p.202.

122 Cité d'après Michel Sarrasin et alii, **Histoires de mai**, Paris 1978, p.76.

123 Cf. Alain Delale, Gilles Ragache, **La France de 1968**, Paris 1978, p.190.

124 "When it fell, the heart was knocked out of this Utopia" (P. Seale, M. McConville, **Red Flag/Black Flag, French Revolution 1968**, New York 1968, p.99).

125 Article de Jean Lacouture dans "Le Monde" du 21 mai 1968, p.7; cf. aussi son article **La Sorbonne travaille à se réformer**, dans "Le Monde" du 7 juin, p.9.

126 Françoise Lenoble Prédine a présenté une petite brochure contenant des réflexions sur un **Centre de la Petite Enfance** que son Association "Crèche-Garderie sur le lieu de Travail" avait l'intention de créer (collection privée, Paris).

127 Voir Louis F. Peters, **Kunst und Revolte**, Köln 1968, p.65 s.

128 Voir les graffiti, p.79.

129 L'opinion publique sur la fonction de l'enseignement privé paraît avoir changé entretemps: dans les années 1983-1984, ses défenseurs arrivent à mobiliser des centaines de milliers de manifestants qui descendent dans la rue pour protester contre la tentative du ministre socialiste Savary d'égaliser l'enseignement public et l'enseignement privé (cf. plusieurs articles dans "Le Monde" pendant les mois de février et mars 1984).

130 Un texte signé par un comité d'action du 3 mai (Lettre) datant probablement du 15 mai, selon A. Schnapp/P. Vidal-Naquet, **Journal de la Commune étudiante**, op.cit., p.664 s.

131 Un groupe d'étudiants de sociologie de 2e année de Lyon, cité d'après A. Schnapp/P. Vidal-Naquet, **Journal de la Commune étudiante**, op.cit., p.669.

132 Le professeur refuse l'introduction des méthodes utilisées dans l'enseignement secondaire; les éditeurs Schnapp et Vidal-Naquet constatent pourtant que tous les projets de réforme, notamment la réforme Fouchet, sont allés dans cette direction (p.548 note 28).

133 Sur le mouvement lycéen et sa préhistoire cf. P. Seale et M. McConville, **Red Flag/Black Flag, French Revolution 1968**, New York 1968, pp.124-129. L'historien et sociologue Gérard Vincent a publié plusieurs études et documentations détaillées sur le milieu scolaire et la rébellion des élèves: **Les Lycéens, Contribution à l'étude du milieu scolaire**, Paris 1971; **Les Lycéens et la politique, Essais sur la perception de la politisation des lycéens à travers les sondages et enquêtes récents**, dans "Revue française de pédagogie" 23, Paris, avril-juin 1969, pp.5-23 et **Les Professeurs du second degré, Contribution à l'étude du corps enseignant**, Paris 1967.
Dans son livre **Les Enfants de la révolution** de 1977, Jeanne Delais, professeur de lettres à Paris, dit que la révolte de Mai a eu ses débuts et origines dans les écoles (p.173). Les Comités d'action lycéens ont publié dans leur livre **Les Lycéens gardent la parole** de 1968 un recueil de textes choisis dans les rapports de 250 lycées de Paris et de la province.

134 Cité d'après A. Schnapp et P. Vidal-Naquet, **Journal de la Commune étudiante**, Paris 1969, p.746.

135 Voir l'extrait du procès-verbal de la séance du 10 juin 1968 du Comité d'action lycéen du lycée Colbert, reproduit dans A. Schnapp et P. Vidal-Naquet, **Journal de la Commune étudiante**, op.cit., p.768.

136 Voir surtout les graffiti: "La paresse est maintenant 1 crime, oui, mais en même temps 1 droit." "Les gens qui travaillent s'ennuient quand ils ne travaillent pas. Les gens qui ne travaillent pas ne s'ennuient jamais." (J. Besançon, **Les Murs ont la parole**, pp.90 et 174).

137 Figure, p. 95.

138 Les surréalistes avaient déjà lancé cette devise en citant à leur tour le poète Lautréamont comme autorité. Ils n'avaient pourtant pas renoncé à l'écriture individuelle ni à la conception de génie artistique. Leur devise était donc restée verbale sans devenir pratique (cf. Paul Eluard, **Oeuvres complètes**, Paris 1968, tome 1, p.514, tome 2, p.875.)

139 Cité d'après J. Besançon, **Les Murs ont la parole**, Paris 1968, p.79.

140 Tract des Comités d'action du 24 mai 1968, dans A. Schnapp/P. Vidal-Naquet, **Journal de la Commune étudiante**, op.cit., p.281.

141 Une étude basée sur des statistiques effectuées par l'Institut National de Statistique et d'Etudes Economiques (I.N.S.E.E.) donne le chiffre de 6 à 7 millions de travailleurs en grève – un chiffre considérable par rapport au nombre total de 50 millions d'habitants dont 20 à 21 millions exercent une profession (Encyclopédie Larousse, supplément de 1969). Les grèves ont été particulière-

ment intenses dans les secteurs automobile et textile (94,8 % et 94,2 %) et dans les régions à grande concentration industrielle (Gérard Adam, **Etude statistique des grèves de mai-juin 1968**, dans "Revue française de science politique", volume XX, no.1, février 1970, pp.105-119). Dans son rapport sur les événements en province, Georges Chaffard affirme l'absence de grèves dans les petites entreprises mi-industrielles mi-artisanales (**Les Orages de Mai, Histoire exemplaire d'une élection**, Paris 1968, p.95).

142 Cf. J.-R. Tournoux, **Le Mois de mai du Général**, op.cit., p.157.

143 Cf. J. Jousselin, **Les Révoltes des jeunes**, Paris 1968, p.30 s. A. Dansette, **Mai 1968**, op.cit., p.179; D. Bensaïd/H. Weber, **Mai 1968**, op.cit., p.152.

144 P. Seale / M. McConville, **Red Flag/Black Flag, French Revolution 1968**, New York 1968, p.154 ss. "Les institutions politiques et les coutumes françaises sont encore souvent aujourd'hui aussi démodées que les logements français" juge le "Christian Science Monitor" de Boston dans "Le Monde" du 23 mai 1968, p.13 (rubrique des commentaires de la presse).

145 François Duprat, historien-expert des groupes gauchistes, raconte l'agitation des groupes trotskystes: "Un même secteur revenait constamment dans l'analyse des infiltrations gauchistes dans le monde du travail: Renault. Ce bastion de la C.G.T. était devenu le terrain d'élection de tous les contestataires de l'appareil syndical communiste". (**Les Journées de Mai 68. Les dessous d'une révolution**, Paris 1968, p.104 ss. et p.111 ss.). Les usines de Renault ont été les premières à suivre le mouvement de grèves sauvages. C'est chez Renault à Billancourt que M. Séguy de la C.G.T. se fera siffler le lundi 27 mai, en annonçant les résultats des pourparlers sociaux de Grenelle (voir Chronologie, p.16).

146 Philippe Alexandre, **L'Elysée en péril, 2-30 mai 1968**, Paris 1969, p.164. Dans son livre sur Mai, le secrétaire général de la C.G.T., Georges Séguy contredit une telle image de son syndicat: "L'obéissance aveugle à un ordre d'en haut, c'est le contraire de la participation à l'action syndicale. Nous ne voulons pas de grévistes en pantoufles" (**Le Mai de la C.G.T.**, Paris 1972, p.49).

147 Cf. Georges Séguy, **Le Mai de la C.G.T.**, Paris 1972, p.7 ss.

148 "Aventurisme dangereux" et "révolte des fils à papa", telle fut l'opinion du secrétaire général du P.C.F., Georges Marchais, publiée dans son article De **Faux Révolutionnaires à démasquer**, dans "L'Humanité" du 3 mai 1968. Peu après la phase de solidarité passagère, la C.G.T. fit fermer aux étudiants les portes de l'usine Renault à Boulogne-Billancourt pour les empêcher de discuter avec les ouvriers (le 16 mai). André Barjonet, expert économique de la C.G.T., abandonna son poste pour protester contre l'attitude de son syndicat dont il publia une analyse très négative: **La Révolution trahie de 1968**, Paris 1968. Dans son livre mentionné Georges Séguy refusa ces reproches en jugeant que la situation en Mai 68 avait été loin d'être révolutionnaire (**Le Mai de la C.G.T.**, op.cit., p.179 ss.).

149 Cf. Edmond Maire et alii, **Pour un Socialisme démocratique. Contribution de la C.F.D.T.**, Paris 1972. L'exemple le plus célèbre

après Mai 68, est l'autogestion de l'usine de LIP à Besançon en 1973. Pour se défendre contre la fermeture menaçante de leur usine de montres, les ouvriers occupèrent l'usine et organisèrent eux-mêmes la production et la vente des montres. Ils furent soutenus par les syndicalistes de la C.F.D.T. Avant 1968, un groupe de chercheurs sociologiques et historiques, parmi eux le professeur de Nanterre Henri Lefebvre, ont essayé de l'élucider les questions théoriques et pratiques de l'autogestion. Ils publièrent leurs articles dans les "Cahiers de L'Autogestion" parus dès décembre 1966 dans les Editions Anthropos.

150 Après l'invasion des Tuileries du 10 août 1792, des comités révolutionnaires se formèrent à Paris et en province; ils furent institutionnalisés et généralisés par la Convention de 1793.

151 A. Dansette juge qu'ils ont échoué à cause de la diversité de leurs tâches et des interminables discussions qui leur paraissaient nécessaires pour ne pas violer la démocratie de base, mais qui les empêchaient d'agir (**Mai 1968**, op.cit., p.202 ss.). Sur l'organisation de ces C.A.P. et l'apport de la J.C.R. trotskyste dans leur formation, voir Fr. Duprat, **Les Journées de Mai 68**, op.cit., p.26 et p.121 ss.

152 A. Dansette décrit en détail ces événements uniques en France et en explique les causes économiques et sociales (**Mai 1968**, op.cit., pp. 251-268 et pp. 338-340). Cf. également "Cahiers de Mai" no.1, 15 juin 1968: **Nantes**; P. Seale/M. McConville, **Red Flag/Black Flag**, op.cit., pp.163-169; J.-R. Tournoux, **Le Mois de mai du Général**, op.cit., pp.186-198 et pp. 199-202, où il reproduit la lettre que le préfet M. Jean-Emile Vié a adressé après Mai à tous les maires de son département.

153 L'appel à la police du recteur Roche et la fermeture de la Sorbonne décidée par le ministre de l'Education nationale, ont été jugés comme des erreurs fondamentales contribuant à l'explosion de Mai: "Ce fut la fermeture de la Sorbonne qui fut l'erreur capitale. C'était un contre-sens total de faire passer huit étudiants devant un conseil de discipline. La Révolution n'est pas un acte d'indiscipline" juge Alain Touraine dans son entretien avec une journaliste canadienne (Paquerette Villeneuve, **Une Canadienne dans les rues de Paris pendant la révolte de Mai 1968**, Montreal 1968, p.37). Cf. aussi Fr. Duprat, **Les Journées de Mai 68**, op. cit., p.83, André Fontaine, **La Guerre civile froide**, Paris 1969, p.109 s.

154 Cf. P. Seale/M. McConville **Red Flag/Black Flag**, op.cit., p.76 s.

155 Ibid. p.76 s.; "Le Monde" du 9 mai 1968, p.10, donne l'indication de l'adresse du comité.

156 Christian Fouchet, **Mémoires d'hier et de demain, tome 1, Au service du Général de Gaulle**, Paris 1971, p.243. Le ministre de L'Intérieur pendant Mai 68 fait ressortir, dans ses mémoires, le rôle capital que les médias ont joué dans l'extension de la révolte sans pourtant condamner les journalistes qui, selon lui, avaient le droit d'exercer leur métier. Tous les autres historiens de Mai soulignent la présence des médias et leur influence sur

la population. Jean Jousselin trouve paradoxal que les jeunes se révoltent contre les médias et que, d'autre part, ces mêmes médias les aident en répandant des informations sur leurs actions (**La Révolte des jeunes**, Paris 1968, p.47 s. et p.136 ss.).

157 Dans sa rétrospective, le militant Jean-Marc Salmon raconte que les radios-téléphones directes avaient été rétablies aux stations périphériques pour accentuer l'impact de la manifestation gaulliste du 30 mai 1968 (Hôtel de l'Avenir, Paris 1978, pp.187 et 282).

158 D. Bensaïd/H. Weber, **Mai 1968**, op.cit., p.136 ss.

159 En mai 1958, De Gaulle avait été appelé au secours par la IVe République, incapable de mettre fin à la guerre d'Algérie.

160 54,5 % pour De Gaulle contre 45,4 % pour François Mitterand selon J. Chapsal, **La Vie politique sous la Ve République**, Paris 1981, p.702.

161 Il s'y ajoute encore le conflit entre De Gaulle qui voulait une politique sévère contre la rébellion et Pompidou qui plaidait pour la tolérance et qui prit des mesures pour rouvrir la Sorbonne, amnistier les condamnés et entamer des négociations sociales. Ces mesures avec les conséquences connues ont été critiquées par plusieurs membres du gouvernement. Ainsi, le ministre de l'Education nationale donna sa démission le 11 mai, après l'annonce de la réouverture de la Sorbonne par Pompidou (cf. Ph. Alexandre, **L'Elysée en péril**, op.cit., p.23 s.). Sur la politique du Premier ministre cf. aussi A. Dansette, **Mai 1968**, op.cit., pp.182-189.

162 Cf. J. Chapsal, **La Vie politique**, op.cit., p.401.

163 Un commissaire de police tué à Lyon, à Paris: un mort, 447 civils et 212 policiers blessés et 760 manifestants interpellés (selon Ph. Labro et alii, **Mai/Juin 68**, op.cit., p.95).

164 "Le Monde" du 26/27 mai 1968, p.11.

165 Cf. A. Dansette, **Mai 1968**, op.cit., p.283.

166 Cette manifestations n'était pas une réaction spontanée de la population; elle avait été préparée de longue main (cf. A. Dansette, **Mai 1968**, op.cit., p.291 s.).

167 En 1973, la région de Besançon a vu de nouvelles luttes sociales avec un écho dans toute la France: les ouvriers de LIP, usine de montres menacée de banqueroute, occupèrent leur firme et organisèrent eux-mêmes la production et la vente des montres (voir p.335 s.).

168 Incendie provoqué par des manifestations, vers 22 heures du vendredi, 24 mai 1968.

169 Voir 1ère partie, p. 32 s.

170 Le **chefaillon**, diminutif péjoratif de **chef**.

171 Le **chronomètre** mesure les cadences, une méthode d'augmentation de l'efficacité du travail contre laquelle le mouvement de Mai se dresse.

172 Les **franc-tireurs et partisans** (F.T.P.F./F.T.P.) sont les troupes du "Front national", issues de l'organisation de défense du Parti communiste; ils ont lutté dans la Résistance française pendant la deuxième guerre mondiale.

173 Serait-ce une référence à la thèse du philosophe Herbert Marcuse qui prétend que la classe ouvrière n'est plus révolutionnaire à cause du niveau de vie assez élevé dans les sociétés industrielles modernes? (voir aussi texte 45).

174 La **chiourme** est l'ensemble des rameurs d'une galère et, par extension, l'ensemble des forçats. L'attaque vise les syndicats qui ont commencé les négociations avec le patronat et le gouvernement.

175 Un **larbin** est un individu très servile, domestique (fam.: lèche-bottes)

176 La **belote** est un jeu de cartes. Un reproche aux représentants syndicaux de parler au nom des ouvriers non-émancipés.

177 **Faire les trois huit**, expression populaire pour le travail en équipes dans les usines.

178 Ivry et Aubervilliers sont des quartiers ouvriers dans la banlieue de Paris.

179 1945, l'année de l'armistice et de la formation du premier gouvernement français après la guerre. Selon la chanson, ce gouvernement a trahi la classe populaire, parce qu'il a reconstruit une République bourgeoise dans laquelle les ouvriers, malgré leur lutte dans la Résistance, sont de nouveau opprimés.

180 Voir la lettre de M. Grimaud à la police, texte 54.

181 Cf. la chronologie, p.14

182 Après son retour, le 11 mai, Pompidou avait lancé un appel au calme, annonçant la libération des détenus et la réouverte de la Sorbonne.

183 Cf. le témoignage **Printemps de Révolte à Strasbourg** de Pierre Feuerstein, qui raconte l'origine et les suites de ce tract (Strasbourg 1968, p.68 ss.).

184 Abréviation pour Régiment d'infanterie mécanisée.

185 Appel lancé, fin mars 1968, de la tribune de la Mutualité à Paris, par le prêtre dominicain, Jean Cardonnel, cité d'après Robert Serrou, **Dieu n'est pas conservateur, Les Chrétiens dans les événements de mai**, Paris 1968, p.23.

186 Pour cette introduction, nous nous référons à la documentation de Robert Serrou, **Dieu n'est pas conservateur**, op.cit. L'auteur y donne un résumé de la révolte à l'intérieur de l'Eglise.

187 P. 182 s. Voir aussi p.76 note 98.

188 Bataille du 18 juillet - 6 août 1918, terminée par la victoire des alliés contre les troupes allemandes.

189 Cité d'après Robert Serrou, "**Dieu n'est pas conservateur**", op. cit., p.257 s.

190 Cité d'après Robert Serrou, op.cit., p.64.
191 Cf. le dossier détaillé sur la répression policière et sur l'organisation de la police française chez Philippe Labro et alii, **Mai/Juin 68, "Ce n'est qu'un début"**, Paris 1968, pp. 88-118; voir aussi A. Dansette, **Mai 1968**, op.cit., pp. 101-105 et pp. 140-145.
192 Cf. Philippe Labro et alii, p.90 et A. Dansette, p.143.
193 Citations du tract **Les Porcs**, publié par les étudiants en médecine de la J.C.R., samedi, 11 mai 1968, collection privée, Bochum.
194 Cité d'après Robert Serrou, **"Dieu n'est pas conservateur"**, p.120. Un précédent de cette explosion de haine contre la police avait été la ratonnade du métro Charonne, le 8 février 1962. La dispersion policière d'une manifestation contre la terreur de l'O.A.S. avait fait 9 morts et beaucoup de blessés parmi les manifestants. Le 13 février, plusieurs centaines de milliers de personnes avaient suivi le cortège funéraire. Dans leur dossier, Labro et ses collaborateurs font allusion à cet incident dont les réminiscences étaient restées bien vivantes en Mai (**Mai/Juin 68**, p.99).
195 Dans les trois volumes de son **Traité d'Economie nucléaire** sous-titré **Le Soulèvement de la jeunesse**, tome 1: Problème du bicaténage et de l'externité, tome 2: La dynamique de la créativité pure et détournée, tome 3: La solution du protégisme juventiste. Isidore Isou a aussi créé une théorie littéraire qui attache une valeur esthétique primordiale aux lettres de l'alphabet en tant que base matérielle de la littérature. De là le nom de **Lettristes** choisi pour désigner l'auteur et son groupe.
196 Chiffres tirés du supplément de 1969 du Grand Larousse.
197 Petite étiquette que les automobilistes doivent acheter chaque année et coller sur leurs pare-brises; elle signifie le paiement de leurs taxes. Lors de sa création, avant 1968, le gouvernement en place avait promis que cet impôt servirait en totalité aux personnes âgées, pour améliorer le minimum vieillesse, pour créer des services hospitaliers spécialisés et des maisons de retraite. Une promesse qui n'a pas été tenue comme le souligne l'étudiant.
198 Cité d'après J.-R. Tournoux, **Le Mois de mai du Général**, Paris 1969, p.162.
199 **Le Grand Bazar**, Paris 1975, 1ère partie, intitulée: Pourquoi je n'ai pas d'identité nationale.
200 Quelques ouvrages qui analysent le mouvement étudiant national: Jean Jousselin, **Les Révoltes des jeunes**, Paris 1968; François Duprat, **L'Internationale étudiante révolutionnaire**, Paris 1968; Jean-Louis Brau, **Cours camarade, le vieux monde est derrière toi! Histoire du mouvement révolutionnaire étudiant en Europe**, Paris 1968.
201 Entretien d'André Malraux avec "Europe 1" du 21 juin 1968, publié dans Philippe Labro et alii, **Mai/Juin 68, Ce n'est qu'un début**, Paris 1968, p.236 ss.
202 Tome II, **Le Temps des orphelins, août 1962-avril 1969**, p.392.
203 **Inquiète Sorbonne**, Paris 1968.

204 **Les Journées de Mai 68, Rencontres et dialogue**, Paris 1968, voir textes

205 Maurice Druon, **L'Avenir en désarroi**, Paris 1968; Raymond Aron, **La Révolution introuvable**, Paris 1968.

206 André Malraux, Entretien, op.cit.; A. Dansette, **Mai 1968**, op.cit.; A. Stéphane, **L'Univers contestationnaire ou les nouveaux chrétiens**, Paris 1969 (texte 75) et Gérard Mendel, **La Crise de générations**, Paris 1969 (texte 76).

207 Michel Crozier, **La Société bloquée**, Paris 1970; Stanley Hoffmann, **Essais sur la France, Déclin ou renouveau?** Paris 1974; Henri Lefebvre, **L'Irruption. De Nanterre au sommet**, Paris 1968.

208 Robert Lafont, **Décoloniser en France. Les régions face à l'Europe**, Paris 1971; dans ce livre, il tire le bilan de Mai concernant son apport dans les mouvements régionalistes.

209 Alain Peyrefitte, **Le Mal français**, Paris 1976. Ce livre traite des origines historiques et des conséquences du centralisme français. Selon Peyrefitte, Mai 68, "le grand vide" (p.67) a été une des révélations de ce mal caché.

210 Christian Fouchet, **Mémoires d'hier et de demain**, tome 1, **Au Service du Général de Gaulle**, Paris 1971.

211 L'auteur du complot restant incertain, cette hypothèse n'a jamais été vérifiée. De Gaulle et Pompidou attaquent le Parti communiste, le ministre Marcellin accuse les groupes gauchistes (cf. Philippe Bénéton et J. Touchard, Les Interprétations de la crise de mai-juin 1968, note 217 ci-dessous).

212 D. Bensaïd / H. Weber, **Mai 1968**, Paris 1968; André Glucksmann, **Stratégie et révolution en France**, Paris 1968; Jean Bloch-Michel, **Une Révolution du XXe siècle**, Paris 1968. E. Morin et alii, **Mai 1968: La Brèche**, Paris 1968; Louis Magri, **Der französische Mai und die Revolution im Westen**, in: Hrsg. W. Dreßen, **Gegen den Dogmatismus in der Arbeiterbewegung**, Berlin 1970, pp.42-70.

213 Voir surtout l'analyse du sociologue nanterrois Alain Touraine, **Le Mouvement de mai ou le communisme utopique**, Paris 1968.

214 Dans son article **Il s'agit du pouvoir**, dans "L'Express" du 13 mai 1968.

215 Maurice Druon parle d'éventuels agents étrangers sans y voir la seule cause de la crise (L'Avenir en désarroi, op.cit., p.34 s.).

216 **Modeste Contribution aux discours et cérémonies officielles du dixième anniversaire**, Paris 1978.

217 **Les Interprétations de la crise de mai-juin 1968**, dans "La Revue française de science politique", juin 1970, p.503 ss. Cette analyse recouvre presque tous les écrits sur Mai, dont la plupart a paru dans les deux années après 1968. Il y a encore une série de rétrospectives et d'analyses documentées, parues vers 1978, lors du dixième anniversaire de la révolte.

218 Il s'agit d'une soi-disante "maladie" que beaucoup d'enseignants non précisés par Clavel croyaient découvrir dans la jeunesse

d'avant Mai. Le "vous" de la fin de la phrase s'adresse à ces mêmes personnages.

219 voir ci-dessus, p. 185 s.

220 Nous disons "apparente" tolérance pour la raison suivante: Lorsque, dans une assemblée de la Faculté de Médecine (soirée consacrée à "Psychanalyse et Enseignement" par exemple), quelqu'un prenait la parole, il devait d'abord déclarer sa couleur et dire s'il était "pour" le mouvement. Nous n'avons entendu personne se déclarer contre. A l'inverse, nous avons vu des personnes se déclarer sans vergogne "révolutionnaires", "socialistes", "anarchistes" et ceci en dépit (ou à cause) de leurs attitudes conservatrices de toujours, du mépris qu'elles avaient constamment manifesté dans leurs relations quotidiennes à autrui, et de leur sens poussé de la hiérarchie lorsque celle-ci jouait à leur avantage. Or, à notre avis, toute situation politique qui entraîne un grand nombre de gens à manifester des conduites où prédominent la lâcheté et l'opportunisme, révèle par la même son essence totalitaire et terroriste. (note d'A. Stéphane).

221 Cette co-éducation, principe qui devrait entraîner toute une révolution pédagogique, Gérard Mendel en donne une esquisse en 1971, dans son livre **Pour: Décoloniser l'Enfant**. En voici quelques extraits.

222 L'équivalent de la co-éducation chez les enfants et adolescents serait chez les adultes "l'éducation permanente" qui ne peut être simple recyclage, mais la prise de conscience des forces aliénantes, l'éveil aux problèmes du monde contemporain, une ouverture aux connaissances permettant de lutter contre l'esprit de spécialisation, le développement de l'esprit critique et de réflexion personnelle, l'apprentissage du degré de relativité de toute opinion, l'abandon des dogmes, l'habitude d'un dialogue tolérant. Seule une T.V. libre peut permettre la poursuite de cette éducation permanente (note de G. Mendel).

223 "Le Monde", 3 mai 1978, p.24.

224 Pierre Drouin dans sa rétrospective de Mai, "Le Monde", 3 mai 1978.

225 Supplément du "Monde", 15 sept. 1971.

226 "Le Monde", 18 février 1984, pp.1 et 12.

227 Dans **La Société bloquée**, Paris 1970, p.11 s. Dans l'annexe de ce livre, il s'adresse aux étudiants pour les féliciter de leur courage et pour leur demander de retourner à l'ordre en collaborant à la mise en pratique des idées nouvelles.

228 **Lutte étudiante**, Paris 1978; **La Prophétie anti-nucléaire**, Paris 1980; **Le Pays contre l'Etat. Luttes occitanes**, Paris 1981. Il expose sa nouvelle méthode dans **La Voix et le Regard**, Paris 1978.

229 Voir la rétrospective sur les grèves dans les prisons, éclatant dès 1970, dans "Le Magazine littéraire", no. 112/113, mai 1976, p.31 ss.

230 Entretien avec Claude Mauriac, "Le Magazine littéraire", no. 112/113, mai 1976, p.36 s. (Gaullisme, gauchisme).

231 **Larzac. Terre méconnue**, Paris 1979.

232 Certains de leurs livres sont devenus des bestsellers: André Glucksmann, **La Cuisinière et le mangeur d'hommes**, Paris 1975; Bernard-Henri Lévy, **La Barbarie à visage humain**, Paris 1977. Ces deux livres polémisent contre le marxisme et ce qu'ils disent être son résultat: les camps staliniens. Guy Lardreau et Christian Jambet présentent dans leur **Ontologie de la Révolution 1, L'Ange**, Paris 1976, une nouvelle conception de la révolution et du pouvoir social. Jacques Paugam a donné un portrait du groupe des "nouveaux philosophes" dans le recueil des entretiens **Génération perdue. Ceux qui avaient vingt ans en 1968? Ceux qui avaient vingt ans à la fin de la guerre d'Algérie? Ou ni les uns ni les autres?** Préface de P. Viansson-Ponté, Paris 1977. Sylvie Bouscasse et Denis Bourgeois ont publié le résumé de la "bataille en feuilleton" qui a eu lieu à propos de leurs publications, dans **Faut-il brûler les nouveaux philosophes? Dossier du "procès"**, Paris 1978.

233 Robert Linhart, **L'Etabli**, Paris 1978.

234 Ce fut la fameuse "descente chez Fauchon", racontée par Le Dantec dans son autobiographie **Les Dangers du Soleil**, Paris 1978. Voir aussi les interviews des maoïstes, en 1971, rassemblées par Michèle Manceaux, **Les Maos en France**, Avant-propos de J.-P. Sartre, Paris 1972.

235 Michel Castaing, "Le Monde", 28 août 1973.

236 **Quelques titres sur l'affaire du Larzac:** Michel Le Bris, **Les Fous du Larzac**, Paris 1975; Heidi Burmeister, Volker Tonnätt, **Zu kämpfen allein schon ist richtig, Larzac**, Frankfurt 1981; L'abandon du projet annoncée par Mitterand, cf. "Le Monde", 5 juin 1981.
Sur LIP: Edmond Maire, Charles Piaget et alii, **LIP 73**, Paris 1973; Bodo Morawe, **Aktiver Streik in Frankreich oder Klassenkampf bei LIP**, Hamburg 1974; Maurice Clavel, **Les Paroissiens de Palente** (roman), Paris 1974; André Dessot, **Dix ans plus tard**, article dans "Le Monde", 13 juillet 1983, p.22.

237 Cf. l'article cité d'André Dessot, **Dix ans plus tard**, "Le Monde", 13 juillet 1983, p.22 (note 14).

238 Dans la conférence de presse du 28 mai 1968.

239 **La Rose au poing**, Paris 1973, p.27 ss.

240 "Le Monde", 19 nov. 1981.

241 Les intellectuels de l'Allemagne voisine paraissent envier à la France son "Malraux der Linken", voir l'entretien de F.J. Raddatz avec Jack Lang, "Die Zeit", 21 janv. 1983, p.33 s.

242 **Quand la Rose se fanera**, Paris 1983; cf. l'emblème des socialistes. Au printemps de 1983, lors du mouvement universitaire contre la nouvelle loi d'orientation du ministre Savary, l'étendue des manifestations n'a pas été sans rappeler le souvenir de Mai 68: "Der Mai der Rechten" a été le titre d'un commentaire de Roger de

Weck (dans "Die Zeit", 20. Mai 1983, p.5). Cf. aussi le tract étudiant publié à l'université d'Orléans, ci-dessous, p.345.

243 Tel Robert Lafont, militant pour l'Occitanie, écrivain et professeur à l'université de Montpellier, dans son livre **Décoloniser en France. Les régions face à l'Europe**, Paris 1973, p.289 s. Jean-Pierre Le Dantec, militant breton, parle d'une re-naissance du peuple breton dans la suite du mouvement de Mai 68 (**Bretagne: Re-naissance d'un peuple**, Paris 1974).

244 Loi des "Droits et libertés des communes, des départements et des régions" du 2 mars 1982. Cf. entre autres les différents articles dans "Le Monde" du 13 avril 1982. La loi prévoit l'élection des Assemblées régionales au suffrage universel et direct et la transmission du pouvoir exécutif du préfet du département au président du Conseil régional. Il s'agit-là de plusieurs exigences régionalistes faites par exemple par R. Lafont (note 243). Il y eu, en outre, un début de décentralisation des médias avec l'établissement des stations régionales; ("Le Monde", édition dimanche, à partir du 4 sept. 1983, a présenté ces programmes régionaux sur FR 3).

245 Cf. la revue autonomiste occitane "Volem viure al païs", no.56, mai-juin 1984, pp.3 et 6. Il faut noter que toutes ces réformes sont encore loin de satisfaire l'attente des régionalistes.

246 Cf. les témoignages d'Annie de Pisan et d'Anne Tristan, Histoires du M.L.F., Paris 1977, et de l'assistante interviewée par J. Durandeaux, **Journées de Mai 1968**, op.cit., p.153. Le professeur-romancier Robert Merle met bien en scène la pseudo-supériorité des "héros masculins" de Nanterre vis-à-vis de leurs collègues étudiantes et les complexes d'infériorité intellectuelle dont les dernières souffrent (**Derrière la Vitre**, Paris 1970).

247 Dans la collection très riche d'A. Schnapp et de P. Vidal-Naquet (**Journal**, op.cit.), se trouvent seulement deux tracts de contenu féministe: le tract du Mouvement démocratique féminin qui avait un stand dans la Sorbonne (p.604 s.), et un appel aux lycéennes et collégiennes de Marseille (p.231 s.).

248 Françoise Giroud occupa le secrétariat d'Etat de juillet 1974 jusqu'à sa dissolution, en août 1976; depuis mai 1981, Yvette Roudy est ministre des Droits de la Femme.

249 Voir la campagne de presse anti-allemande qui s'est ouverte avec l'article polémique de Jean Genet **R.F.A. - Violence et brutalité**, "Le Monde", 2 sept. 1977, p.1 s.

250 Telle est l'hypothèse de Thierry Pfister dans son article **Ce qui a protégé la France du terrorisme**, "Le Nouvel Observateur", 19 mai 1980, p.31 s.

251 P.123 s. Avant lui, l'ancien leader du S.D.S. allemand Rudi Dutschke avait condamné tous les actes de terrorisme individuel comme dangereux et nuisibles à la cause des révolutionnaires ("Die Zeit", 16 sept. 1977, republié dans **Mein langer Marsch**, éd. par G. Dutschke-Klotz, H. Gollwitzer, J. Miermeister, Hamburg 1980, p.104 s.).

252 Publié dans le magazine "Lire", no.93, mai 1983, p.39.

253 Frédéric Gaussen note avec beaucoup d'ironie qu'un ancien militant de Mai, Jean-Claude Milner, plaide pour un retour à l'ancienne autorité des savants et enseignants universitaires (**De l'Ecole**, Paris 1984, recensé par F. Gaussen dans "Le Monde", 15 mai 1984, p.12). Cf. aussi les caricatures reproduites de Georges Wolinski (fig. p.204).
En 1985, cf. surtout les articles sur la réforme scolaire de M. Chevènement: "**L'Adieu à Mai 68**, éditorial de Jean Daniel dans "Le Nouvel Observateur" no.1068, 26 avril 1985, p.20; le numéro spécial **L'Enseignement au tournant** de la "Quinzaine littéraire", août 1985.